호스피탈리티
식음료 원가관리

구원일 · 안윤영

Hospitality F&B Cost Control

북넷

들어가는 말

호스피탈리티 산업에서 각 기업은 경영성과를 향상시키기 위한 방안으로 식음료부문을 새롭게 인식하고 그 중요성을 강조하고 있다. 금융감독원 공시자료실에 자료가 공개된 외식기업은 2013년 57곳에서 2017년 53곳으로 감소하였지만, 매출액은 8조 3,558억원에서 11조 3,534억원으로 불과 4년 만에 35.9%가 증가하였다. 임대료와 최저 임금인상, 업체간 경쟁심화 등으로 외식기업의 어려운 경영상황에서도 개별기업의 경영실적은 개선되는 상황을 보이고 있다. 즉, 외식산업자체가 새롭게 발전할 수 있는 시장으로 판단하고 있다고 볼 수 있다.

과거의 외식산업은 주로 메뉴라는 제품판매를 목적으로 하고 있었으며, 물량관리를 중심으로 소비된 재료와 판매된 재료를 비교하는 수준에 불과하였다. 이러한 관리방식은 식재료의 원가가 낮은 상황에서 운영하는데 문제가 없었다. 하지만, 현재의 외식산업은 규모가 커지고 대기업들의 운영노하우가 반영되면서 체계화된 관리를 통하지 않고서는 원가에 따른 경영실체를 파악하는 것이 불가능한 상황에 이르렀다. 즉, 성공적인 외식경영을 위해서 판매되는 메뉴뿐만 아니라, 가격정책, 공급능력, 생산설비, 판매분석 등에 이르기까지 다양한 부분에서 관리가 필요로 하는 상황이다.

식음료 원가관리는 과거의 소규모로 운영되는 외식산업에서는 그다지 필요가 없을 지도 모른다. 그러나 현재와 같은 경영환경에서 취급하는 재료가 다양해지고 물량이 늘어나면서 원가에 대한 압박이 발생하게 되고, 레스토랑규모가 커지면서 인건비부담도 발생하게 된다. 이러한 상황에서 과거의 단순한 관리기법으로는 통제가 불가능할 수밖에 없다. 즉, 외식기업은 각 부문별로 발생되는 원가에 대한 정확한 인식이 이루어져야 계속기업으로써 운영이 될 수 있을 것이며, 이러한 부분에서 식음료 원가관리가 필요한 이유이다.

식음료 원가관리를 하는 목적은 원가산정을 통하여 원가를 절감하는 것보다는 정확한 원가계산을 통해 사전에 수립된 계획과 기업이 운영하면서 발생된 원가가 일치하는 지를 확인하기 위한 관리와 통제의 방향으로 제시되고 있다. 즉, 식음료 원가관리를 통하여 경영자는 계획된 예산에 근거하여 경제적인 목표를 수립하고 기업의 운영을 통해 발생되는 실적을 분석하여 원인을 찾아내고 잘 되고 있는 것은 더욱 잘 되도록 그렇지 않은 부분은 개선하여 기업경영이 정상궤도에 올라갈 수 있도록 관리한다는 것이다.

본 교재는 이러한 식음료 원가관리의 목적에 맞추어 구성하였다. 「제1부에서는 원가에 대한 이해」를 「제2부는 식음료 관리 운영」으로 구분하였다. 총 14장으로써, 한학기 강의 분량인 16주에 맞춰 강의가 이루어질 수 있도록 하였다. 만약, 수업진행에서 조별발표 등으로 진도가 여의치 않을 경우에는 제6장 식음료에서의 매출과 원가관리, 제12장 운영비 관리부분을 다른 부분과 함께 강의하여도 무방할 것으로 판단된다.

「제1부 원가에 대한 이해」에서는 기존의 식음료 원가관리와는 차별화를 위해 원가에 대한 이해도를 높이도록 구성하였다. 제1장 원가의 개념에서는 원가의 분류와 구성에 대해 제시하였고, 제2장에서는 이를 바탕으로 외식기업에 적합한 개별원가계산방법과 종합원가계산에 대해 설명을 하였다. 제3장에서는 외식산업 분야에서는 원가관리를 위해 점차적으로 제시되고 있는 활동기준원가계산을 제시하여 업무활동에 따라 원가가 계산될 수 있다는 점을 명확히 하였다. 제4장에서는 원가계산방법으로써, 전부원가계산과 변동원가계산 그리고 초변동원가계산방법을 통하여 재료비만이 변동원가로 반영되고 있는 부분을 설명하고자 하였다. 제1부의 마지막인 제5장의 표준원가계산과 차이분석에서는 재료비, 인건비, 제조간접원가에 대해 표준원가설정과 실제와의 차이에 대한 분석을 제시하였다. 이와 같이 제1부 원가에 대한 이해의 과정을 통해 원가의 개념과 계산에 대한 이해도를 높이고자 하였다.

「제2부 식음료관리운영」 중 즉, 제6장부터 제12장까지는 외식기업운영에서 발생할 수 있는 다양한 관리요소를 반영하였고, 제13장과 제14장에서는 외식기업과 관련된 재무관리 부분을 설명하였다. 제6장은 식음료에서의 매출과 원가로 전반적인 식음료관리운영에 앞서 매출과 원가로써 관리방안을 제시하였다. 제7장과 제8장은 재료비부문을 식재료와 음료로 구분하여 각각의 특성과 메뉴의 레시피운영, 수요예측, 선정프로세스, 주류관리 등으로 구분하여 제시하였다. 제9장의 식음료관리프로세스는 식음재료의 입고 과정부터 검수, 반품과 재고관리, 위생관리 등 식음재료전반에 대한 관리프로세스를 제공하였다. 제10장에서는 메뉴운영 프로세스로써, 메뉴개발과 가격결정 및 메뉴판매 후 분석과정인 메뉴엔지니어링에 대해 설명하였다. 제11장 인력관리에서는 외식기업의 가장 큰 부분인 인건비와 관련된 것으로써 효율적인 인력운영을 위한 관리와 통제 방안을 제시하였다. 제12장에서는 제조간접원가에 대한 관리로써 재료비와 인건비를 제외한 원가에 대한 종류와 통제부분을 제시하였다. 이렇게 제12장까지 외식기업의 운영에 대한 부분을 설명하였다. 제13장에서는 외식기업을 위주로 수익과 비용에 대한 분석으로 원가-조업도-이익분석과 레버리지분석을 제공하였다. 마지막 장인 제14장에서는 재무제표 분석으로써 재무제표의 활용방법과 재무상태표분석, 손익계산서분석을 제시하였다. 이러한 과정을 통하여 수업이 진행되고 나서는 식음료 원가관리에 대한 이해도를 높일 수 있을 것으로 판단된다.

본 교재가 식음료 원가관리를 공부하고자 하는 독자에게 이론적인 개념을 정리하고 실무에서 적용할 수 있기를 기대하는 바이다.

2018년 7월
저자 일동

차 례

제 1 부 원가에 대한 이해

제1부

원가에 대한 이해

제1장 | 원가개념

제2장 | 개별원가계산과 종합원가계산

제3장 | 활동기준원가계산

제4장 | 원가추정을 통한 계산

제5장 | 표준원가계산과 차이분석

제1장

원가개념

1. 원가의 이해
2. 원가의 분류
3. 원가의 구성과 비용과의 관계
4. 원가회계의 정의 및 종류

학습방향

본격적인 호스피탈리티 식음료 원가관리에 앞서 이해도를 높이기 위해 원가에 대해 설명하고자 한다. 원가는 기업이 제품을 제조하는 과정에서 발생된 매출원가로써, 재료원가, 노무원가(인건비), 제조원가(경비)로 구분된다. 본 장에서는 원가에 대한 개념을 제시하고 분류방법에 따른 원가를 알아보고자 한다. 이를 통해 기본적인 원가에 대한 개념을 이해하는데 도움이 되고자 하였다.

학습목표

1. 원가의 정의를 이해하고 특징에 대해 설명한다.
2. 원가회계와 기업회계의 차이점을 설명한다.
3. 원가의 특성에 따라 분류할 수 있으며 그 차이점을 설명한다.
4. 원가의 구성에 대해 이해할 수 있으며 비용과의 관계를 설명한다.
5. 원가회계에 대해 설명한다.

1 원가의 이해

원가(cost)란, '제품의 제조, 용역의 생산 및 판매와 같은 특정한 목적을 달성하기 위하여 희생된 또는 포기된 자원(resources sacrificed or foregone to achieve a specific objective)'으로 정의된다. 즉, 특정한 목적을 달성하기 위해서는 어떠한 자원이 얼마나 필요한가에 대한 지속적인 의사결정이 선행되어야 하며, 이와 같이 의사결정에 필요한 자원에 대한 화폐단위가치가 원가(cost)이다.

원가는 원래의 가격으로 풀이할 수 있으며 기본적으로 팔고자 하는 사람이 제조업체나 도매상 등에서 구매하는 가격으로 취득원가(acquisition cost)라고 하며, 구매한 재료에 추가적으로 제조공정을 거쳐 제품이 만들어졌을 경우에는 제조원가(manufacturing cost)라고 한다. 그 외에 제품을 팔기위한 매장운영비도 원가로 고려되어야 한다.

이러한 원가는 다음과 같은 특징을 가지고 있다.

1) 경제가치의 소비

원가는 경제적으로 가치있는 재화나 용역을 소비함으로써 발생한다. 소비한다 하더라도 경제적인 가치가 없는 것(예:공기)은 원가가 되지 않으며, 경제적 가치가 있는 재화나 용역이라도 소비되지 않으면 원가가 아닌 자산이 된다.

예를 들어, 제품이 회사의 창고에 있는 경우에는 재고자산이 되지만 판매가 되면 매출원가라는 원가로 인식된다.

2) 급부창출과 관련

원가는 급부와 관련하여 파악된 경제가치이다. 여기서 급부란 남에게 재화나 용역을 공급, 교부하는 행위를 뜻한다. 즉 기업이 외부에서 구입한 재화나 용역을 소비하여 새롭게 창출한 재화나 용역의 가치가 바로 원가인 것이다.

3) 경영목적과 관련

원가는 재화나 용역의 소비액을 경영목적과 관련시킨 경제가치이다.

원가란 기업의 주된 영업활동과정에서 발생하는 것이어야 하며, 재무활동 등과 같은 비영업활동에서 발생하는 지급이자나 할인료 등의 영업외 비용은 원가에 포함되지 않는다.

4) 정상적인 것

원가는 정상적으로 발생한 것이어야 한다. 즉, 통상적이고 정상적으로 발생한 것이어야 한다.

경제활동과 관련하여 경제가치가 감소한 것이라도 수해나 파업 등과 같이 비정상적인 상태에서 나타난 경제가치의 희생은 원가에 포함되지 않는다.

이와 같은 개념으로 판단할 때 원가는 경영목적과 관련있어야 하며, 특정목적을 위한 수단으로 과거 또는 미래에 희생될 것도 포함되어야 하고, 일반적으로 화폐단위로 측정이 이루어진다. 그러므로 원가란 특정목적을 달성하기 위해 희생된 또는 희생될 경제적 자원을 화폐단위로 표시한 것이다.

〈표 1-1〉은 원가회계와 기업회계에 대한 비교표이다.

표 1-1 원가회계와 기업회계 비교

구 분	원가회계 (제조기업)	재무회계 (상기업)
회계처리 대상	내부거래(제조과정)를 중심으로 회계처리	외부거래를 중심으로 회계처리
계산기간	원가계산기간은 보통 1개월	회계연도는 6개월 또는 1년
계정과목 수	원가관련 계정도 설정하므로 계정과목의 수가 많음	재무상태표와 손익계산서 계정만 기록
계정과목과 대책	집합계정의 수가 많고 계정간의 대체기입이 많음	집합계정은 결산때 설정되는 손익계정뿐
소비액의 성격	제품제조를 위한 소비액은 원가로 처리	수익창출을 위한 소비는 비용으로 처리

2 원가의 분류

원가의 분류에는 그 특성에 따라서 다양한 유형이 있으며 경영자의 관리목적에 따라 상이하게 분류하고 있다. 가장 중요한 원가정보를 얻기 위해서 경영자는 항상 다음과 같은 질문을 하여야 한다.

① 제품제조나 서비스제공에 필요한 원가정보는?
② 생산량이 감소하면 원가도 감소하는가?
③ 생산자동화가 원가총액에 미치는 영향은?
④ 원가를 적절하게 통제할 방법은?

질문에 답하기 위해 경영자들의 의사결정목적에 적합한 원가정보를 얻어야 하며, 이를 위해 다음과 같이 다양하게 분류하고 있다.

1. 제조활동의 관련성에 따른 분류(발생형태 : 원가의 3요소)

① 재료원가

제품제조를 위한 원재료의 소비액으로써 주로 식음료원가로 발생

② 노무원가

제품제조에 있어서 직, 간접적으로 투입된 노동력의 소비에 대하여 발생된 원가

③ 제조원가

제품의 제조에 소비된 가치로써 재료원가와 노무원가를 제외한 모든 원가요소

2. 추적가능성에 따른 분류

① 직접원가

특정제품을 제조하기 위해 소비된 그 제품의 원가로서 직접 부과할 수 있는 원가를 말한다. 직접 재료원가, 직접 노무원가, 직접원가 등으로 분류할 수 있으며, 이를 모두 합한 것이 직접원가임

② **간접원가**

여러 제품을 제조하는데 공통적으로 소비되어 특정제품에 직접적으로 집계할 수 없는 원가로써 간접비에는 간접 재료원가, 간접 노무원가, 제조간접원가가 있으며 이를 모두 합한 것이 제조간접원가임

제조간접원가는 특정제품에 투입된 원가를 직접계산할 수 없기 때문에 일정한 기준에 따라 각 제품에 배부되어야 함

3. 조업도의 변화에 따른 분류

① **변동원가**

조업도(생산량)의 증감에 따라 총액이 비례적으로 증감하는 원가로써, 조업이 중단될 경우에는 발생하지 않는 원가(직접 재료원가, 직접 노무원가 등)

② **고정원가**

조업도(생산량)의 증감에 관계없이 그 총액이 항상 일정하게 발생하는 원가로써, 가격변화와

그림 1-1 원가행태

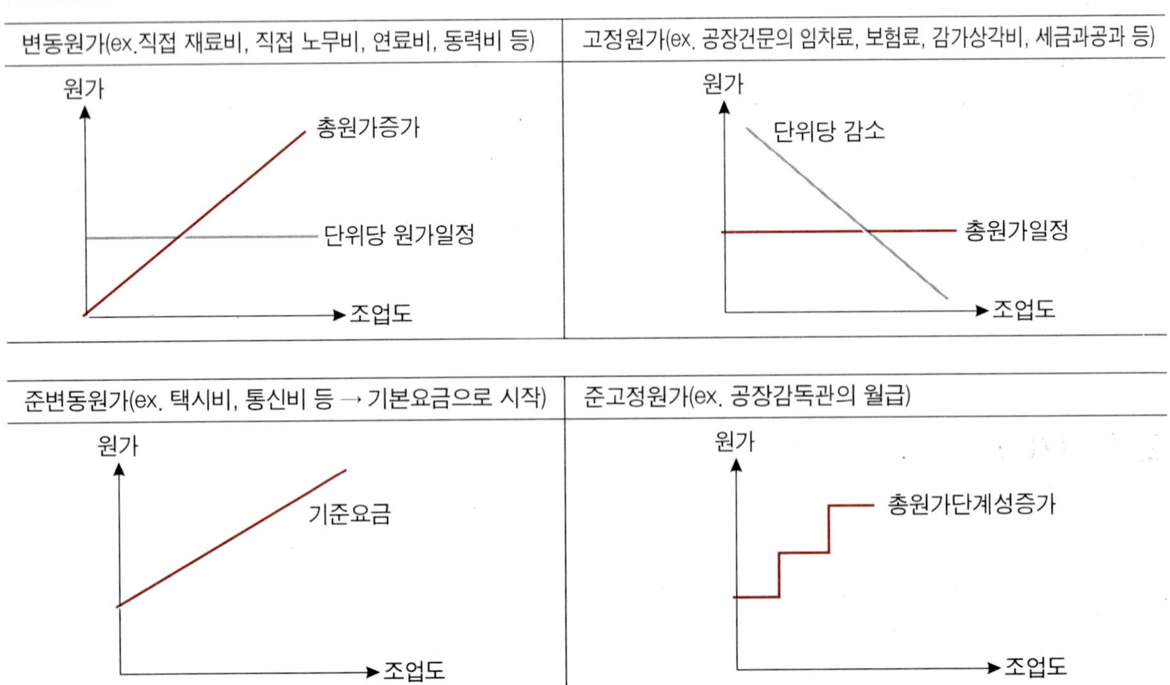

같은 외부적인 변동이 없는 한 조업도의 증감여부에 상관없이 일정하게 발생하는 원가(임차료, 보험료, 감가상각비, 세금과공과 등)

③ 준변동원가(=혼합원가)

조업도와 관계없이 발생하는 일정액의 고정비와 조업도의 변화에 따라 단위당 일정비율로 증가하는 변동비로 구성된 원가(택시비, 통신비 등)

④ 준고정원가(=계단원가)

특정범위에서는 일정한 금액이 발생하지만 해당범위를 벗어날 경우 일정액만큼 증가 또는 감소하는 원가(공장 감독관의 월급)

4. 경제적 효익의 소멸여부에 따른 분류

① 미소멸원가

판매되지 않은 제품과 같이 경제적 효익이 아직 소멸되지 않고 미래에 경제적 효익을 제공할 수 있는 원가를 미소멸원가라 하고, 미래 현금창출능력이 있으므로 재무상태표에 자산으로 기입함

② 소멸원가

용역잠재력이 소멸되어 미래에 경제적 효익을 더 이상 제공할 수 없는 원가를 소멸원가라 하며, 수익창출에 기여하고 소멸될 때는 매출원가로 기여하지 못한 소멸원가는 손실로 분류됨

5. 제품제조의 전후에 따른 분류

① 실제원가

확정원가 또는 보통원가로써 제품의 제조에 실제로 투입되어 소비되어 발생된 원가

② 예정원가

제품제조 이전에 예상되는 원가로써 예상원가, 견적원가, 추정원가임

③ 표준원가

정상적으로 운영될 경우에 예상되는 원가이며, 영업활동이 최상의 조건으로 이루어졌을 때에 발생되는 최소원가의 역할을 하며 실제원가를 통제하게 됨

6. 의사결정과 관련된 분류

① 역사적 원가

재화와 용역을 취득할 당시의 교환가격으로써 특정사건이 발생한 시점에서 결정된 원가

② 예정원가

특정사건이 발생하기 전에 예측을 통하여 결정되는 원가로써 미래에 발생될 것으로 예상되는 사건으로 결정되는 원가

③ 사전원가

제품개발 및 생산과정에서 산출되는 원가

④ 사후원가

제품개발 및 생산과정 이후에 산출되는 원가

7. 경영기능상에 따른 분류

① 제조원가

제품을 제조하는데 발생하는 모든 직접원가와 간접원가를 포함하는 것으로써 생산원가라고 한다. 이러한 제조원가에는 직접 재료원가, 직접 노무원가, 제조간접원가의 세 요소가 포함된다.

② 비제조원가

기업의 제조활동과 관계없이 판매와 관리활동으로 발생되는 원가로써, 제품을 고객에게 전달하는 과정 또는 기업조직운영에 필요한 인건비와 비품 등이 포함되며 판매관리비 영역이다.

③ 판매원가

제조활동이 완료된 이후에 판매가 이루어지기 까지의 발생되는 모든 원가(마케팅비용, 광고선전비 등)

④ 관리원가

경영활동과 관련하여 기업조직에서 운영, 통제, 관리 등의 활동으로 발생된 원가(본사 직원의 급여, 수당, 보험료 등)

표 1-2 제조원가의 구분

<table>
<tr><th>구 분</th><th>추적가능성</th><th>제조활동관련성</th><th colspan="2">기 타</th></tr>
<tr><td>직접 재료원가</td><td rowspan="2">직접원가</td><td rowspan="3">제조원가</td><td rowspan="2">기초원가</td><td></td></tr>
<tr><td>직접 노무원가</td><td rowspan="2">가공원가</td></tr>
<tr><td>제조간접원가</td><td>간접원가</td><td></td></tr>
</table>

출처 : 장일환 (2012). [회계학개론] 원가회계 핵심 요약정리 및 기출문제 분석을 통한 객관식문제 연습

8. 통제가능성에 따른 분류

① 통제가능원가는 직접 재료원가(변동원가) 등으로 부문경영자가 통제가 가능한 원가

② 통제불능원가는 공장건물의 임차료(고정원가) 등으로 부문경영자에 의해 통제가 불가능한 원가

9. 의사결정과 관련된 분류

① 미래원가는 후일에 발생되리라고 기대되는 원가라고 정의됨

② 기회원가는 선택가능한 대체방안 중에서 하나의 대체안을 선택하고 다른 대체안을 단념할 경우 그 단념된 대체안에서 상실하게 될 순현금유입액

③ 부가원가는 현금지출을 수반하지 않으며 재무제표상에 나타나지 않으나 원가계산상 가치희생으로 계상할 수 있는 원가

④ 매몰원가는 특정의사결정으로 말미암아 과거에 투하된 투자액의 전부내지 일부를 회수할 수 없게 된 원가에 해당됨

⑤ 회피가능원가는 경영관리자의 의사결정에 따라 피할 수도 있는 원가로 정의

⑥ 현금지출원가는 경영자의 의사결정에 따라 가까운 시일내에 현금지출이 수반되는 원가

⑦ 관련원가는 의사결정에 따라서 변동하는 원가

3 원가의 구성 및 비용과의 관계

1. 원가의 구성

제품원가를 구성하는 각각의 원가요소는 [그림 1-2]의 단계를 거쳐서 판매가격을 이루게 된다.

① 직접원가 = 직접 재료원가 + 직접 노무원가 + 제조직접원가
기초원가 = 직접 재료원가 + 직접 노무원가
기업이 소규모일 경우, 제조직접원가를 제외한 원가를 기초원가라고 함
② 제조간접원가 = 간접 재료원가 + 간접 노무원가 + 제조간접원가
③ 제조원가 = 직접원가 + 제조간접원가
④ 판매원가 = 제조원가 + 판매비와 관리비
⑤ 판매가격 = 판매원가 + 이익

그림 1-2 원가회계와 기업회계 비교

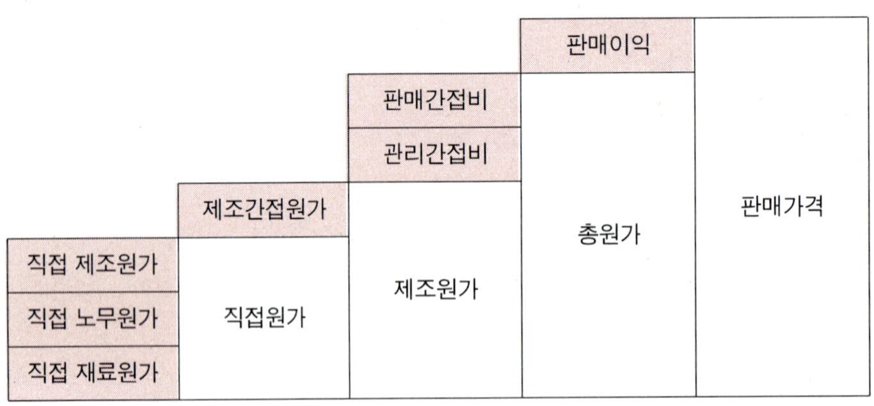

그림 1-3 원가와 비용과의 관계

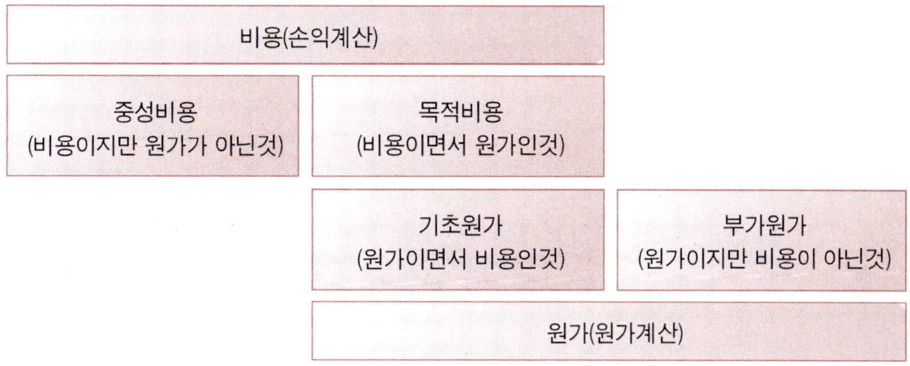

2. 원가와 비용과의 관계

원가와 비용 모두 기업의 경영활동을 위하여 소비되는 경제적 가치로 정의되고 있다. [그림 1-3]에서 제시된 원가와 비용은 공통적인 부분도 있지만 차이가 있는 부분도 존재한다. 이와 같이 차이가 발생하는 데에는 원가라는 것은 재화나 용역의 생산을 위하여 소비되는 경제적 가치이지만, 비용은 수익을 얻기 위하여 소비되는 경제적 가치라는 점에서 차이가 있다. 즉, 생산과 소비라는 차이가 원가와 비용을 구분하고 있다.

앞서 제품원가는 제품의 제조를 위한 재료원가, 노무원가, 제조원가로 구분되었다. 비용에 해당되는 비원가항목은 판매관리비이다. 이에 대한 내용을 〈표 1-3〉에서 제시하였다. 비용의 가장 우선되는 조건은 제조활동과 관계없는 가치의 감소이다. 설령, 제조활동과 관계가 있

표 1-3 제품원가와 비용의 비교

구 분	제품원가	비 용
개 념	생산활동과 직접 / 간접관련비용	생산과 무관한 비용
사 례	직접 재료원가, 직접 노무원가, 제조간접원가	판매비, 관리비
회계처리	발생되면 자산으로 처리 제품판매시에 비용으로 처리(수익창출시)	무조건 당기에 비용처리
순이익효과	순이익이 변하지 않음	순이익감소효과
공통점	기업의 경영활동을 위해 투입되는 자금	

더라도 기업의 주된 목적인 제품제조와 관계없이 발생하는 비정상적인 경제적 가치의 감소가 비용에 해당된다. 이러한 비용은 판매활동에서 발생하는 광고선전비, 본사직원의 급여, 파손, 파업기간의 임금, 정전으로 발생한 불량품의 제조원가, 화재손실, 도난 등이 포함된다.

4 원가회계의 정의 및 종류

1. 원가회계의 정의

제조기업에서 제품 또는 용역의 생산에 소비된 원가를 기록·계산·정리하여 경영의사결정에 필요한 원가와 관련된 정보를 파악하여 제조기업에서의 재무상태와 경영성과를 명확히 규정하려고 하는 회계분야이다. 원가회계의 가장 주된 목적은 재무제표작성에 필요한 원가정보를 제공하는 것으로써, 손익계산서의 매출원가를 파악하여 재무상태표의 재고자산과 관련된 계정에서의 각각의 재료와 재공품에 대한 원가정보를 제공하는 것이다. 이를 통해 원가를 통제하고 경영의사결정에 필요한 기초적인 원가자료로 활용하고자 하는 것이다.

2. 원가회계의 종류

1) 원가회계시점에 따른 분류는 실제원가회계(사후 원가회계)와 예정원가회계로 구분된다.

실제원가회계는 제품제조가 종료된 이후에 실제로 발생된 원가를 집계하는 방법으로써 외부에 공시하는 재무제표작성에 사용된다.

예정원가회계는 제품제조가 이루어지기 전에 사용이 예상되는 원가를 추정하여 계산하는 방식으로써, 추산원가회계(과거의 실제원가를 기초로 추정)와 표준원가회계(정상적인 제품제조과정에서 예상되는 원가)로 구분된다.

2) 기업의 생산형태에 따른 분류로써, 개별원가회계와 종합원가회계로 구분된다.

개별원가회계는 성능, 규격, 품질 등이 다양한 제품을 주문에 의해서 소량씩 생산하는 개별생산형태에서 사용하는 원가회계(건설업, 조선업, 항공기제조업, 가구 및 기계제작업 등)이다.

종합원가회계는 성능, 규격 등이 동일한 한 가지의 제품을 대량으로 생산하는 곳에서 사용하는 원가회계(정유업, 제지업, 제분업, 제당업, 화학공업 등)이다.

3) 고정원가포함 여부에 따라 전부원가회계와 변동원가회계로 구분된다.

전부원가회계는 제품제조에 소요된 모든 원가(직접 재료원가, 직접 노무원가, 변동제조간접원가, 고정제조간접원가)를 제품원가로 집계하는 것으로써 외부에 공표하는 재무제표를 작성할 때 사용된다.

변동원가회계(직접 원가회계)는 직접 재료원가, 직접 노무원가, 변동제조간접원가에서 변동원가만을 확인하여 제품원가로 집계하는 방식이다.

3. 재무회계와 원가회계의 차이

표 1-4 재무회계와 원가회계

구 분	원가회계	재무회계
거 래	제조과정의 내부거래가 중심	구매와 판매과정의 외부거래가 중심
대상과 목적	기업의 내부이해관계자의 의사결정에 필요한 제품원가계산의 정보를 제공	기업의 외부이해관계자에게 재무정보제공
경제가치소비	제조과정에서 발생된 가치의 소비를 원가로 처리	수익창출에 사용된 가치를 비용으로 처리
회계기간	1개월 (원가계산기간)	6개월 또는 1년 (회계기간)
계정과목	원가관련계정	재무상태표와 손익계산서의 계정
회계단위	기업전체 및 사업부별, 제품별	기업전체

01 논의 과제

1. 원가의 특징과 기업회계와의 차이점에 대해 설명하시오.

2. 원가의 종류에 대해 설명하시오.

3. 원가의 분류 중 제조활동의 관련성과 조업도의 변화에 따른 분류를 설명하시오.

4. 판매가격이 형성되는 원가의 구성에 대해 설명하시오.

5. 원가와 비용의 관계에 대해 회계처리관점에서 설명하시오.

제2장

개별원가계산과 종합원가계산

1. 원가계산의 이해
2. 개별원가계산
3. 종합원가계산
4. 원가계산의 차이

학습방향

제1장에서 원가에 대한 기본적으로 이해할 수 있도록 진행하였으며, 이번 장에서는 원가계산의 기본적인 개념에 대해 이해하도록 한다. 이를 바탕으로 개별제품의 생산에 있어서 재료원가와 인건비에 대해 직접집계를 하고 나머지 경비로 분류되는 제조간접원가에 대해서 제품별로 배분하는 방법을 파악하게 된다. 특히, 개별원가계산에서 제조간접원가를 어떻게 배분할 것인지를 다루게 된다. 제조간접원가는 실제원가계산과 정상원가계산으로 구분되며 이에 대한 차이를 제시하였다. 또한, 종합원가계산은 밤낮없이 지속적으로 생산되는 제품의 원가를 파악하는 방법으로써, 본 장에서는 종합원가계산의 개념에 대해 제시하고자 한다.

학습목표

1. 원가계산의 개념과 목적에 대해 설명한다.
2. 다양한 원가계산의 분류에 대해 설명한다.
3. 개별원가계산의 종류를 파악하고 계산을 위한 배부율에 대해 설명한다.
   (개별원가계산, 실제원가계산, 정상원가계산)
4. 종합원가계산에 대해 이해하고, 개별원가계산과의 차이점을 설명한다.

1 원가계산의 이해

1. 원가계산의 개념 및 원칙

원가계산이란 각 생산단계나 다양한 제조활동에서 지출된 비용을 원칙에 따라 배분하여 경영활동에서 발생한 원가를 체계적으로 계산하는 것이다. 정확한 원가계산을 위해서는 제품이나 서비스와 관련된 부분에 대한 명확한 구분이 이루어져야 한다. 즉, 신뢰성 있고 타당성이 마련된 자료가 만들어지기 위해서는 상세정보를 바탕으로 적절한 원가배분과 계산이 이루어져야 한다. 원가의 내용을 재료원가, 노무원가, 판매관리비, 기타 비용까지 분류해서 단위당 제품원가를 계산하는 것이 원가계산으로써, 재무상태표에서 재고자산의 형태로 유지된 제품 등이 고객에게 판매를 통하여 손익계산서 상의 매출원가로 반영되는 것이다. 이러한 점에서 원가계산은 재무상태표와 손익계산서 작성을 위해 원가를 집계하는 것이다.

전통적인 제품원가계산은 제조과정만 지나치게 강조한 나머지 제조와 관련된 원가정보만을 제공하고 있으며, 제조이전이나 이후의 단계에서 발생한 원가는 개별제품에 연결시키지 못하고 모두 비용으로 처리하고 있다. 이러한 원가계산은 제품에 대한 정확한 원가를 왜곡하여 기업의 전략계획을 수립하는데 도움이 되지 못하고 있다. 즉, 종래의 회계시스템 상의 원가계산은 제조원가만 명확히 하고 있으며, R&D나 설계와 같은 제조이전단계나 마케팅, 유통, 서비스와 같은 제조이후의 단계의 원가는 명확하게 하고 있지 않다. 총원가중에서 제품수명주기의 초기단계에서 발생하는 원가는 제품별로 차이가 있을 수 있으며, 최근의 제품원가의 상당부분이 연구개발과 설계 등과 같은 제조이전단계에서 결정된다는 점에서 경영자들이 중요시 생각하고 있다. 예를 들어서, 원가계산에 대한 잘못된 인식으로 제조이전단계의 R&D나 설계비를 삭감한다면, 제품이 출시된 이후에는 제품의 품질이 고객을 만족시키지 못할 것이고 이에 따른 고객서비스 비용이 상당히 증가될 것으로 사료된다. 이러한 점에서 원가계산은 단순히 제조과정 뿐만 아니라 제조이전과 제조이후의 단계까지 모두 포함되어야 한다는 것이 현재의 원가계산에 대한 인식이다.

이러한 원가계산의 원칙은 총 7가지 정도로 요약되며 다음과 같다.

① 진실성의 원칙은 제품재료에 소요된 원가를 정확하게 계산하여 실제로 발생된 부분만을

제시하도록 한다.

② 발생기준의 원칙은 현금기준과 대립되는 원칙으로써, 모든 수익과 비용에 대한 계산은 원가발생의 사실이 있는 시점이 기준이라는 것이다.

③ 계산경제성의 원칙(중요성의 원칙)이라고 하는 부분은 원가계산에 있어서 그 경제성을 고려해야 한다.

④ 확실성의 원칙은 원가계산에서 실행가능한 다양한 방법이 있을 경우에도 가장 확실성이 높은 방법을 선택한다.

⑤ 정상성의 원칙은 정상적인 거래를 통해서 발생된 원가만을 반영하도록 하며, 비정상적인 거래는 원가에 반영하지 않는다는 것이다.

⑥ 비교성의 원칙은 원가계산기간에 따른 일정기간의 것과 다른 부분의 것을 상호 비교할 수 있도록 하는 것이다.

⑦ 상호관리의 원칙은 요소별, 부분별, 제품별로 상호관리가 가능해야 한다는 것이다.

2. 원가계산의 목적

원가계산의 가장 큰 목적은 기업의 경제적 실체를 수치적으로 파악하여 판매가격의 결정과 경영능률향상에 있다. 하지만, 이러한 제품단위당 원가를 구하고자하는 목적이외에도 기업의 내부이해관계자에게는 기업운영에 필요한 의사결정자료를 제공함과 동시에 외부이해관계자에게 기업의 투자결정에 필요한 정보를 제공하도록 하고 있다. 〈표 2-1〉은 기업의 내부 / 외

표 2-1 내부 / 외부이해관계자의 원가계산목적

구 분	내부이해관계자	외부이해관계자
목 적	기업내부의 경영관리	기업외부 정보제공
정보이용자	경영관리자	주주 (국내, 외국) 채권자 (은행, 정부기관 등)
제공되는 정보내용	문제해결을 위한 의사결정 경영계획과 경영통제 재무제표작성 원가관리 경영의 기본계획수립	재무상태표 손익계산서 현금흐름표

※ 출처 : 김동수·송기옥 (2015). 식음료원가관리론.

그림 2-1 원가계산의 단계

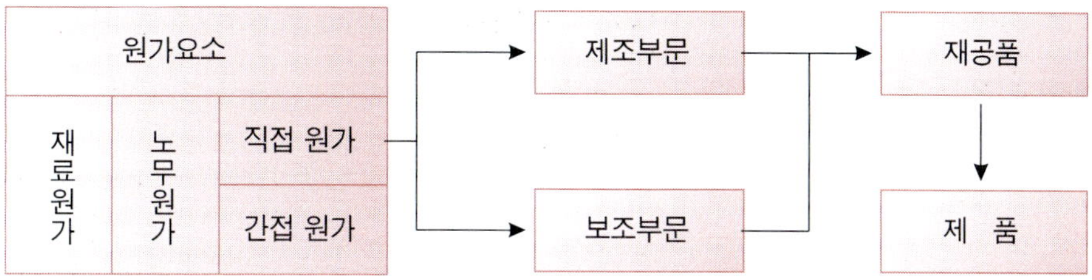

부이해관계자에 따른 원가계산의 목적에 대한 설명이다.

원가계산의 목적에 대해 다시한번 서술해보면 네 가지로 정리가 된다.

① 가격결정의 목적은 생산된 제품의 판매가격을 결정하기 위한 방안으로 원가를 계산하게 된다.

② 원가관리의 목적으로는 원가를 절감할 수 있는 능률적인 관리를 수행하기 위한 방법을 모색하는 것이며, 예를 들어, 원가표준을 설정한 후에 표준원가와 실제원가를 비교하여 원가관리목적에 기여할 수 있다.

③ 예산편성의 목적은 제품의 제조, 판매 및 유통 등에 따르는 예산편성과정에서 기준이 되는 원가를 수립하도록 하는 것이다.

④ 재무제표상의 목적은 외부이해관계자에게 기업의 정보를 제공함으로써 투자의사결정을 할 수 있도록 재무제표작성에 필요한 기초적인 원가정보를 제공하는 것이다. 이를 통해 재무상태표에서는 재고자산에 대한 관리를 하고 손익계산서에서는 매출원가산출에 기여할 수 있다.

3. 원가계산의 분류

[그림 2-2]에서 제시하는 바와 같이 원가계산에는 다양한 종류가 있기 때문에 경영자의 관점에서 분류될 수 있다. 원가계산방법은 생산형태, 원가계산의 범위, 원가측정방법에 따라 분류된다.

그림 2-2 원가계산의 종류

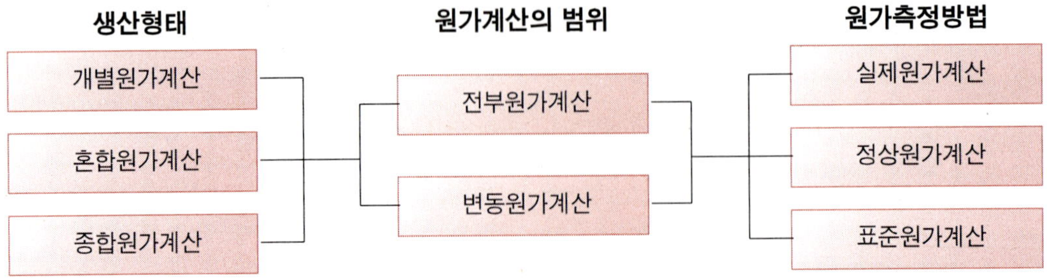

① 개별원가계산은 제품의 종류나 규격이 다양한 개별적인 생산형태가 기업에 적용되는 원가계산방법으로써 제품원가를 개별작업별로 구분, 집계하여 계산하며, 다음과 같은 흐름으로 진행된다.

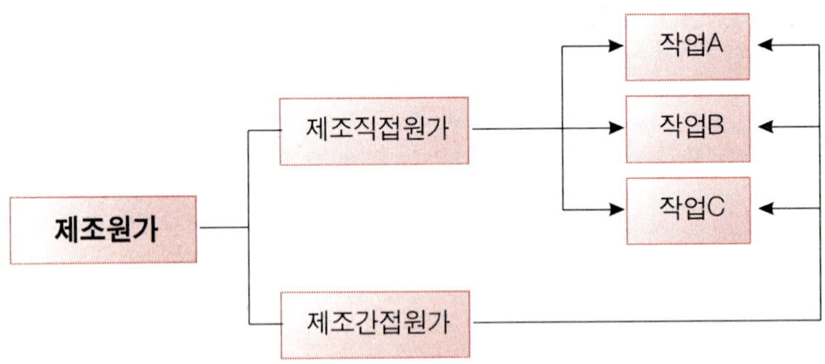

② 종합원가계산은 동종의 제품을 반복적으로 대량생산하는 업종에서 주로 쓰이는 원가계산방법으로써, 각 제조공정별로 제조원가를 집계하고 일정기간 동안 그 공정에서 생산된 완성품과 미완성된 기말재공품에 제조원가를 배분하여 당기 제품제조원가와 기말재공품원가를 구한다.

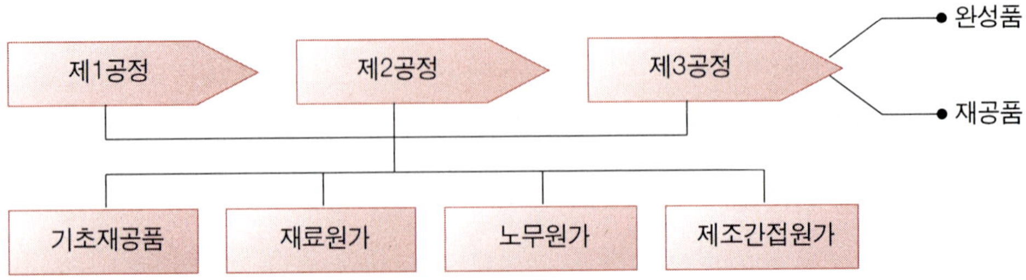

③ 전부원가계산은 직접 재료원가, 직접 노무원가, 변동제조간접원가는 물론 고정제조간접원가까지도 제조와 관련되었다면 모든 원가를 제품원가로 보는 방법이다.

④ 변동원가계산은 제조원가를 변동원가와 고정원가로 구분하여 변동원가만을 제품원가에 포함시키고, 고정원가는 조업도와 관계없이 기간비용으로 처리하는 방법이다.

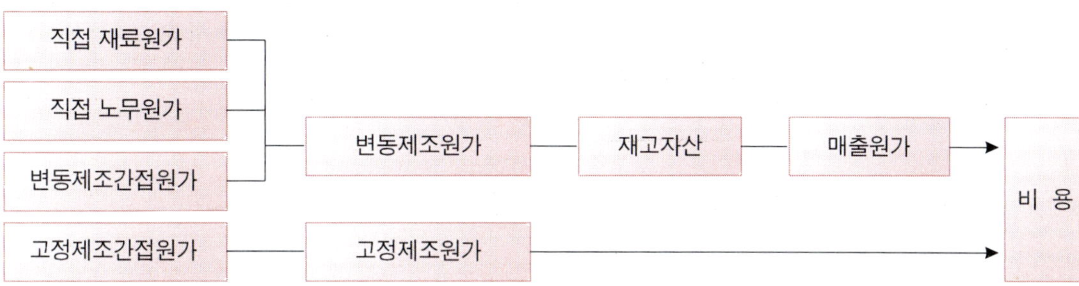

⑤ 실제원가계산은 실제발생한 직접 재료원가, 직접 노무원가, 제조간접원가를 제품에 배부하는 원가계산방법이다.

⑥ 정상원가계산은 직접 재료원가, 직접 노무원가는 실제발생액을 제품별로 집계하고, 제조간접원가는 사전에 결정된 예산과 예정배부율을 사용하여 원가를 계산하는 방법이다.

⑦ 표준원가계산은 특정제품을 생산하는 데 예상되는 원가를 가격표준과 수량표준을 사용하여 사전에 표준원가를 결정하고 이를 기초로 원가계산을 하는 제도이다.

4. 형태에 따른 원가계산

1) 재료원가의 계산

제품을 제조할 목적으로 외부로부터 매입한 물품을 재료라 하고, 이중에서 제조활동에 투입된 부분의 소비가치를 재료원가라 한다. 즉, 재료는 자산이고 재료원가는 원가요소이다. 재료원가 중 특정제품에 얼마만큼 투입되었는가를 알 수 있으면 직접 재료원가가 되고 정확히 알 수 없으면 간접 재료원가가 된다. 직접 재료원가는 제품에 직접 배부할 수 있지만 간접 재료원가는 제조간접원가로써 일정한 배부기준에 따라 배부해야 한다. 〈표 2-2〉는 직접 재료원가와 간접 재료원가에 대한 구분이다.

표 2-2 내부 / 외부이해관계자의 원각계산 목적

구 분		내부이해관계자
직접 재료원가	주요 재료원가	제품의 제조에 직접적으로 소비되어 제품의 주체적 구성이 되는 재료원가 예) 가구제조업의 목재, 제과업의 밀가루
	매입 부품비	제품에 그대로 부착되어 그 제품의 구성부분이 되는 외부에서 구입한 부분품에 대한 비용 예) 자동차제조업의 타이어, 음료회사의 용기
간접 재료원가	보조 재료원가	제품의 제조활동에서 제품의 본체를 구성하지 않는 보조적인 물품소비액 예) 가구제조업의 접착제, 전자기구의 땜납
	비품비	내용연수가 1년 미만이거나 내용연수가 1년 이상이더라도 금액이 크지 않은 소모성공구, 기구, 비품의 소비액 예) 청소용구, 재떨이

이러한 재료원가는 다음의 수식을 통해 계산된다.

재료원가 = 재료소비가격 × 재료소비량

재료소비가격은 재료원가의 단가로써 실재가격법과 예정가격법의 두 종류가 있다. 실재가격법은 개별법, 선입선출법, 후입선출법, 이동평균법, 총평균법으로 재고자산을 측정하게 되며, 예정가격법은 재료원가를 계산하는데 있어 재료의 구입가격을 실제구입한 가격이 아닌 계획수립단계에서 사전에 정해 높은 가격을 이용하게 된다. 예정가격에 따라 계산된 재료소비가격과 실제소비가격과의 차이를 「재료소비가격차이」라고 한다.

재료소비량은 계속기록법과 실지재고조사법으로 구분하여 재고자산을 평가하게 된다. 계속기록법은 원재료의 입고와 출고가 이루어질 때마다 재료원장에 기입하므로 언제, 어디서, 얼마나 소비했는지가 명확하다. 실지재고조사법은 월말이나 결산기말에 재고조사를 통해 실제 기업이 보유한 물량을 파악한 후 전기의 이월수량과 당기의 입고수량의 합계에서 실지재고수량을 차감하여 출고수량을 계산하는 방식으로 다음과 같은 수식을 사용한다.

재료소비량 = 이월수량 + 당기입고수량 − 실지재고수량

일반적으로 기업은 회계연도중에는 계속기록법에 따라 재료의 입, 출고 및 재고를 관리하고 월말이나 결산기말에 실지재고조사법을 통하여 정확한 보유재료수량을 파악하고 있다.

2) 노무원가의 계산

제품의 제조를 위하여 노동력을 제공함으로써 발생되는 원가요소이다. 이러한 노무원가는 제조와 관련된 원가이며, 본사의 사무직이나 판매직 등의 보수는 제조와 관련이 없기 때문에 노무원가가 아닌 판매관리비로 반영된다. 하지만, 대부분의 외식기업은 노무원가 대신에 손익계산서 상의 판매관리비에서 급여 등을 처리하고 있다.

노무원가분류는 〈표 2-3〉에서 제시하였다.

노무원가계산은 [그림 2-3]과 같이 이루어지며, 간접인원의 노무원가전액은 간접 노무원가로 처리한다.

표 2-3 노무원가의 형태에 따른 분류

구 분	내부이해관계자
지급형태	· 임 금 : 생산활동에 직접 종사하는 사람에게 지급되는 노동력의 대가 · 급 료 : 공장의 사무직 및 관리직 직원에게 지급되는 노동력의 대가 · 잡 급 : 정규 노동자가 아닌 시간제 업무를 하는 임시직원 등에게 지급하는 노동력의 대가 · 상여수당 : 공장에서 생산에 직·간접으로 관여하는 종업원에 대해 그들의 작업과는 직접적인 관련 없이 경상적으로 지급되는 수당 등 · 퇴직급여 충당금 전입액 : 퇴직급여규정에 따라 계산한 퇴직금의 당기전입액 · 법정복리비 : 의료보험, 국민연금 등 사회보험료의 회사부담액 · 기 타 : 복리후생비, 교육비 등
제품과의 관련성	· 직접 노무원가 : 제품에 제조활동에 직접적으로 부과할 수 있는 노무원가 · 간접 노무원가 : 직접 노무원가 이외의 모든 노무원가로써 제조활동에 직접 투입되지 않은 임금

그림 2-3 노무원가계산

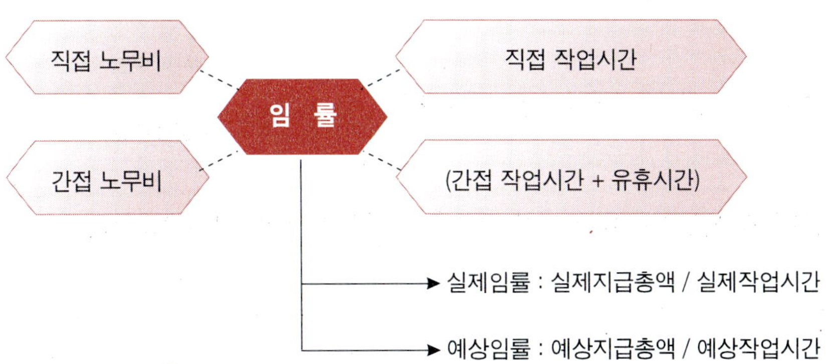

3) 제조원가의 계산

제조원가란 제품의 재료를 위해 소비되는 원가중 재료원가와 노무원가를 제외한 모든 원가요소를 말한다. 제조공정에서 발생한 것은 제조원가로써 제품원가에 포함되지만 이 이외의 부문에서 발생하는 비용은 판매비와 일반관리비가 된다. 〈표 2-4〉에서 경비의 종류에 대해 제시하였다.

표 2-4 경비의 종류

구 분	내 용
직접경비	특정제품에 얼마만큼 투입되었는가를 직접추적할 수 있는 비용 예) 외주가공비, 특허권 사용료
간접경비	제품에 직접부과할 수 없는 비용 예) 전력비, 보험료, 임차료, 감가상각비, 복리후생비, 공손비

4) 제조간접원가

여러 제품의 재료에 공통적으로 소비된 원가로써, 간접 재료원가, 간접 노무원가, 간접경비로 구성되며, 각 제품에 직접부과할 수 없는 것이다. 따라서 적당한 기준에 따라 각 제품에 배부해야 한다.

제조간접원가의 배부시점에 따라 실제배부율과 예정배부율로 구분할 수 있는데 실제배부율은 실제로 제조간접원가가 발생한 후에 이를 제품에 배부하기 위해 사용하는 배부율이며, 예정배부율은 제조간접원가가 발생하기 전에 미리 결정하여 사용하는 배부율이다. 다음과 같은 수식을 사용하여 제조간접원가를 계산하게 된다.

간접비 배부액 = 배부기준치 × 실제배부율 / 예상배부율

실제배부율과 예정배부율에 대한 기준은 〈표 2-5〉에서 제시하였다.

표 2-5 배부율의 기준

구 분	내 용
실제배부율	제조간접원가의 발생금액의 원인에 따른 정확한 배부기준파악이 중요함 · 수량기준 : 제품의 생산량 등 · 금액기준 : 직접 재료원가 또는 직접 노무원가의 금액 등 · 시간기준 : 직접 작업시간, 기계작업시간 등
예정배부율	원가계산을 신속하게 진행하기 위해서는 실제배부율을 적용하기 전에 제조간접원가의 예정배부율을 설정하여 제품에 배부하는 방법

2 개별원가계산

제품이나 서비스의 개별단위에 대하여 원가를 할당한다. 그러므로 각 개별제품, 서비스 혹은 작업별로 원가를 집계할 수 있다. 즉, 주문에 따라 생산하는 개별생산형태일 경우에는 각 제품의 원가가 전부 다르기 때문에 각 제품단위로 계산해야 하는데 이와 같이 종류, 규격이 다른 제품의 원가를 제조지령서 별로 계산하는 방법을 「개별원가계산(job-order costing)」이라 한다.

1. 개별원가계산

제품이나 서비스의 개별단위나 일괄처리묶음에 대해 원가를 할당하는 방식이다. 즉, 개별작업에 대해서는 직접원가를 계산하여 집계하고 간접원가는 규정에 따라 배분하여 원가를 계산하는 방법이다. 원가를 배분하는 기준은 재무적인 수치나 비재무적인 방식을 반영할 수 있다. 개별원가를 계산하는 방식은 다음과 같이 5단계로 구분되어진다.

1) 1단계

선택된 원가대상인 작업을 확인하는 과정이다. 어떤 공정을 통해 무엇을 생산할 것인지를 결정하는 과정이다.

2) 2단계

원가대상작업에 대한 직접원가를 확인한다. 직접원가는 재료원가, 노무원가이다. 제조직접원가도 포함될 수 있지만, 여기서 발생한 제조원가는 경비는 모두 제조간접원가로 가정하고자 한다.

직접 재료원가 = 재료수량 × 재료단위당 가격

구 분	수 량	단 가	원 가
양고기	30kg	20,000원/*kg*	600,000원

직접 노무원가 = 작업시간 × 시간당 임금

구 분	작업시간	시간당 임금	원 가
성춘향	40시간	10,000원	400,000원
이몽룡	48시간	10,000원	480,000원
변학도	52시간	10,000원	520,000원
계	140시간		1,400,000원

3) 3단계

각각의 제조간접원가를 작업별로 배부하는데 사용되는 원가배부기준을 선택한다. 제조간접원가는 특정작업에 추적할 수 없는 원가이다. 추적할 수 없지만, 무시할 수는 없기 때문에 별도의 기준을 수립하여 각각의 작업에 배분하게 된다. 예를 들어 레스토랑이라고 할 때, 다양한 메뉴중에서 양고기를 조리하여 제공하는데 10분의 시간이 걸린다고 하면, 작업시간에 따라 제조간접원가를 배분할 수 있을 것이다. 작업시간에 근거한 배부율은 다음과 같이 계산한다.

제조간접원가 배부율 = 제조간접원가에서 발생한 총원가
/ 원가배부기준의 실제 총배부기준량
= 700,000원 / 140시간 = 5,000원/직접 노무시간

원가배부를 통하여 재료원가와 노무원가가 포함되는 직접원가와 제조간접원가의 합으로 구성된 제품원가를 측정할 수 있으며 이를 통해 판매가격을 결정하거나, 제품에 필요한 부품에 대한 자가 제조할 것인지 외부구입할 것인지에 대한 경제적 의사결정에 도움이 되기 때문이다.

원가배부에 있어서 인과관계, 수혜기준, 부담능력, 공정성과 같은 네 가지의 기준을 적용하게 된다.

첫째, 인과관계는 원가가 발생한 원인을 파악하여 원가를 배부한다는 것이다.
둘째, 수혜기준은 원가대상으로부터 제공받는 경제적 효익에 따라 배부하는 것이다. 즉, 효익이 높은 부분이 부담을 더 많이 하는 것이다.
셋째, 부담능력기준은 원가를 부담할 수 있는 능력에 따라 원가를 배부하는 것이다. 매출액이나 사람의 수에 따라 배부하는 것이다.
넷째, 공정성은 원가배부에 있어서 공정하고 공평한 기준에 의해 반영되어야 한다는 것이다.

이러한 네 가지의 원가배부방법 중에서 기업의 목적에 맞는 기준을 적용하여야 한다. 일반적으로 인과관계나 수혜기준을 적용하는 것이 가장 일반적이다.

4) 4단계

작업에 배부될 제조간접원가를 계산한다. 즉, 제조간접원가로 발생한 원가에 대해서 기준을 수립하여 배분을 하게 된다. 여기서는 이 레스토랑의 시간당 제조간접원가가 5,000원이라고 한다면 다음과 같이 계산될 수 있다.

제조간접원가 = 배부기준량 × 제조간접원가 배부율

구 분	배부기준량 (작업시간)	배부율 (시간당 제조간접원가)	제조간접원가
성춘향	40시간	5,000원	200,000원
계			200,000원

이와 같이 3단계에서 계산한 직접 노무시간 당 배부율은 5,000원이며, 이를 성춘향의 작업시간에 대한 제조간접원가를 계산하면 작업한 40시간에 배부될 제조간접원가는 200,000원이다.

5) 5단계

모든 직접원가와 간접원가를 합하여 계산한 총원가는 다음과 같다.

제조직접원가		
직접 재료원가	600,000원	
직접 노무원가	1,400,000원	2,000,000원
제조간접원가	(5,000원 × 140시간)	700,000원
작업의 총제조원가		2,700,000원

일반적으로 기업에 따라 차이가 있지만, 간접 원가배부율 계산에 있어서 1년의 기준을 반영하게 된다. 만약에 월단위 또는 주단위로 계산을 반영한다면 원가계산이 더 용이해질 수 있을 것이다. 그럼에도 불구하고 긴 시간범위를 사용하는 이유는 다음과 같다.

첫째, 분자에 해당되는 제조간접원가에서 발생한 총원가의 이유이다. 예산기간이 짧을수록 원가에 미치는 계절적 영향이 크게 반영된다. 월별예산기간으로 반영될 경우 계절에 따른 냉난방비의 차이가 있을 수 있으며, 수리비와 기타 보험료 등이 특정한 월에 지출되는 경향이 있기 때문이다. 이러한 차이를 최소화하기 위하여 일반적으로 1년간의 모든 제조간접원가를 반영하여 계산하게 된다.

둘째, 원가배부기준의 실제 총배부기준량이라는 분모부분이다. 고정제조간접원가가 월별 조업도에 다르게 발생할 수 있기 때문에 이를 분산하고자 하는데 있다. 변동제조간접원가의 경우 조업도에 따라 비례적으로 변동하지만, 고정제조간접원가의 경우에는 성수기와 비수기에 상관없이 고정적으로 발생하게 된다. 이러한 차이를 최소화하기 위하여 1년 단위의 예산을 사용하여 제품단위원가에 미치는 영향을 감소시키고자 하는 것이다.

2. 실제원가계산

제품원가의 계산에 있어서 실제로 발생된 원가를 파악하기 위하여 직접 재료원가, 직접 노무원가, 제조간접원가를 모두 실제원가로 계산하는 것이다. [그림 2-4]는 실제원가계산에서의 제조원가흐름을 제시한 것이다.

그림 2-4 실제원가계산 제조원가흐름

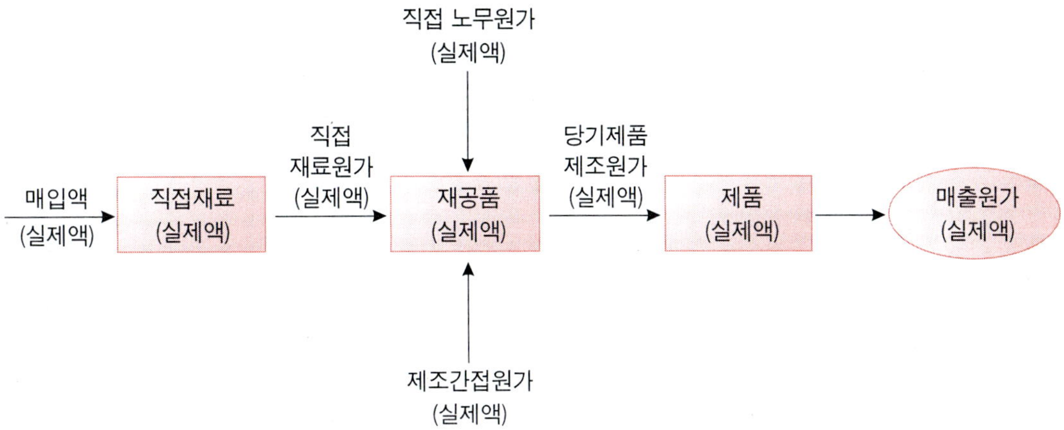

※출처 : 백태영 (2015). 원가관리회계.

1) 실제배부율의 계산

실제원가계산에서는 실제발생한 직접 재료원가와 직접 노무원가는 제품별로 반영이 이루어지고, 제조간접원가만 실제배부율에 의해 계산된 수치만이 합산된다. 실제배부율은 실제발생된 총제조간접원가를 실제발생한 총배부기준량으로 나눈값으로 다음과 같은 식으로 표현된다.

실제배부율 = 실제 총제조간접원가 / 실제 총배부기준량

이러한 실제배부율을 레스토랑에서 월별로 집계한다고 할 경우, 매월 총제조간접원가와 총배부기준량을 실제로 계산하여야 한다. 즉, 월말에 그 달에 발생한 전기료, 감가상각비, 임대료와 같은 간접원가를 합산하여 총작업시간으로 나눠서 계산하게 된다. 이와 같이 계산한 값이 일정하게 유지된다면 문제가 없겠지만, 실제로 레스토랑에서 판매되는 매출이 매월, 성수기/비수기에 따라 달라지며 이에 따라 사용되는 제조간접원가에서 차이가 발생되고 배부율도 달라진다. 월별로 배부율이 다를 경우에는 같은 종류의 작업에 대한 월별원가가 달라지고 결과적으로 수익성에서 차이가 발생하게 된다. 그 결과 레스토랑 경영자의 합리적인 의사결정에 문제가 발생할 수 있다. 그러므로 일반적으로 실제배부율은 1년 정도의 기간단위로 계산하게 된다. 이러한 이유는 계산기간을 늘림으로써 배부율의 안정성을 높이고자 하는 것이다.

2) 실제원가계산절차

직접 재료원가와 직접 노무원가는 실제발생액을 관련제품에 배부한다.

원가계산기간 말에 제조간접원가 발생액을 집계하여 배부기준을 설정하고 실제발생된 제조간접원가와 실제 배부기준을 사용하여 배부율을 위의 공식에 따라 계산한다.

3) 실제원가계산의 한계

실제 원가계산은 간단한 회계처리로 이해하기 쉽지만 다음과 같은 한계점을 가지고 있다.

- 실제발생원가와 실제조업도가 원가계산기말에 확정되므로 제품에 대한 원가계산이 기말까지 지연되어 이 시기에 회계업무가 집중된다.
- 적시성 있는 정보의 미제공으로 기업의 의사결정이 지연되어 경쟁력을 약화시킬 수 있다.
- 조업도의 변동, 특정원가의 계절적 특성 등으로 동일한 제품에 배부되는 제조간접원가가 상이하여 가격결정 등의 의사결정에 잘못된 정보가 제공될 수 있다.

3. 정상원가계산

실제원가계산에서의 제조간접원가의 실제배부에 따른 문제점을 해결하기 위하여 1년 동안 기업에 적용할 배부율을 결정하여 회계기간 동안 동일한 배부율을 모든 작업에 반영시키는 것

그림 2-5 실제원가계산 제조원가흐름

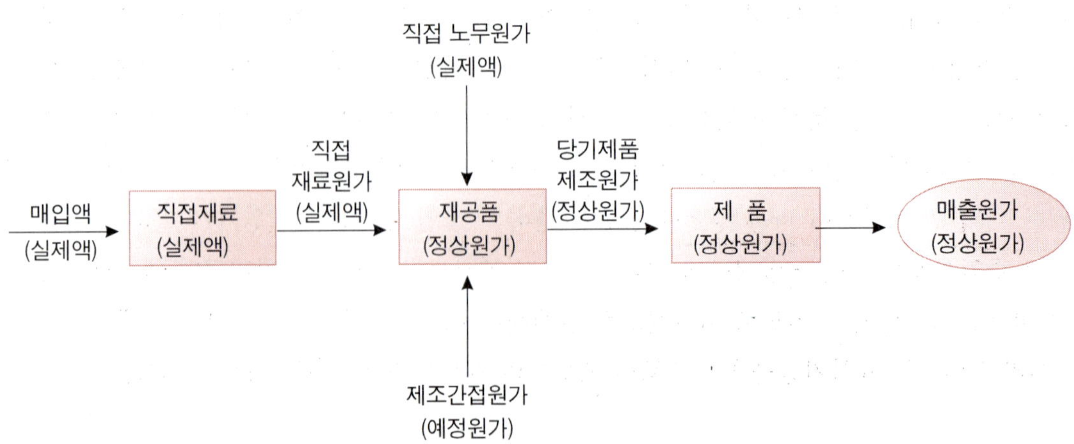

※출처 : 백태영 (2015). 원가관리회계.

이다. 즉, 직접 재료원가와 노무원가는 실제발생액으로 계산하고 제조간접원가는 예정원가로 계산하는 방법이다. [그림 2-5]는 정상원가계산의 흐름도이다.

1) 예정배부율의 계산

예정배부율은 해당회계기간이 개시되기 전에 예측을 통해 총제조간접원가를 예상 총배부기준량으로 나누어 계산한다. 즉, 실제배부율은 사후에 계산되지만, 예정배부율은 회계기간 시작전에 계산을 한다는 점에서 차이가 있다. 예정배부율 공식은 다음과 같다.

예정배부율 = 예상 총제조간접원가 / 예상 총배부기준량

이와 같이 산출된 예정배부율에 대해 실제배부기준량을 반영하여 제조간접원가 배부액을 계산하게 되며, 여기서 계산된 제조간접원가는 예정원가이다.

제조간접원가 배부액 = 실제배부기준량 × 예정배부율

2) 예정원가계산절차

원가계산기초에 예상한 총제조간접원가와 총배부기준량을 근거로 제조간접원가 예정배부율을 계산한다.

직접 재료원가와 직접 노무원가는 실제발생액을 관련제품에 직접부과한다.

제조간접원가는 제조간접원가 예정배부율을 사용하여 관련제품에 배부한다.

원가계산기말에 실제발생한 제조간접원가총액을 집계한다.

제조간접원가 예정배부율을 사용한 배부액과 실제발생액과의 차액인 배부차액을 계산하여 차액에 대해 회계처리를 진행한다.

3) 제조간접원가의 배부차액처리

예정배부율을 사용할 경우, 회계기간말에 총제조간접원가가 실제발생액과 일치하는 것은 불가능하다고 볼 수 있다. 그러므로 차이에 대해서 기말에 조정해야 하며 개별제품이 아닌 모든 제품에 대해 이루어지는 것이 일반적이다.

이러한 차이는 과소배부와 과대배부로 구분되어진다. 과소배부는 실제제조간접원가 발생액

표 2-6 제조간접원가 배부차이

배부차이	과소배부	과대배부
차이방향	배부액 〈 실제원가	배부액 〉 실제원가
계산오류	과소계산	과대계산
매출원가/재고원가조정	상향조정	하향조정

이 제조간접원가 예정배부액을 초과하는 경우이며, 과대배부는 제조간접원가 예정배부액이 실제제조 간접원가발생액을 초과할 경우이다. 과대배부가 발생할 경우 예정제조원가가 실제 발생액보다 크다는 것으로써, 원가에 대해 하향조정하게 된다. 과소배부와 과대배부에 대한 비교는 〈표 2-6〉에서 제시하였다.

4) 정상원가계산의 의의

기업의 제조활동이 기계화됨에 따라 제조간접원가가 차지하는 비중이 점차 확대되고 이를 집계하는데 상당한 시간을 필요로 하고 있다. 이러한 측면에서 제조간접원가를 일정한 기준에 의하여 산출된 예정액으로 미리 배부하고, 회계기말에 실제 제조간접원가와 비교하여 조정하는 절차가 필요하다는 것이다. 이를 통해 다음과 같은 효과를 얻을 수 있다.

- 미래의 불확실성을 예측하는 것이 어렵지만 사전에 제조간접원가의 인식을 통해 원가를 파악함으로써, 기업의 의사결정의 유용성을 높일 수 있다.
- 과거의 경험을 토대로 미래의 제조간접원가를 추정하고, 회계말에 실제 제조간접원가와 비교를 통해 원가발생의 비합리적인 부분을 파악하여 개선할 수 있으며, 향후 개선된 예산의 수립에도 피드백(feedback)효과를 거둘 수 있다.
- 전체원가 중 제조간접원가가 차지하는 비중이 점차적으로 높아지고 있기 때문에 제조간접원가발생에 대한 사업부별 평가에서 객관적인 보상체계와 분석에 유용하다.

4. 예정원가계산(표준원가계산)

직접 재료원가, 직접 노무원가, 제조간접원가 모두를 예정원가로 계산하는 방법으로써 표준원가계산이라고도 한다. 표준원가계산에 대해서는 제5장에서 다루도록 할 예정이다.

표 2-7 실제원가계산과 정상원가계산

배부차이	실제원가계산	정상원가계산
직접원가	실제직접원가율 × 직접원가의 실제투입량	실제직접원가율 × 직접원가의 실제투입량
간접원가	실제간접원가율 × 원가배부기준의 실제량	예정간접원가율 × 원가배부기준의 실제량

5. 실제원가계산과 정상원가계산의 차이

〈표 2-7〉에서는 실제원가계산과 정상원가계산에서 직접원가와 간접원가를 처리하는 방식을 제시하였다. 실제원가계산은 모든 제조원가를 실제발생한 원가로 계산하는 것이며, 주로 외부보고용 재무제표작성에 사용하게 된다. 정상원가계산은 적시성의 문제를 해결하기 위한 방안으로써 활용되었으며 예정배부율에 의해 계산하게 된다. 예정배부율을 사용하는 문제로 인해 재무제표에 보고하기 위해서는 기말에 배부차이를 반영하여 조정하여야 한다.

6. [예제] 개별원가계산

㈜서울레스토랑은 2014년도에 서울 광화문지점을 시작으로 2015년도에 강남지점 2016년도에 사당지점을 오픈하였다. 〈표 2-8〉은 ㈜서울레스토랑의 2016년도 각 지점의 재료원가, 노무원가, 제조원가에 대한 현황이다.

표 2-8 ㈜서울레스토랑의 지점별 원가

(단위: 백만원)

구 분	광화문	강 남	사 당	계
재료원가	900	500	600	2,000
노무원가	200	120	180	500
제조직접원가	1,100	620	780	2,500
제조간접원가				1,000
총제조원가				3,500
합 계				6,000

표 2-9 ㈜서울레스토랑의 실제원가계산

(단위: 백만원)

구 분	광화문	강 남	사 당	계
재료원가	900	500	600	2,000
노무원가	200	120	180	500
제조직접원가	1,100	620	780	2,500
제조간접원가	440 (1,100 × 0.4)	248 (620 × 0.4)	312 (780 × 0.4)	1,000
합 계(총원가)	1,540	868	1,092	3,500

① 실제원가계산을 위해서는 우선 실제배부율을 계산하여야 한다. 실제 총제조간접원가를 총제조직접원가로 나누어 실제배부율 0.4(=1,000 / 2,500)를 계산하였다(상황에 따라 노무원가로도 반영할 수 있다. 하지만, 여기서는 제조직접원가가 제시되었기에 이를 적용하였다). 이와 같이 적용할 경우 〈표 2-9〉와 같다.

② 정상원가계산을 위해서는 예정배부율을 결정하여야 한다. 2016년 예상 총제조간접원가 추정액이 1,200백만원이고 예정 총제조직접원가금액이 2,400백만원이라고 예상하였을 때, 예정배부율은 0.5(=1,200 / 2,400)이다. 이는 실제제조원가와는 관련이 없는 것으로써 연초에 추정을 한 것이다. 이와 같은 예정배부율을 적용할 경우 〈표 2-10〉과 같다.

위와 같이 계산된 실제원가와 정상원가에서는 차이를 보이고 있다. 다른 부분은 동일하지

표 2-10 ㈜서울레스토랑의 정상원가계산

(단위: 백만원)

구 분	광화문	강 남	사 당	계
재료원가	900	500	600	2,000
노무원가	200	120	180	500
제조직접원가	1,100	620	780	2,500
제조간접원가 (예정원가)	550 (1,100 × 0.5)	310 (620 × 0.5)	390 (780 × 0.5)	1,250
합 계(총원가)	1,650	930	1,170	3,750

표 2-11 ㈜서울레스토랑의 제조간접원가 배부차이 조정

(단위: 백만원)

구 분	광화문	강 남	사 당	계
제조간접원가 (예정원가)	550 (1,100 × 0.5)	310 (620 × 0.5)	390 (780 × 0.5)	1,250
과대배부액 하향조정	110 (44.0%)	62 (24.8%)	78 (31.2%)	250
조정 후 제조간접원가	440	248	312	1,000

만, 제조간접원가에서는 실제로는 1,000백만원이지만 예정원가는 1,250백만원으로 250백만원의 차이를 보이고 있다. 즉 과대배부액이 존재하게 되며, 과대배부액 250백만원을 각 지점별로 하향조정하여 처리해야 한다. 이러한 차이를 기말에 조정해줘야 한다. 즉, 기말의 제조간접원가 배부율에 근거하여 과대배부율을 배분하여 하향조정하며, 〈표 2-11〉에서 제시하였다.

3 종합원가계산

종합원가계산은 [그림 2-5]와 같이 단일종류의 제품을 연속적으로 대량생산하는 업종에 적합한 원가계산방법으로써, 다품종소량생산하는 식음료부문에서 자주사용되는 개념은 아니다. 그러므로 본 서에서는 종합원가계산에 대한 개념만을 제시하도록 한다.

그림 2-5 종합원가계산의 흐름

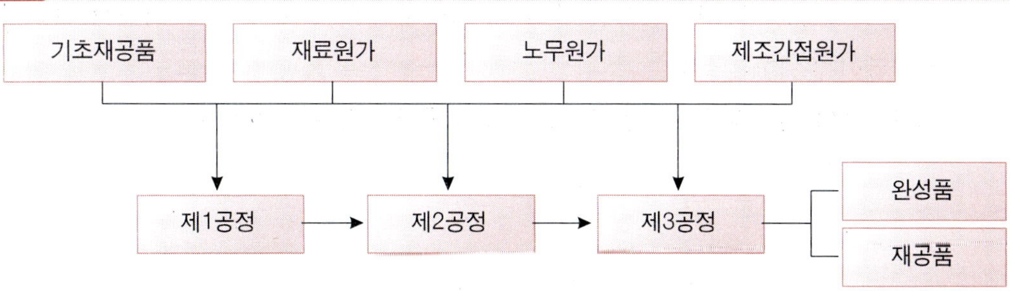

1. 종합원가계산의 목적

「종합원가계산(process costing)」은 단일종류의 제품을 연속적으로 대량생산하는 업종에 적합한 원가계산방법으로써, 개별작업단위별로 원가를 집계하는 개별원가계산과는 달리 하나의 공정이나 부문으로 원가를 집계하고, 이를 각 공정이나 부문에서 생산한 총산출물의 수량으로 나누어서 산출물의 단위당원가를 계산하는 평균화과정으로 진행된다. 그러므로 개별작업이 존재하지 않으므로 작업지시서의 발행이 필요없기 때문에 개별원가계산보다 더 단순하고 관리비용이 저렴하다. 하지만, 연속적인 공정을 통해 대량생산이 이루어지는 특성상, 생산의 종료전까지는 생산량파악이 어렵기 때문에 주로 월별이나 분기별로 제조원가를 계산하게 된다.

앞서 말한 바와 같이 개별원가계산에서의 제조원가는 작업이나 제품별로 집계하는 데 비하여 종합원가계산에서는 공정전체에 대한 종합적인 원가를 산출한다. 이와 같이 각 제조공정별로 제조원가를 집계하고, 일정기간 동안 그 공정에서 생산된 완성품과 미완성된 기말재공품에 제조원가를 배분하여 당기제품제조원가와 기말재공품원가를 구하게 된다.

2. 종합원가계산의 특징

종합원가계산에 있어서 다음과 같은 특징을 파악할 수 있다.

- 특정기간 동안 특정하게 지정된 공정단계에서 생산된 제품은 원가측면에서 서로가 동일하다고 가정한다. 즉, 제품원가는 평균의 개념을 반영하여 산출하게 된다.
- 원가에 대한 집계는 개별작업별로 이루어지는 것이 아니라 공정별로 이루어지기 때문에 개별작업에 대한 작업지시서가 필요없다.
- 공정단계에서 발생하는 제조간접원가를 직접 노무원가와 따로 구분하지 않고 재료원가와 가공원가로 단순분류한다.
- 제품을 연속적으로 대량생산하지만 모든 생산공정에서 특정 원가계산기간말에 종료되는 것은 아니므로 어떤 공정에 있어서든지 기말시점에는 부분적으로 가공이 완료되지 않은 재공품이 존재하게 된다.
- 원가통제와 성과평가가 개별작업별이 아닌 공정별로 이루어진다.

표 2-12 종합원가계산의 장, 단점

구 분	내 용
장 점	· 개별원가계산에 비하여 제조간접원가의 배부문제가 없고 기장절차가 간단하므로 시간과 비용이 절약된다. · 원가관리 및 통제가 제품별이 아닌 공정이나 부문별로 수행되므로 원가에 대한 책임 중심점이 명확해진다
단 점	· 개별작업별로 원가집계가 이루어지지 않고, 전체공정을 대상으로 원가정보를 요약하기 때문에 기장설자가 단순화되지만, 지나친 단순화로 인하여 상세한 정보를 상실할 가능성이 있다. · 각 공정에서 실제발생한 원가를 기초로 종합원가계산이 이루어지므로, 원가계산기간의 종료시점까지 원가를 결정할 수 없으므로 이미 완성된 제품도 원가계산이 불가능하게 된다. · 특정공정에서 생산된 제품은 원가측면에서 서로가 동일하다고 가정하고 있지만, 항상 이런 가정이 성립하는 것은 아니다. 만약, 산출물들이 동질적이더라도 원가계산을 위해서는 기말재공품의 완성도 측정이 필수적인데, 이러한 완성도측정에는 회계담당자의 주관적 판단이 개입되게 된다. · 다양한 제품을 생산하는 경우에는 필연적으로 원가의 배분이 필요하게 되는데, 이러한 배분은 정확한 평균원가의 계산을 더욱 어렵게 만든다.

3. 종합원가계산의 장, 단점

종합원가계산의 장점과 단점에 대해 〈표 2-12〉에서 제시하였다.

4 원가계산의 차이

개별원가계산은 고객의 주문에 따라 제품을 생산하는 형태이므로 정확도는 높지만 제조간접원가의 계산이 어려운 부분이 있다. 하지만, 종합원가계산은 표준규격제품을 연속적으로 대량생산하는 형태로써 완성품기준으로 원가계산에는 쉬우나 정확성이 낮다는 점이 있다. 일반적인 식음료 원가계산에서는 개별원가계산을 사용하고 있다. 이는 다품종 소량생산하는 식음료영업장의 특수성이 반영된 결과라고 볼 수 있다. 〈표 2-13〉은 개별원가계산과 종합원가계산의 차이점에 대한 내용이다.

표 2-13 개별원가계산과 종합원가계산

구 분	개별원가계산	종합원가계산
생산형태	다품종 소량주문생산	동종제품의 대량연속생산
원가집계	개별작업별로 원가집계(작업원가표)	제조공정별로 원가집계 (제조원가보고서)
원가구분	제조간접원가	재료원가가공비(직접 노무원가, 제조간접원가)
정확성	상대적으로 높음	상대적으로 낮음
핵심과제	제조간접원가배부	완성품 환산량계산
업 종	조선업, 항공업, 건설업 등	제분업, 정유업, 제지업 등

02 논의 과제

1. 원가계산의 7가지 원칙과 네 가지 목적에 대해 설명하시오.

2. 원가계산의 7가지 분류방법에 대해 각각 설명하시오.

3. 개별원가계산의 실제원가계산과 정상원가계산의 차이점을 설명하시오.

4. 종합원가계산의 목적과 특징에 대해 설명하시오.

5. 종합원가계산의 장, 단점에 대해 설명하시오.

6. 개별원가계산과 종합원가계산의 차이점을 설명하시오.

제3장

활동기준원가계산

1. 활동기준원가
2. 업종별 활동기준원가
3. 활동기준원가의 계산절차
4. 활동기준경영

학습방향

기업의 생산자동화가 이루어지면서 제조간접원가에 비중이 점차적으로 증가하고 있다. 이러한 상황에서 기존의 제조간접원가배분방식을 적용하는 경우에 원가계산에서 왜곡이 발생할 수 있다는 점에서 현재의 기업환경에 적합하지 않다는 비판이 제기되고 있다. 이러한 상황에서 등장한 것이 활동기준원가(Activity-Based Cost : ABC)이다. 본 장에서는 활동기준원가계산의 필요성과 계산절차, 업종별 활동기준원가의 활용을 제시하도록 하였다.

학습목표

1. 활동기준원가에 대해 설명한다.
2. 활동기준원가의 분석방법에 대해 설명한다.
3. 활동기준원가의 계산절차를 이해하고, 식음료영업장에서의 활용가능성에 대해 설명한다.
4. 활동기준경영에 대한 이해를 통해 부가가치활동을 설명한다.

1 활동기준원가

1. 활동기준원가의 정의

모든 원가는 스스로 발생되는 것이 아니라 무엇인가에 의해 나타나는 것이라는 인식하에서 발생되는 원가동인(총원가에 변화를 가져오는 모든 요인)을 이용하여 좀 더 정확한 원가정보를 파악하기 위하여 활동기준원가(Activity-Based Cost : ABC)가 제시되었다. 즉, 원가대상에 따른 개별적인 활동에 중점을 두어 원가시스템을 개선하는 것이다. 여기서 활동이란, 기업에서 특정한 목적을 두고 진행하는 업무단위로써, ABC는 활동의 원가를 계산하고 제품이나 용역

그림 3-1 활동기준원가의 개념적 틀

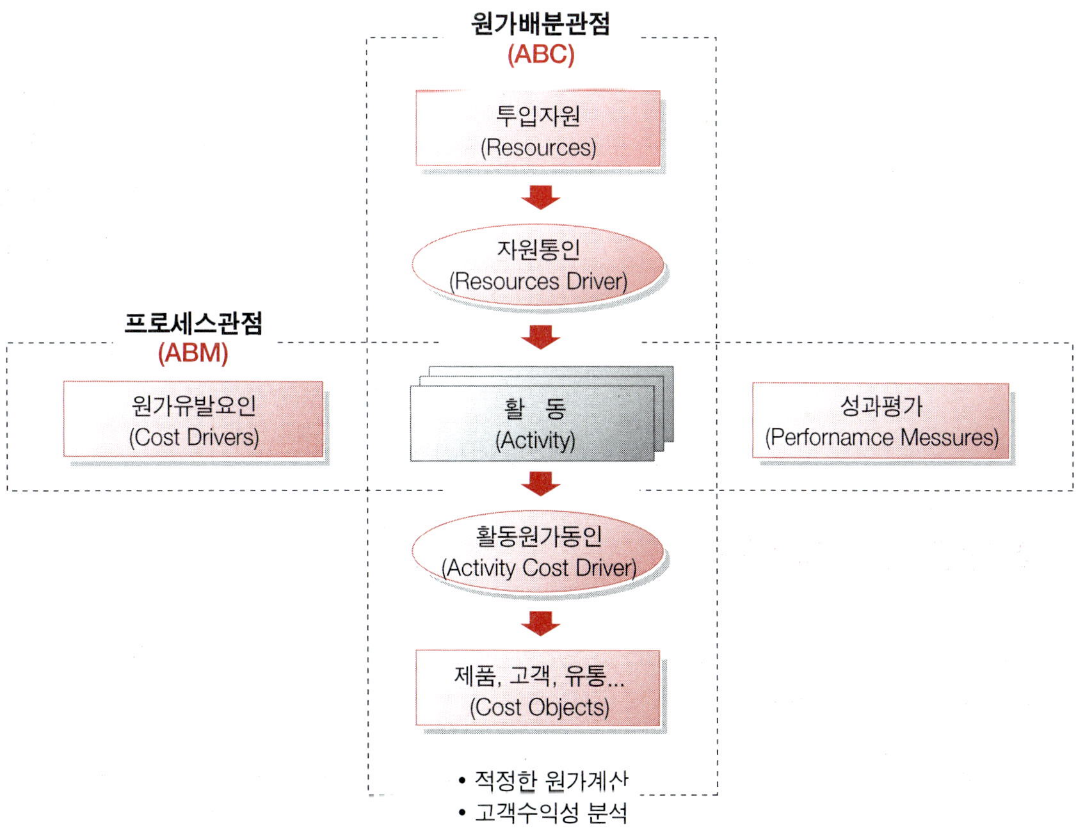

과 같은 원가의 대상에게 원가를 배분하는 과정이라고 볼 수 있다. 또한, ABC는 제품의 생산이나 고객서비스제공에 지원하는 활동들이 소모한 모든 자원을 화폐가치로 측정하는 것으로써, 기존의 원가시스템과 같은 원가대상으로부터 배부기준에 의해 원가가 산출되는 것이 아니라 원가대상이 산출되기 위해서 이루어진 활동을 추적함으로써 원가를 계산하는 것이 주된 목적이다.

이러한 ABC로부터 기대되는 효과는 다음의 세 가지 정도로 요약될 수 있다.

첫째, 이익의 발생내역과 구조에 대한 이해도를 높일 수 있다. 이익은 매출과 원가가 반영된 결과로써, 원가동인개념을 매출로 확대하여 매출에 대한 동인을 파악하면 최종 이익에 영향을 미치는 요인들에 대한 분석이 가능해진다는 것이다. 이를 통해 제품에 대한 수익성분석이 더 정확해질 수 있다는 것이다. 이러한 수익성분석을 통해 제품별, 고객별, 시장별 가격 차별화를 통해 기업의 가치를 증가시킬 수 있다. 원가시스템의 정교화는 기업의 가치창출과 발전에 기여한다는 것이다.

둘째, 원가발생은 활동에 근거한다는 것이다. 기존의 조업도 기준의 원가추정과 달리 활동기준을 통해 원가추정의 정확도가 높아질 수 있으며 이를 근거로 현실적인 예산편성도 가능하다는 것이다.

셋째, 미래의 기업성과를 개선할 수 있는 효과를 파악할 수 있다. 즉, ABC는 지속적인 원가개선을 추적하고 이러한 추세의 파악이 가능하도록 원가관리기능을 수행한다. 점차적으로 다양한 활동과 제품으로부터 발생되는 원가의 복잡성을 계산하는데 ABC가 정확한 간접원가를 배부하는데 유용하다는 것이다. 이를 통해 경영자는 좀 더 자원의 활용 및 지원활동에 관심을 기울이게 되며, 이 과정을 통해 경영효율화를 달성하게 된다.

활동분석을 진행함에 있어서 원가동인도 함께 결정하는 것이 일반적이다. 이를 통해 활동에 따른 원가를 정확하게 일치시키는 것이며, 원가동인선정에 있어서 과거의 자료를 활용하여 결정하지만 자료가 부족하다면 담당자에 의해 판단이 반영된다.

2. 활동기준원가의 특징

활동기준원가는 활동을 정의하고 수행함에 따라 발생되는 원가를 파악하기 때문에 다음의 특징으로 설명될 수 있다.

첫째, 기업의 다양한 활동중에서 원가집합을 만들고 있다. 즉, 각 기업의 활동을 분할하여 활동과 관련된 원가를 추적하게 된다.

둘째, 각 활동원가의 대상에 있어서 집계된 활동에 대한 측정치는 원가배부기준으로 활용이 된다. 각 활동원가대상은 운영준비, 작업 등과 같이 원가의 범위를 좁혀 진행하기 때문에 이러한 원가대상들은 시간경과에 상관없이 동질적이며 원가대상의 배부기준과 관련성을 가지고 있다.

셋째, 원가대상에 포함되는 원가는 제조된 제품에 대해 직접추적이 가능하다는 것이다. 원가의 직접추적이 가능하다는 것은 원가대상과 배부기준 사이에 관련성이 없다고 하더라도 확인할 수 있기 때문에 원가의 정확성을 향상시켜준다.

3. 활동기준원가의 장, 단점

1) 활동기준원가의 장점

① 정확한 원가정보제공

각 부문별 원가집계가 아닌 다양한 활동별로 원가를 분류하고 집계하여 적절한 배부기준을 선택할 수 있다. 따라서 제품별로 정확한 원가정보를 제공할 수 있다.

② 원가동인의 관리를 통한 원가관리

제품수량 이외의 다양한 원가동인에 대한 분석을 통하여 원가관리가 가능하다. 즉, 원가를 유발시키는 원가동인이 무엇인가를 파악하고 관리함으로써 상대적으로 많은 자원을 소비하는 활동과 원가동인을 줄여나갈 수 있다는 것이다.

③ 올바른 의사결정이 가능

보다 정확한 원가계산이 이루어지기 때문에 제품가격결정 및 제품별 수익성 등을 정확히 측정할 수 있다. 따라서 제품믹스(product mix)결정 등에 관한 올바른 의사결정이 가능하다.

④ 활동중심의 성과평가

수집하고 관리하는 자료가 활동에 관련된 자료이다. 전통적 원가시스템에서의 재무정보에 비해 활동기준원가계산에서 제공하는 활동관련정보는 기업전체의 운영의 효율성여부를 판단하는데 도움이 된다. 그러므로 활동기준원가계산에서는 활동정보를 이용한 성과평가수행으로 생산현장의 관리자와의 원활한 의사소통을 통해 기업효율성 향상을 증대시킬 수 있다.

2) 활동기준원가계산의 단점

① 과다한 측정비용

정확한 원가계산을 위해 최대한 세분화된 활동원가를 집계하고, 활동원가별로 원가동인을 파악하기 때문에 각 원가대상별 활동을 측정하는데 소요되는 비용이 상당히 크다.

② 자의적인 배분

전통적 원가계산에서 제조간접원가에 대한 자의적 기준에 의한 배분으로 원가의 왜곡을 초래하였는데 활동기준원가에서도 여전히 자의적인 기준에 의해 배부된다는 것이다. 감가상각비 등은 그 원가동인을 파악하기 어렵기 때문에 기계가동시간이나 직접 노동시간 등과 같은 자의적인 배부기준이 적용된다.

③ 활동분석의 타당성 입증이 어려움

정확한 원가계산이나 원가절감을 위해서는 활동분석이 이루어지고, 활동결과를 분석하여 부가가치활동과 비부가가치활동으로 구분하여 비부가가치활동을 제거하거나 줄여나가야 하는데 이에 대한 타당성을 현실적으로 입증하기가 어렵다는 것이다.

4. 국내기업의 활동기준원가 도입방향

기업이 ABC를 도입하려고 하는 가장 큰 목적은 제품생산에 필요한 정확한 원가를 파악하기 위해서이다. 즉, 기업이 생산한 제품의 수익창출에 기여한 활동이 무엇인지, 다양한 브랜드중에서 수익창출에 기여한 고객은 누구인지, 기업의 활동에서 가장 많은 비용이 사용된 곳은 어디며 이를 개선할 수 있는 방법은 무엇인지에 대해 지속적으로 관심을 가지게 된다. 그러므로 개선방향을 제시하기 위해 각 기업에 ABC가 도입되어 활용되고 있다.

ABC의 도입을 통해 기업은 다음과 같은 결과를 얻을 것으로 기대하는 바이다.

- 수익성제고 : 유통경로별/거래처별 수익성관리
  고객별 수익성관리(수익성 높은 고객에 집중가능)
  제품별 수익성관리
- 효율성제고 : 활동관리(비부가가치활동 제거가능)
- 전략적 의사결정지원
- 업무프로세스의 개선
- 보유자원의 효율적인 활용

2 업종별 활동기준원가

기업의 업종은 생산하는 제품이나, 상품, 용역의 제공 등을 고려하여 원가산정에서 차이가 발생하게 되며, 이러한 차별성을 대상으로 분석이 이루어져야 한다. 즉, 업종이 상이하다는 것은 분석목적에 차이가 있으며 활동수준도 차별적이라는 것이다. 이를 위해서 자원동인과 활동동인의 선택이 수반되어야 하며, 여기서 동인은 원가절감, 성과평가, 전략제시와 같은 원가분석 및 계산의 목적에 따라 차별적으로 정의되는 중요한 요소이다.

활동기준원가시스템을 기업에 적용시키기 위해서 중요한 부분은 활동의 분석과 동인의 선택, 원가할동경로의 설정이 포함되는 활동원가기준분석모형이다. 지금까지 대부분의 활동기준원가모형은 제조업을 중심으로 진행되어 서비스업이나 유통산업에 적용하기에 어려운 부분이 있었고, 제조업중심으로 진행하다보니 주요 활동에 대한 정의는 제품을 원가대상으로 하였다. 또한, 활동분석은 비용과 효익을 고려하여 설정되어야 함에도 불구하고 이러한 부분에 대한 관리없이 무조건 상세한 수준까지 분석하려고 하였다. 이러한 원인들로 인해 활동기준원가를 적용하는데 어려움이 있었던 것이 사실이다. 그러므로 ① 원가대상별 활동기준원가에서는 원가대상이 제품과 영업장(고객)의 경우에 대한 활동을 분석하였고, ② 환대산업의 활동원가기준에서는 호텔과 외식분야에 대한 적용사례를 제시하였다.

1. 원가대상별 활동기준원가

1) 제품대상별 활동

원가대상이 제품일 때는 제품을 생산하는 과정을 중심으로 원가에 중점을 두게 된다. 즉, 제품은 판매하고자 하는 가격을 결정하기 위한 정보로 활용됨으로써 생산과정에서 발생된 원가를 중요하게 생각한다는 것이다. 그러므로 동인은 제품의 생산과 판매에 관련된 것을 선정하여야 하며, 원가할당경로는 제품을 생산하기 위한 과정을 규명하여 경로를 지정해야 할 것이다.

원가중심이 제품일 경우에는 원가정보는 제품을 생산해서 판매에 이르는 전 과정의 원가를 고려해야 할 것이다. 최종적으로 제품이 생산되기 위해서는 원자재구매, 제품기획, 제품생산, 판매 및 사후관리가 필요하고 이에 대한 경영지원이 제공되어야 한다고 볼 수 있다. 이에 대한 주요 활동은 〈표 3-1〉에서 제시하였다.

표 3-1 제품중심의 활동정의

구 분	소요 공정	활 동
원자재의 구매	품질관리 생산관리 영 업	정보수집 및 시장조사, 품질분석 원자재재고관리, 소요공정관리 거래선관리, 구매업무
제품기획	품질관리 생산관리	제품개발, 생산계획수립 제품기획, 공정관리
제품생산	제1공정 제2공정 품질관리	생산, 유지, 수선, 가동 생산, 유지, 수선, 가동 품질검사, 시험관리, QA
제품판매	포 장 영업소	포장, 외주관리 판매관리
사후관리	품질관리 영업소	A/S 관리, 클레임관리 수금관리, 고객관리
경영지원	회 계 전 산 관 리	회계관리, 세무관리 전산관리, 업무교육 인사관리, 사무관리

제품중심활동은 첫째, 제품의 생산후 판매까지의 과정에 투입된 활동을 분석하는 것으로써, 제품생산과 판매를 중점으로 한 업무수행절차를 분석하게 된다. 둘째, 분석된 활동이 어떠한 경로를 통하여 제품으로 할당될 것인가를 결정하는 것으로써, 원자재의 구매와 제품의 기획단계에 대해서 생산공정의 원가를 할당하게 된다. 이러한 원가를 포함한 생산공정의 원가는 제품으로 반영된다. 제품의 생산이후에 발생되는 것은 판매, 사후관리, 경영지원이 있으며, 판매는 제품에 할당될 수 있지만, 사후관리는 판매이후에 사후관리가 필요한 제품에 할당하게 되며, 경영지원은 전과정에 걸쳐서 배분하게 된다. 셋째, 제품에 할당이 필요한 원가는 적절한 원가동인을 선택하게 되는데, 이러한 원가동인(Cost Driver)은 자원과 자원, 자원과 활동, 자원과 원가대상 간의 관련성을 제시하는 자원동인과 활동과 활동, 활동과 원가대상 간의 인과관계를 규명하는 활동동인으로 분류된다. 즉, 자원동인은 특정활동이 어떠한 원가를 사용하는지를 기준으로 발생된 원가를 할당하게 되고, 활동동인은 활동별로 할당된 원가를 생산부서나 제품으로 할당하는 것으로써, 업무수행 및 성격에 따라 선택되어진다.

〈표 3-2〉는 원가활동경로 및 동인을 나타낸 것이다.

표 3-2 제품중심의 원가할동경로 및 동인

구 분	소요공정	활 동	원가경로	원가동인
원자재의 구매	품질관리	정보수집 및 시장조사 품질분석	제 품	균등할당 제품 수
	생산관리	원자재재고관리 소요공정관리	제 품	투입중량, 금액 공정별 투입건수
	영 업	거래선관리 구매업무	제 품	구매건수, 금액
제품기획	품질관리	제품개발 생산계획수립	제 품	개발건수, 기간 생산량, 기간
	생산관리	제품기획 공정관리	제 품	기획건수, 기간 공정처리 수
세품생산	제1공정	생산, 유지	제 품	처리횟수 소모품 등 사용량
	제2공정	수선, 가동	제 품	수선금액, 기간 가동시간
	품질관리	품질검사 시험관리 QA	제 품	균등할당
제품판매	포 장	포장 외주관리	제 품	포장총액 외주금액
	영 업 소	판매관리	제 품	판매관련 총액
사후관리	품질관리	A/S 관리 Claim 관리	제 품	발생금액 건수, 금액
	영 업 소	수금관리 고객관리	제 품	판매건수, 금액 고객 수
경영지원	회 계	회계관리 세무관리	전체 공정	전표 발생건수 매입, 매출건수
	전 산	전산관리 업무교육	전체 공정	단말기 수 인원 수
	관 리	인사관리 사무관리	전체 공정	인원 수

2) 영업장(고객) 중심의 활동

영업장(고객)중심의 경우에는 제품보다는 영업장(고객)에 대한 활동이 상세히 반영되어야 할 것이다. 앞서 제품이 원가대상의 경우에서는 제조원가의 산정에 목적을 두는 반면에 영업장(고객)에서는 판매되는 제품의 원가 및 해당고객에게 전달되기까지 발생되는 원가가 모두 반영되어야 의사결정에 충분한 자료가 될 수 있다. 이를 위해서 판매하고자 하는 제품이 영업장을 통하여 판매하는 과정에서 발생되는 모든 원가와 원재료의 구매, 생산, 판매까지의 기회원가도 반영할 필요가 있다는 것이다.

〈표 3-3〉에서 영업장(고객)중심의 활동을 정의하였다. 앞서 〈표 3-1〉의 제품중심의 활동 부분과 차이가 발생하는 것은 제품판매 〉 영업소 〉 거래처관리, 창고관리, 수배송관리가 추가되었다는 것이다. 이와 같은 방향으로 활동을 정의하고 원가를 추정할 경우에 다음과 같은 사항을 고려해야 할 것이다.

첫째, 영업장을 통하여 제품이 판매될 때에 이를 원가에 반영할지에 대한 부분이다. 모든

표 3-3 영업장(고객) 중심의 활동정의

구 분	소요 공정	활 동
원자재의 구매	품질관리 생산관리 영 업	정보수집 및 시장조사, 품질분석 원자재재고관리, 소요공정관리 거래선관리, 구매업무
제품기획	품질관리 생산관리	제품개발, 생산계획수립 제품기획, 공정관리
제품생산	제1공정 제2공정 품질관리	생산, 유지, 수선, 가동 생산, 유지, 수선, 가동 품질검사, 시험관리, QA
제품판매	포 장 영 업 소	포장, 외주관리 판매관리, 거래처관리, 창고관리, 배송관리(차량관리)
사후관리	품질관리 영 업 소	A/S 관리, Claim 관리 수금관리, 고객관리
경영지원	회 계 전 산 관 리	회계관리, 세무관리 전산관리, 업무교육 인사관리, 사무관리

원가를 제품에 반영한다면 높은 정확도로 유용할 수 있겠지만, 고객에게 판매되는 과정에서 가격협상 등이 발생할 수 있고, 이러한 모든 원가를 반영하는 것이 가격상승을 초래할 수 있다는 것이다.

둘째, 특정고객을 대상으로 특정제품을 영업장에서 판매하더라도 거래처관리, 창고관리, 배송관리 등은 통합한다는 것이다. 통합관리에 따라 적절한 원가배분이 어려울 수 있기 때문이다. 즉, 생산과정에서 원가는 동일하지만 영업장에서 고객에게 판매되는 과정에서 발생되는 원가가 달라지므로 수익달성을 위한 의사결정이 중요하게 반영될 수 있다.

셋째, 고객의 입장에서 동일한 제품이라고 하더라도 어떤 영업장을 통해 판매가 되었고, 거래조건은 어떤지에 따라 원가가 달라지고 결과적으로 제품가격에도 영향을 미칠 수 있다는 것이다.

〈표 3-4〉는 영업장(고객)중심의 원가활동경로 및 동인을 제시한 것이다. 영업장(고객)중심에서 추가적으로 고려할 사항은 실제제품의 생산기간과 제품이 판매되는 기간이 일치하는가에 대한 고려가 있어야 한다는 것이다. 왜냐하면, 상황에 따라서 제품의 판매기간이 회계기간과 일치하지 않을 수 있다. 원칙적으로 판매주기에 따라 원가계산이 수행되어야 하지만, 고객의 대금지불조건에 비추어 이에 상응하는 채권관리를 하는 것이 고객과의 지속적인 거래에 유리할 수 있기 때문에 이에 대한 고려가 있어야 하며, 이를 위하여 내부관리목적의 효율적인 의사결정을 위한 정보가 필요할 것이다.

표 3-4 영업장(원가) 중심의 원가활동경로 및 동인

구 분	소요 공정	활 동	원가경로	원가동인
원자재의 구매	품질관리	정보수집 및 시장조사 품질분석	제 품	균등할당 제품 수
	생산관리	원자재재고관리 소요공정관리	영업소 각 공정	재고관련비용 공정별 투입건 수
	영 업	거래선관리 구매업무	생산관리	구매건수, 금액
제품기획	품질관리	제품개발 생산계획수립	생산관리	개발건수, 기간 생산량, 기간
	생산관리	제품기획 공정관리	공정관리 각 공정	기획건수, 기간 공정처리 수

구 분	소요 공정	활 동	원가경로	원가동인
제품생산	제1공정	생산, 유지	제 품	처리횟수 소모품 등 사용량
	제2공정	수선, 가동	제 품	수선금액, 기간 가동시간
	품질관리	품질검사 시험관리 QA	제 품	균등할당
제품판매	포 장	포 장 외주관리	제 품	포장총액 외주금액
	영 업 소	판매관리 창고관리 배송관리 차량관리	영업소	판매관련 총액 보관기간 배차건수, 중량 운반비, 운반거리
사후관리	품질관리	A/S 관리 Claim 관리	영업소	발생금액 건수, 금액
	영 업 소	수금관리 고객관리	영업소	판매건수, 금액 고객수
경영지원	회 계	회계관리 세무관리	영업소	전표발생건수 매입, 매출건수
	전 산	전산관리 업무교육	영업소	단말기 수 인원수
	관 리	인사관리 사무관리	영업소	인원수

2. 환대산업의 활동기준원가

1) 호텔기업에 대한 활동기준원가

일반적으로 제조기업들은 제품의 원가를 파악하는데 중점을 두고 있지만, 호텔기업은 부문별로 원가를 계산하는 것을 중요하게 생각하고 있다. 이에 대한 절차를 다음과 같이 요약할 수 있다.

그림 3-2 호텔기업의 활동기준 원가계산제도

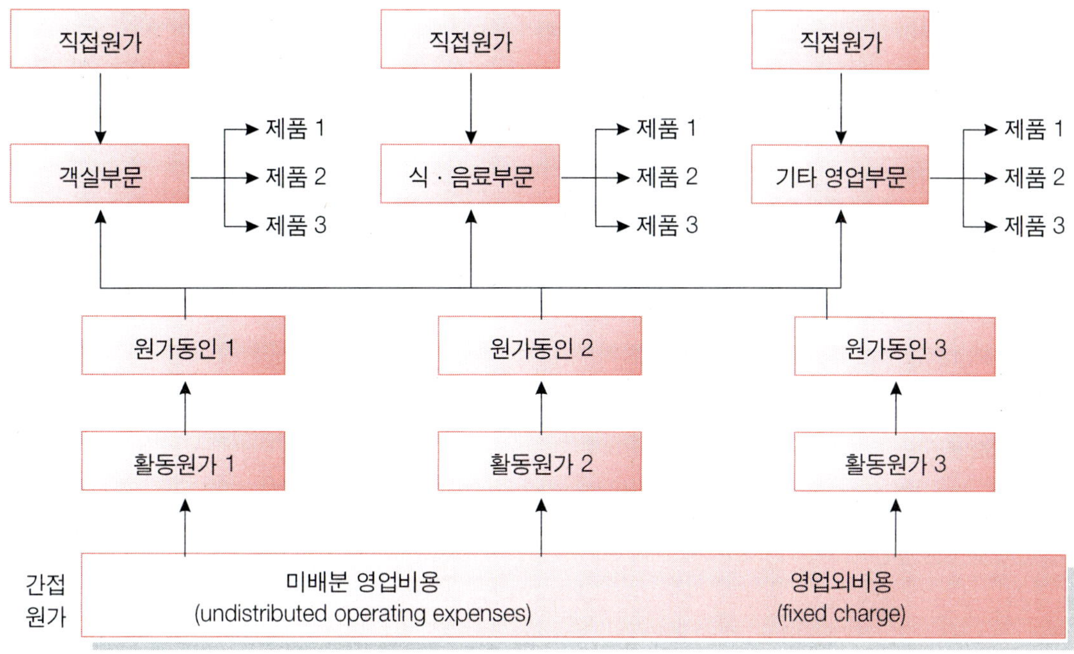

출처 : 유희경 · 김완희 (1994).

첫째, 영업부문별 재료원가, 노무원가, 제조원가 등과 같은 직접 원가자료를 파악하는 것이다.

둘째, 영업부문에서 발생하는 간접원가인 미배분영업비용과 영업외비용 등을 확인하는 과정을 거치도록 한다.

셋째, 미배분비용과 영업외비용 등 간접원가를 활동별로 파악하여 개별활동원가를 계산하게 된다.

마지막으로 활동원가의 원가동인을 결정한 후에 간접원가를 영업부문별 또는 제품별로 배분하는 것이다. 이에 대한 진행과정을 [그림 3-2]에서 제시하였다.

호텔기업은 생산, 판매하는 서비스 및 상품의 다양하고 개별활동과 제품간의 관련성을 파악하는데 어려움이 있기 때문에 제품에 대해 활동원가를 배부하는 것이 쉽지는 않다. 그러므로 활동원가를 제품에 배부하는 대신에 영업부문에 배분하는 과정을 통하여 활동기준원가를 계산할 수 있다는 것이다. 즉, 영업부문별 원가의 정확성을 측정하여 각 부문별 정확한 원가정보를 제공하고, 이를 근거로 성과평가가 이루어질 수 있을 것으로 판단하였다.

2) 외식기업에 대한 활동기준원가

외식기업에서 발생되는 원가는 크게 재료원가, 노무원가, 제조원가로 구분할 수 있다. 이 중에서 재료원가는 각 제품에 직접적으로 귀속시킬 수 있지만, 재료원가를 제외한 노무원가와 제조원가는 제품에 배부하기 위해서는 별도의 과정이 필요하다. 이를 해결하기 위한 방안으로 활동기준원가가 제시되고 있다. [그림 3-3]에서는 외식기업의 활동기준원가 산출개념을 제시하고 있다.

외식기업에 필요한 활동기준원가는 다음의 4단계를 통하여 적용될 수 있다.

첫째, 활동기준원가를 적용하기 위하여 직접원가와 간접원가정보를 확보하는 단계이다. 즉, 외식기업에 적용하기 위한 활동내용과 과정분석을 위한 정보를 수집하도록 한다. 이를 통해 활동기준원가를 산출하는 과정을 파악하는 것이다. 추가적으로 간접비배분에 필요한 원가정보도 확인하도록 한다.

둘째, 활동중심점을 설계하는 것이다. 외식기업의 업무영역을 확인하고 외식기업의 담당자 또는 전문가집단과의 회의를 통하여 확정할 수 있을 것이다. 이러한 활동중심점을 파악하기 위해서는 우선적으로 과정분석을 진행하고 이를 통해 활동중심점을 설계하게 된다. 다음은 외식기업의 과정가치분석사례로써 전체과정을 FOH와 BOH로 구분하여 제시할 수 있다.

그림 3-3 외식기업의 활동기준원가 산출개념

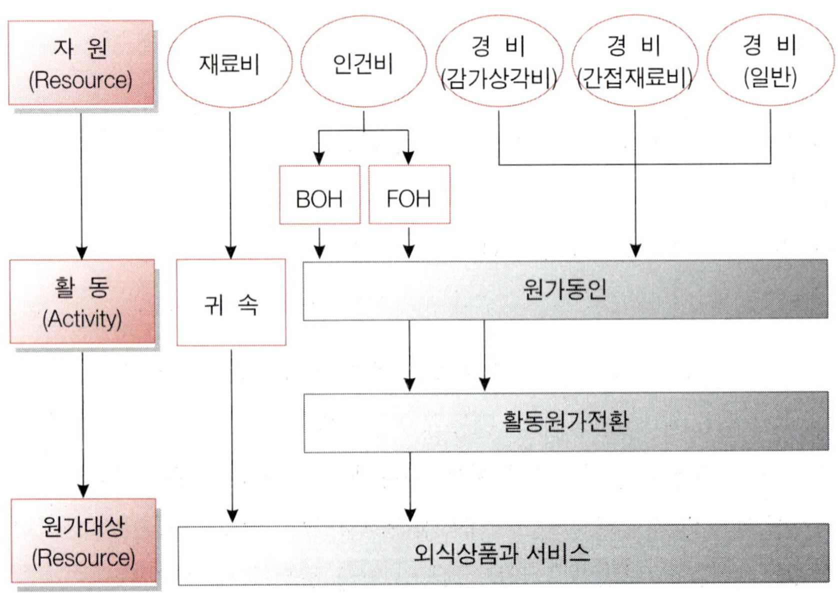

출처 : 문성식 · 강병남 (2010).

- FOH의 과정가치분석사례
  : 오픈전 청소 → 소모품준비 → 홀세팅준비 → 고객응대 및 주문
  → 고객서비스 → 손님결제 및 배웅, 테이블정리 → 마케팅방안 및 홍보
  → 일 결산
- BOH의 과정가치분석사례
  : 청소하기(영업 전) → 주방시설세팅 → 재료준비(가공재료)
  → 재고파악 및 발주/입고 및 검수 → 조리하기 → 일 결산

셋째, 원가동인의 선정이다. 원가를 추적하여 어디에 배부할 것인지를 확정하는 단계이다.

넷째, 원가의 집계와 배분하는 과정이다. 예를 들어, 재료원가는 직접배분하고 노무원가와 제조원가는 활동중심점을 근거로 원가를 배부할 수 있을 것이다.

3 활동기준원가의 계산절차

1. 활동기준원가의 분석 및 배분

활동기준원가(Activity-Based Cost : ABC)는 기업의 원가를 활동별로 계산하여 제품원가나 의사결정에 반영한다는 것이다. 여기서 활동이란 기업운영에 필요한 세부적인 업무프로세스를 말한다. 즉, 업무프로세스라는 활동을 통해 제품생산에 활용된 자원이 원가라는 것이다.

제품의 원가를 계산하기 위해서는 우선적으로 활동에 대한 분석이 이루어져야 한다. 기업의 활동은 크게 생산, 판매, 관리활동으로 구분되어진다. 제품의 원가를 계산함에 있어서 어떠한 활동에서 어느 정도의 원가가 배부될 것인지를 결정하기 위해서는 활동분석(Activity Analysis)이 필요하다. 제조간접원가에 대해서 기존 원가계산이 조업도 기준으로 분류하였지만, 활동기준원가에서는 활동분석을 파악하여 원가를 배분하게 되며 일반적으로 다음의 네 가지로 구분된다.

① 조업도 비례활동은 조업도의 증감에 따라 비례적으로 발생하는 활동에 해당한다. 활동기준원가계산 하에서의 조업도 비례활동은 전통적 원가계산과 마찬가지로 매우 중요한 원가배부기준이 되고 있다.

② 묶음관련활동은 작업준비, 자재이동, 구매주문, 검사 등과 같은 배치생산이 이루어질 때마다 수행되는 활동이다. 과거에 묶음관련원가는 조업도에 비례하는 활동으로 간주하여 배부하여 왔다. 그러나 다품종 소량생산으로 묶음관련활동이 중요시됨에 따라 별도로 인식할 필요가 있다는 것이다.

③ 제품유지활동은 특정제품의 생산 및 판매를 지원하기 위한 활동에 해당된다. 다품종 생산체제하에서 제품유지활동이 증가하고 있고 그 활동원가도 중시되고 있다. 제품유지활동원가는 조업도 비례활동이나 묶음관련활동과는 상관없이 일정하나, 제품별로는 추적이 가능한 원가이다.

④ 설비유지활동은 전반적인 생산활동을 지원하나 특정제품이나 배치활동과는 관련이 없는 공통원가(고정원가)로 전통적인 원가계산기준에 따라 배부를 한다.

이러한 활동분석중에서 ㈜서울레스토랑은 조업도 비례활동에서 구매, 검수/입고, 조리, 판매의 네 단계로 구분을 하였다면 제조간접원가를 이상의 네 가지 활동별로 집계하여야 할 것이다.

2. 활동기준원가의 원가동인파악

제조간접원가를 활동별로 집계하고 이를 제품에 배부하게 된다. 제품에 배부하기 위해서는 배부기준이 수립되어야 할 것이다. 이와 같이 활동별로 배부되는 기준을 원가동인(Cost Driver)이라고 한다. 원가동인은 활동원가가 발생된 활동에 대한 수준을 측정하는 계량지표로써, 인원과 관련된 비용일 경우에는 업무수행에 필요한 '활동시간'이나 '활동시간 비율'로 원가를 배부하게 되고, 비인원의 경우에는 각 활동별 자원의 소모율을 추정하여 원가를 배부하게 된다. 〈표 3-5〉는 ㈜서울레스토랑의 4단계활동에 대한 원가동인의 사례이다.

표 3-5 활동에 따른 원가동인 사례

구 분	내 용
메뉴개발	개발되는 메뉴의 종류
구 매	재료에 대한 종류
검 수	납품된 식자재에 대한 검사
조 리	고객의 주문에 따라 메뉴를 조리

표 3-6 활동원가와 원가동인에 대한 자료

(단위: 백만원)

구 분	총활동원가	원가동인	총원가동인량	배부율
메뉴개발	2,000	메뉴에 대한 종류	5종류	400 / 종
구 매	2,000	재료에 대한 종류	50종류	40 / 종
검 수	900	납품된 식자재에 대한 검사	30회	30 / 회
조 리	3,000	고객의 주문에 따라 메뉴를 조리	100회	30 / 회
계	7,900			

※ 활동원가배부율 = 총활동원가 / 총원가동인량

3. 활동기준원가계산

생산활동에서 제품별원가를 파악하기 위해 활동과 원가동인을 정의하였다. 이를 근거로 활동원가와 원가동인량을 집계하고 활동에 따른 배부율을 결정하게 된다. 〈표 3-6〉은 앞서 〈표 3-5〉에서 제시한 활동과 원가동인에 대한 ㈜서울레스토랑의 한 달간 원가자료를 수집하여 제시하였다.

활동원가배부율은 총활동원가를 총원가동인량으로 나눠 계산하게 된다. 그결과, 검수에서는 회당 30천원의 원가가 발생하고 조리는 회당 30천원의 원가가 집계되는 것으로 확인할 수 있다. 이를 근거로 한 종류의 메뉴에 대한 원가동인을 가정하여 제시하면 〈표 3-7〉과 같다.

활동기준원가를 계산한 결과, 생산활동에서 1,580천원의 원가가 발생하였다. 앞서 개별원

표 3-7 원가동인량과 활동기준 원가계산

(단위: 백만원)

구 분	배부율	원가동인	원가동인량	활동기준원가
메뉴개발	400 / 종	재료에 대한 종류	1종류	400
구 매	40 / 종	재료에 대한 종류	10종류	400
검 수	30 / 회	납품된 식자재에 대한 검사	6회	180
조 리	30 / 회	고객의 주문에 따라 메뉴를 조리	20회	600
계				1,580

가계산에서의 정상원가계산은 예정배부율을 반영하였지만, 활동기준원가에서는 기업의 구매·생산·제조관리활동에 따라 원가동인을 찾고 이에 대한 배부를 통해 원가를 계산하였다.

4 활동기준경영

1. 등장배경

기존의 회계시스템 하에서는 목표달성여부만이 성과평가의 대상이 됨에 따라 기업조직에 적절한 동기부여와 활성화에 역기능을 초래하였다. 이러한 원인으로 새롭게 제시된 활동기준원가는 원가절감에 대해 새로운 방향을 제시하게 되었다. 원가항목에서 발생된 원가를 줄이는 것이 아닌 기업의 각각의 활동을 관리함으로써 불필요한 원가를 감소시킬 수 있다는 것이다. 기업의 입장에서 손쉬운 원가절감을 위해 내년에는 경기가 어려우므로 몇 %를 일괄적으로 줄이는 경영계획을 수립하도록 하였다면, 활동기준원가에서는 각각의 활동을 진단하고 이를 통해 감소시킬 수 있는 요인을 찾아개선하는 것이 주된 방향이라는 것이다.

예를 들어, 구매부서에서는 재료원가절감을 위하여 대량의 재료를 구매하거나 구매한 재료를 과다보유할 경우가 있다. 이럴 경우에, 기업입장에서는 재고과다 보유에 따라 생산부서에서는 과잉생산을 할 수가 있다. 또한, 고객입장에서는 기업의 과다한 재고보유로 인하여 생산된 지 오래된 제품을 구매하는 경우도 발생할 수 있다. 이 모두 기업과 고객모두에게 손실이 발생되는 부분이다. 이와 같이 활동기준경영은 활동기준원가계산을 통하여 부가가치활동(Value Added Activity)과 비부가가치활동(Non-Value Added Activity)으로 구분하게 된다. 여기서 비부가가치활동은 고객의 입장에서 가치가 없는 활동이라고 정의된다.

2. 의 의

활동기준경영(Activity-Based Management : ABM)이란 활동분석을 통하여 불필요한 원가를 유발하거나 또는 기업의 성과를 저해하는 활동을 집중적으로 통제하거나 관리함으로써 제품의 원가계산방법을 개선하고 효과적인 관리통제를 달성하기 위한 새로운 경영관리기법을 말한다. 활동분석(activity analysis)이란 기업의 활동을 구분하여 파악한 후 부가가치활동과 부가가치활동으로 평가를 하는 과정이다.

- 부가가치활동 : 기업에 필요한 활동이면서 효율적으로 수행되는 활동
  : 설계활동, 엔지니어활동, 가공활동, 배달활동
- 부가가치원가 : 부가가치활동으로 인하여 발생하는 원가
- 비부가가치활동 : 고객에게 도움이 되지 않는 기업의 불필요한 활동 또는 필요한 활동이지만 비효율적으로 수행되고 있는 활동
- 비부가자치원가 : 비부가가치활동으로 인하여 발생하는 원가

비부가가치활동의 예로써, 구입한 부품에 대한 검수작업활동을 볼 수 있다. 기업이 최고의 품질과 정확성을 보유한 납품업체를 공급자로 선정하였다면, 원가를 충분히 절감할 수 있는 활동이다. 이러한 선정상의 문제로 인하여 기업은 불필요한 대기시간, 재작업, 고객불만 처리 등을 위해 생산과는 상관없이 원가를 발생시키게 된다.

case 미연방우정의 ABC 구출내역

- 미연방우정(USPS)의 ABC시스템은 1997년에 도입됨
- USPS는 SCM(Supply Chain Management, 부품제공업자-생산자-배포자-고객에 이르는 물류의 흐름을 하나의 가치사슬관점에서 파악하고 필요한 정보가 원활히 흐르도록 지원하는 관리시스템)관점에서 ABC시스템구축함
- USPS의 원가계산방식은 장기증분원가(LRIC, Long-Run Incremental Cost, (장기적 관점에서) 물량증감으로 인한 원가동인(활동량)증감시 활동원가변동액(예: 물량변동과 활동량은 정비례하지 않음. 즉 물량 100% 변할 활동량은 40% 변동할 수 있음. attributed cost(제품유발(귀속)원가)라고도 함) 계산을 적용함. 2012년의 비증분원가(institutional cost, 제품비유발원가)는 총원가의 45% 수준임
- USPS는 ABC를 가치기술(value chain)분석 및 부가가치/비부가가치활동분석 등의 관리적 의사결정에 활용하고 있음

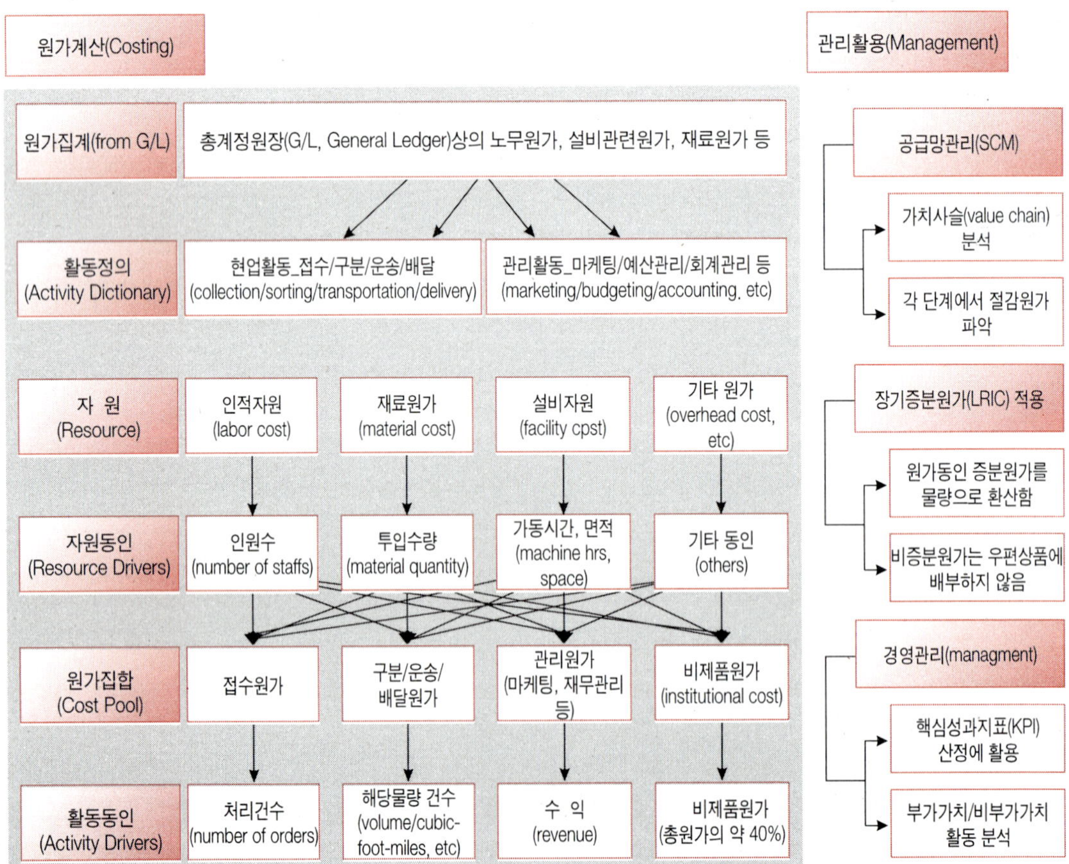

※ 출처 : 2012년도 우편서비스 원가산정 연구, 2013. 8월, 효림회계법인, p.118.

02 논의 과제

1. 활동기준원가의 정의와 기대되는 효과에 대해 설명하시오.

2. 활동기준원가의 장, 단점과 국내환대산업기업의 도입방향에 대해 설명하시오.

3. 식음료영업장에서의 활동기준원가의 적용을 위한 절차를 설명하시오.

4. 활동기준경영을 통해 얻을 수 있는 효과에 대해 설명하시오.

제4장

원가추정을 통한 계산

1. 원가의 추정
2. 전부원가계산과 변동원가계산
3. 초변동원가계산

학습방향

원가가 미래에 발생되는 부분을 파악하는 방법으로 원가동인에 따라 원가의 변동에 따른 종류를 이해하여야 한다. 본 장에서는 변동원가, 고정원가, 혼합원가(준변동원가), 준고정원가를 파악하고자 하며, 이 중에서 기업에서 일반적으로 가장 많이 발생되는 혼합원가추정법에 대해 제시하고자 한다.

앞서 개별원가계산, 종합원가계산, 활동기준원가계산은 재무보고용인 전부원가계산에 포함된다. 이러한 전부원가계산은 생산량을 증가시키면 고정제조간접원가는 감소효과가 발생하게 되고, 그결과, 경영자는 성과증대를 위해 생산을 늘리게 된다. 여기서 제시한 변동원가계산은 고정제조간접원가가 당기의 비용으로 처리되므로 생산량의 변화가 영업이익에 영향을 미치지 않는다. 즉, 변동원가계산은 원가를 변동원가와 고정원가로 구분하여 공헌이익(contribution margin)을 요구하므로 의사결정에 필요한 정보를 제공한다는 것이다.

학습목표

1. 원가의 행태에 대해 이해하고, 경제학과 회계학적 차이점을 설명한다.
2. 다양한 방안을 통해 원가추정방법을 설명한다.
3. 전부원가계산과 변동원가계산의 차이점을 설명한다.
4. 초변동원가계산이 출현한 이유와 타 원가계산과의 차이점을 설명한다.

1 원가의 추정

1. 원가행태

1장의 2절 원가의 분류에서 원가행태에 대해 제시하였다. 조업도의 변화에 따라 변동원가, 고정원가, 혼합원가(준변동원가), 준고정원가(계단원가)로 구분하였다. 즉, 조업도의 변화에 따라 총원가발생액이 일정한 양상으로 변화되고 있다. 변동원가는 관련범위 내에서 활동수준이 변화함에 따라 변화하는 것으로써, 관련범위 내에서는 활동수준이 변해도 일정하다. 일반적으로 변동원가는 기업의 생산량에 비례해서 발생된다. 고정원가는 관련범위 내에서 활동수준이 변화해도 일정하게 유지되지만, 관련범위 내에서 활동수준이 증가하면 단위당원가는 감소하게 된다. 이러한 고정원가는 급여나 감가상각비 등 생산과 무관하게 발생하는 원가이다. 혼합

그림 4-1 원가행태의 종류

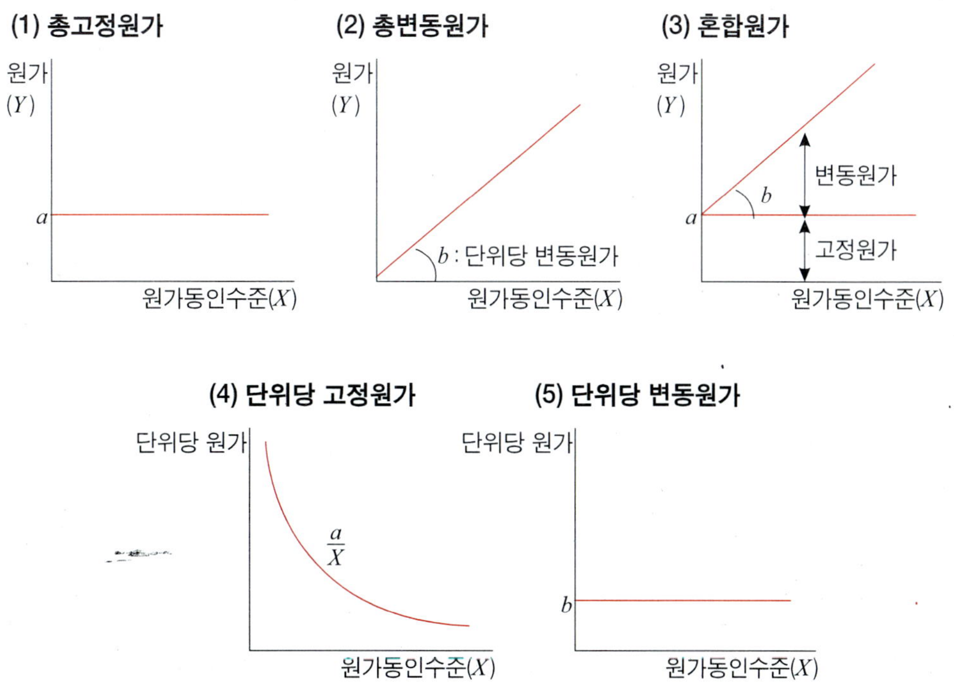

출처 : 문성식 · 강병남 (2010).

원가(준변동원가)는 변동원가와 고정원가가 합해진 원가로써 택시요금과 같이 기본료와 거리에 따른 요금이 추가되는 경우이다. 준고정원가는 계단원가라고하는데, 관련범위 내에서는 일정하지만 관련범위를 벗어나면 원가가 증가 또는 감소되는 경우이다. 예를 들어, 호텔의 세탁물이 100kg까지는 10,000원/kg이지만, 101kg부터는 12,000원/kg이라면, 세탁물의 양에 따라 변동되는 부분을 준고정원가라고 한다. 또한, 준고정원가는 설비의 확장으로 인해 발생될 수도 있다. 1일 제공가능한 고객수가 1,000명인 시스템으로 운영되는 식음료영업장이 운영되고 있다. 고객수를 20% 증가한 1,200명까지 확대하려면, 500명의 시스템을 추가로 설치해야 할 때, 이 식음료영업장은 추가되는 설비만큼 감가상각비가 증가하게 된다는 것이다. [그림 4-1]에서는 다양한 원가행태를 제시하고 있다.

2. 경제학과 회계학의 원가행태

다양하고 복잡한 원가행태를 혼합원가로 추정할 수 있느냐의 문제가 있다. 경제학에서의 원가행태는 생산량이 적을때는 총원가가 빠르게 증가하지만, 생산량이 어느 정도 증가하면 규모의 경제로 인해 총원가증가속도가 감소됨에 따라 총제조원가는 비선형관계를 이루게 된다.(그림 4-2 b)) 반면에 회계학에서는 생산량의 변화에 따른 총제조원가의 반응은 일정하여 생산량과 총제조원가의 반응은 선형으로 표시되며 [그림 4-2]의 b) 형태가 된다.

추정에 대한 문제는 [그림 4-2]의 c)에서 보이는 바와 같이 붉은색의 혼합원가에 대한 추정에 대해 일정한 범위인 '관련범위(Relevant Range)'에서 경제학의 원가행태와 일치하고 있다. 관련범위는 기업이 단기간에 효율적인 활동을 수행할 수 있는 범위로써, 고려하는 조업도 수준에서 현실적으로 달성가능한 최저와 최고사이의 조업도 범위이다. 즉, 특정목적에 필요한

그림 4-2 관련범위내의 혼합원가추정선

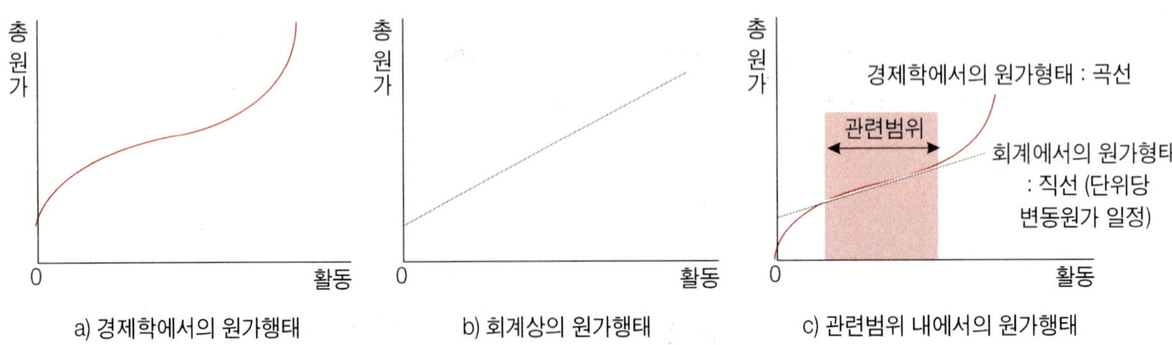

※출처 : 김순기·황국재·임태종 (2015). 원가관리회계.

원가행태는 목적내에서 비선형원가함수를 선형원가함수로 변환하여 적용하게 되며, 이에 따라 경제학의 원가행태도 관련범위 내에서는 선형으로 나타나게 된다. 이 관련범위가 고정원가와 변동원가가 모두 포함된 혼합원가라는 것이다.

3. 원가추정

원가를 추정함에 있어서 가장 고려할 부분은 기업의 활동과 이러한 활동으로부터 발생된 원가사이에 인과관계(Cause-and-Effect Relationship)가 존재하느냐의 문제이다. 이러한 인과관계는 활동과 원가사이의 물리적 관계, 계약적 합의, 운영활동에 대한 지식으로 나타나게 된다.

원가추정은 다음의 원가추정식을 계산하는 것이다.

$$Y = a + bX$$

원가추정식을 통한 원가행태분석의 목적은 과거의 역사적 자료를 활용하여 해당 총원가를 변동원가와 고정원가로 구부하는 것이다. 추정식에 근거할 때, Y는 혼합원가에 해당되며, a는 고정원가, bX가 변동원가에 해당된다. X가 주어진 상황에서 추정원가 Y를 계산하게 된다. 이를 통해 기업의 미래에 발생될 원가를 예측하게 되는 것이다. 예측된 원가자료는 예산편성, 표준원가계산, 가격결정, 보고서작성 및 기업의 관리활동(CVP 분석)에 활용되게 된다.

원가추정식을 계산함에 있어서 다음과 같은 세 가지의 가정이 우선되어야 한다. 첫째, 원가형태는 관련범위 내에서는 선형함수이다. 둘째, 독립변수는 총원가수준에서 변화되는 하나의 원가요인으로 설명되어야 한다. 단, 원가요인은 원가대상의 총원가를 변화시키는 요소이다. 셋째는 과거의 역사적 원가에 대한 행태가 미래에도 계속적으로 유효하다는 것이다.

원가는 다음의 절차를 통해 추정하게 된다.

- 추정할 원가(Y)의 선택
- 조업도를 선정하고 관련범위를 결정하게 된다.
  : 조업도 선택기준, 논리적인 인과관계, 측정의 용이성 등
- 추정할 원가와 조업도에 대한 과거자료의 수집
- 원가추정방법의 결정을 통해 원가함수추정
- 추정된 원가함수에 대한 적절성을 평가하게 됨
  : 경제적 타당성(economic plausibility), 적합도(goodness of fit)

4. 원가추정방법

원가를 추정하는 방법은 크게 회계적 접근, 통계적 접근, 관련자에 의한 판단접근방법으로 구분되어진다. 이에 대한 각각의 분석방법은 다음과 같다.

- 회계적 접근방법 : 계정분석법, 고저점법, 준평균법은 역사적 원가에 근거함
- 통계적 접근방법 : 산포도법, 최소자승법
- 기타 접근방법 : 공학분석법

1) 계정분석법

회계담당자가 특정원가계정에 대해 세부사항을 파악한 후에 계정별로 변동성과 고정성에 따른 원가로 분명하게 식별하는 것으로써, 모든 원가요소를 변동원가와 고정원가로 분류하는 것이다. 이를 위해서 회계담당자의 전문적 판단이 요구되는 분석방법이다.

계정분석법은 회계담당자의 판단으로 결정되므로 적용하기가 쉽고 비용발생이 낮다는 장점을 가지게 된다. 하지만, 계정을 변동원가와 고정원가로 분류하는 방법에 대해 구성내역의 정확한 구분의 어려움으로 담당자의 자의적인 판단이 개입될 수 있다는 단점이 있다.

2) 고저점법

활동수준이 양극단인 최저수준과 최고수준인 조업도에서 발생된 원가금액을 기록한 회계자료를 활용하여 원가를 분석하는 방법이다. 이 분석방법에서 원가는 양극단을 잇은 선형에서 움직이는 것으로 가정하고 있다. 여기서 양극단인 최저수준과 최고수준은 원가금액이 아닌 조업수준에 대한 것을 활용하게 된다.

활동단위당 변동원가를 결정하는 공식은 다음과 같다.

단위당 변동원가 = 원가의 변화량 / 활동의 변화량

※ 원가의 변화량 : 최고원가 - 최저원가, 활동의 변화량 = 최고활동수준 - 최저활동수준

고저점법은 간편하게 계산할 수 있다는 장점이 있지만, 2개의 극단적인 자료만을 이용한다는 점에서 실제기업의 현황을 왜곡할 수 있는 문제가 있다.

다음은 고저점법에 대한 예제이다.

예제 1) ㈜서울레스토랑의 최근 3개월간 메뉴조리에서 발생된 원가내역이다.

구 분	생산량	발생원가
최고점	900개	9,700원
최저점	500개	6,100원
차 이	400개	3,600원

위 표를 바탕으로 다음의 문제를 풀이하시오.
(a) 단위당 변동원가, (b) 고정원가, (c) Y=a+bX의 방정식을 구하시오.

풀이) (a) 단위당 변동원가 = (9,700-6,100) / (900-500) = 3,600 / 400 = 9원
(b) 고정원가 = 총원가 - 변동원가 = 9,700원 - (9/개 × 900개) = 1,600원
(c) 총원가방정식 = 고정원가(a) + 변동원가(bX) = 1,600 + 9X

3) 준평균법

준평균법은 고저점법의 문제점을 보완하기 위한 대안적인 방법으로 제시되었으며, 모든 관측치를 간접적으로 이용한다는 점에서 고저점법과 차이가 있다.

준평균법의 적용절차는 주어진 과거의 관측자료를 가지고 조업활동이 큰달과 작은달의 두 그룹으로 분리한 후에 나눠진 각 그룹의 조업도와 원가에 대한 평균값을 산출하게 된다. 이와 같이 산출된 평균값을 가지고 고저점법에 사용된 공식에 대입하여 평균변동원가와 총고정원가를 계산하게 된다.

4) 산포도법

원가자료에 대한 관찰값을 도표에 점으로 표시한 뒤에 원가와 조업도활동을 대표하는 원가추정선을 도출하는 방식이다. 이 때 도출된 원가추정선의 기울기가 단위당 변동원가이다.

고정원가는 추정선이 시작되는 지점이며, 여기서 기울기는 원가의 변화량을 활동의 변화량으로 나눈 값으로써, 단위당 변동원가에 해당된다. 이에 대한 수식은 고저점법의 단위당 변동원가수식과 동일하다.

그림 4-3 산포도법 도표

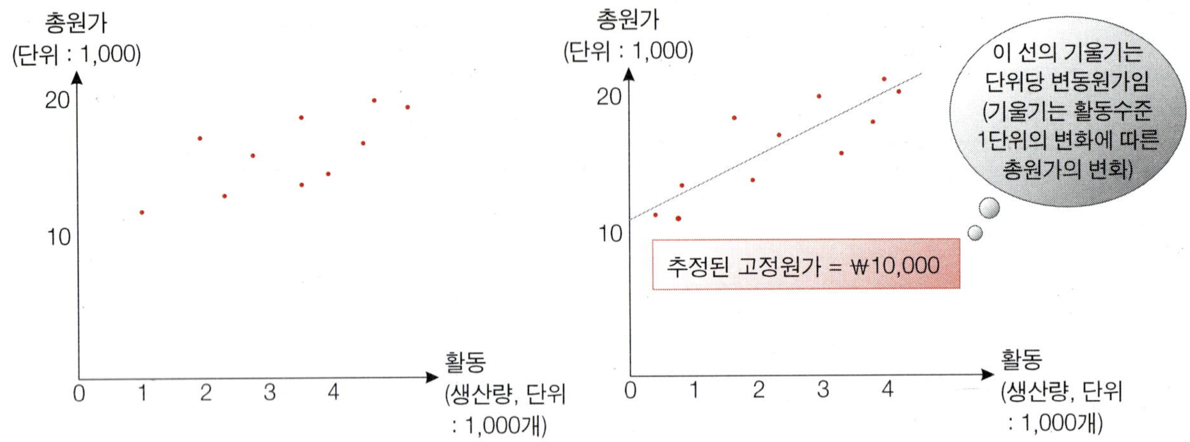

5) 최소자승법

독립변수 x의 값을 수식(Y = a + bx)에 대입하여 얻은 종속변수의 추정치 y와 실제관측치 간에 발생되는 차이를 최소화시키는 회귀선을 구하는 방법이다.

일반적인 회귀식의 추정방법은 다음과 같다.

$$\hat{Y}_i = \hat{\alpha} + \hat{\beta} X_i$$

$$\hat{\alpha} = Y - \hat{\beta} X$$

$$\hat{\beta} = \frac{\sum (X_i - X)(Y_i - Y)}{\sum (X_i - \bar{X})^2}$$

회귀분석에서는 조정된 R^2(adjusted R^2)에 대한 통계치를 얻게되는데, 이는 회귀선이 관측치를 잘 설명하는지(모형의 적합성)를 보여주는 자료이다. 즉, R^2은 총원가의 변동이 활동(조업도)에 의해 설명되는 부분이라고 볼 수 있다. R^2은 0과 1사이에 존재하며, 1에 가까우면 가까울수록 설명정도가 크다(0 : 설명력 없음, 1 : 100% 설명).

6) 공학분석법

제품생산시에 공학적인 분석을 통하여 재료원가, 노무원가, 제조간접원가를 추정하는 방법이다. 과거자료의 사용이 어려운 경우에 활용될 수 있다. 즉, 신규로 사업을 하거나 새로운 지역에서 사업을 확장하는 등 기업이 가진 자료가 없거나 활용할 수 없는 상황에서 공학분석법을 적용하게 된다.

직접 재료원가는 제품의 생산계획안을 바탕으로 재료별 예상사용량을 구하고 예상재료가격을 구하게 된다.

예상 직접 재료원가 = 재료예상사용량 × 재료예상가격

직접 노무원가는 필요작업시간을 예측하여 구하고 임금을 예상하여 예상 직접 노무원가를 추정한다.

예상 직접 노무원가 = 작업예상시간 × 시간당임금

제조간접원가는 과거경험을 바탕으로 직접원가의 일정비율로 결정하면 된다.

5. 원가추정시 주의사항

과거자료를 활용하는 것과 추정식을 반영하여 미래원가를 예측함에 있이시 다음의 사항을 고려하여야 할 것이다.

1) 과거자료로부터 추정식 도출할 때

첫째, 분석자료가 충분히 확보되었는지와 이에 대한 동질성을 고려해야 한다. 여기서 충분히 확보라는 것은 자료수집기간이 분석에 충분한 정도로 확보되어야 한다는 의미이며, 동질성은 자료수집기간에 변화요소(물가, 생산기술 등)가 비슷하게 반영되어야 한다는 것을 의미한다.

둘째, 단위수준(생산량) 이외의 다른 비단위수준의 원가동인을 설명변수로 사용할 수 있어야 한다. 즉, 적절한 원가동인을 사용하여 분석한다는 것이다.

2) 추정식으로 미래 예측할 때 주의점

미래의 변화요소를 고려하여야 한다. 즉, 미래에 발생할 수 있는 물가상승, 임금상승, 생산기술변화 등에 대한 고려가 우선되어야 한다. 또한 과거자료의 관련범위 내에만 미래원가추정이 유효하다는 것이다. 이 말은 자료가 관련범위를 벗어날 경우에는 미래 활동수준추정식사용에 부적절하다는 것이다.

2 전부원가계산과 변동원가계산

1. 전부원가계산과 변동원가계산의 정의

전부원가계산은 제품의 제조원가에 포함시키는 원가계산방법으로써, 제조원가가 변동원가인지 고정원가인지에 관계없이 제조과정에 관련이 있다면 제품의 원가에 모두 포함시키는 방법이다. 기업의 회계정보이용자에게 공시목적으로 작성되는 재무제표는 모두 전부원가계산방법에 따라 재고자산을 평가하여 작성하는 것이 일반적이다. 변동원가계산은 제조원가를 형태별로 구분하여 변동제조원가(직접 재료원가, 직접 노무원가, 변동제조간접원가) 부분을 제품의 원가에 반영시키고, 고정제조간접원가는 기간비용으로 처리하는 방법이다. 변동원가계산은 원가를 변동원가와 고정원가로 분리함으로써 기업의 원가(cost)−조업도(volume)−이익(profit) 관계에 대한 정보를 제공할 수 있으며, 기업의 의사결정 및 이익계획과 같은 관리측면에서 유용하게 활용될 수 있다.

〈표 4−1〉은 전부원가계산과 변동원가계산의 비교이다.

전부원가계산과 변동원가계산의 주된 차이점은 고정제조간접원가를 제품원가에 포함시키느냐 아니면, 기간비용으로 처리하느냐의 차이이다. 고정제조간접원가는 제조과정에서 반드시 발생되는 제조원가이므로 이를 포함시키는 원가계산이 전부원가계산이고, 내부관리목적으로 계획수립과 원가통제를 하고자 형태에 따라 변동원가와 고정원가로 구분하여 고정제조간접원가를 제외하여 기간비용으로 처리하고자 하는 것이 변동원가계산이다.

표 4-1 전부원가계산과 변동원가계산의 비교

구 분	전부원가계산	변동원가계산
원가의 분류방법	기능별 분류 (재료원가, 노무원가, 경비, 판관비 등)	형태별 분류 (변동원가, 고정원가)
수익에 대응되는 원가의 순서	매출액에 우선 매출원가를 대응시키고 그 이후에 판관비를 대응하도록 함	매출액에 우선 변동원가(변동제조원가, 변동판관비)를 대응시키고 그 이후에 고정원가(고정제조간접원가, 고정판관비)를 대응하도록 함
재고자산의 평가방법	모든 제조원가가 제품원가를 구성함	제품원가를 구성하는 항목은 변동제조원가(직접 재료원가, 직접 노무원가, 변동제조간접원가)임

2. 고정제조간접원가의 영향

식음료영업장에서 고객을 서비스하기 위한 공간은 중요한 요소이다. 즉, 메뉴를 만들고 이를 고객에게 판매하기 위해 공간이라는 매장은 반드시 필요한 부분이다. 이러한 매장은 직접 소유하여 운영하기도 하지만 대부분의 식음료영업장은 다른 사람으로부터 임대를 하여 운영을 하게 된다. 이러한 임대료는 판매관리비의 항목으로 제품의 제조원가로 반영시키는 것이 일반적인 회계원칙이다. 하지만, 이러한 임대료와 같은 고정제조간접원가는 제조원가임에 틀림이 없지만, 조업도(생산수준)와는 상관없이 일정하게 발생하며 오히려 조업도가 증가하면 단위당원가는 감소하게 되고, 반대로 조업도가 감소하면 단위당원가는 증가하게 된다.

조업도 차이에 따라 단위당원가가 달라지는 고정제조간접원가가 반영된 지표를 가지고 경영활동의 효율성을 평가하는 것은 문제라는 지적이 있어 왔다. 다음의 예시를 통해 이러한 문제점을 확인해 보도록 한다.

예시) 어떤 메뉴의 판매가격이 ₩100, 단위당 변동제조원가가 ₩50 매월 고정제조 간접원가총액이 ₩200인 회사가 1월에는 10개를 생산하여 모두 판매하였고 2월에는 100개를 생산하여 10개를 판매한 경우 전부원가계산에 의한 1월과 2월의 이익은 다음과 같다.

구 분	1월	2월
매 출	10개 × 100 = 1,000	10개 × 100 = 1,000
원 가	10개 × 70[1] = 700	10개 × 52[2] = 520
이 익	300	480

1) ₩50 + ₩200/10개 = ₩70

2) ₩50 + ₩200/100개 = ₩52

전부원가계산에 의해 평가할 경우, 2월은 메뉴의 생산량만을 증가시켰음에도 불구하고 이익이 증가되어 경영활동이 효율적으로 수행된 것으로 평가가 이루어진다. 이에 따라, 기업의 경영자는 생산량을 늘려 과잉생산에 따른 재고가 늘어날 가능성이 있다. 정확히는 이 회사는 1월과 2월에 동일한 10개를 판매하였기에 경영활동은 동일하며, 오히려 2월의 경우 판매하지 못한 재고 90개가 남아있어 비효율적인 생산을 했다고 볼 수 있다. 이러한 재고는 고스란히 기업의 부담으로 작용하게 된다.

변동원가계산에 의하여 1월과 2월의 이익을 계산하면 다음과 같다.

구 분	1월	2월
매 출	10개 × 100 = 1,000	10개 × 100 = 1,000
원 가	700[3]	700[3]
이 익	300	300

3) ₩50 × 10개 + ₩200 = ₩700

변동원가계산에서는 고정제조간접원가를 제품원가에 포함시키지 않기 때문에 이익은 판매량에 의해서만 영향을 받게 된다. 즉, 제품생산량과는 아무런 관련이 없다는 것이다. 그러므로 변동원가계산을 통하여 성과평가를 하게 되면, 과잉생산으로 인한 재고부담을 막을 수 있기 때문에 경영관리에 있어서 유용한 정보를 제공해 준다.

생산량에 따른 전부원가계산과 변동원가계산을 비교하면 〈표 4-2〉와 같다.

3. 변동원가계산의 유용성 및 한계

변동원가계산의 유용성은 다음과 같다.

① 이익계획(profit planning)이나 예산편성(budgeting)에 필요한 원가(cost)-조업도(volume)-이익(profit)에 관련된 자료를 공헌이익손익계산서로부터 쉽게 얻을 수 있다.

② 변동원가계산에 의한 영업이익은 재고자산의 변화로 인한 고정제조간접원가의 영향을 받지않고 매출액의 변동과 동일한 방향으로 움직이므로 경영자의 이해도가 용이하므로 단기적 의사결정에 유용하게 사용할 수 있다.

③ 변동원가계산에서는 공통된 고정원가를 배분하지 않기 때문에 각 부문별, 지역별, 제품별 공헌이익을 통하여 각 부문별, 지역별, 제품별업적을 적절하게 평가할 수 있다.

④ 변동원가계산은 유효한 원가통제수단인 표준원가나 변동예산과 밀접하게 관련되어 원가를 보다 효과적으로 통제·관리할 수 있다.

표 4-2 생산량에 따른 전부원가계산과 변동원가계산의 비교

상 황	재고수량	순이익의 크기			비용화 되는 고정제조간접원가		
생산량 = 판매량	재고수량 불변	전부원가계산 하의 순이익	=	변동원가계산 하의 순이익	전부원가계산하에서 비용화되는 고정제조간접원가	=	직접 원가계산하에서 비용화되는 고정제조간접원가
생산량 > 판매량	재고수량 증가	전부원가계산 하의 순이익	>	변동원가계산 하의 순이익	전부원가계산하에서 비용화되는 고정제조간접원가	<	직접 원가계산하에서 비용화되는 고정제조간접원가
생산량 < 판매량	재고수량 감소	전부원가계산 하의 순이익	<	변동원가계산 하의 순이익	전부원가계산하에서 비용화되는 고정제조간접원가	>	직접 원가계산하에서 비용화되는 고정제조간접원가

⑤ 고정제조간접원가의 배부와 관련된 조업도차이가 발생하지 않는다.

⑥ 변동원가계산에 의한 재고자산원가는 제품의 제조를 위해 소비된 당기의 현금지출액과 거의 일치하므로 현금예산 및 통제에 유용하게 활용될 수 있다.

이러한 변동원가계산의 유용성에도 불구하고 다음과 같은 한계가 있다.

① 직접 노무원가를 변동원가로 간주하는 것이 비현실적이라는 것이다.

② 제조간접원가를 변동원가와 고정원가로 분리하는 것이 부정확할 수 있다.

③ 전동적인 변농원가계산은 변동제조간접원가와 변동판매관리비가 생산량이나 판매량에 따라 비례적으로 변한다고 하였으나 이러한 가정이 비현실적이라는 것이다.

④ 내부적으로 변동원가계산을 근거로 의사결정을 하더라도 외부보고용은 전부원가계산을 사용한다는 점에서 적용방식에 따라 영업이익이 다를 수 있다는 점이다.

4. 공헌이익손익계산서

변동원가계산은 고정제조간접원가를 기간비용으로 처리하지만, 전부원가계산에서는 고정제조간접원가를 재고자산의 원가에 반영시키고 있다. 이러한 회계처리의 차이로 인하여 각각에 작성되는 손익계산서 양식에도 차이가 있다.

전부원가계산에 의한 손익계산서는 일반적으로 인식되어 있는 원가를 기능별로 나열한 것으로써 제조원가, 판매관리비로 분류하여 작성하기 때문에 전통적손익계산서 또는 기능적손익계산서(functional income statement)라 하며 외부공시용 재무제표로 반영된다. 변동원가계산을 적용하여 작성된 손익계산서는 손익계산서에 공헌이익이 표시되기 때문에 공헌이익손익계산서라고 부른다.

공헌이익손익계산서에 나타난 공헌이익(contribution margin)이란, 매출액에서 변동비를 차감한 금액으로서 공헌이익은 고정원가를 회수하고 이익을 창출하는데 공헌할 수 있는 금액을 의미한다. 이러한 공헌이익손익계산서에 나타난 매출원가에는 고정제조간접원가를 제외한 변동제조원가만으로 구성되지만, 전통적 손익계산서에 나타난 매출원가는 변동제조간접원가 뿐만 아니라 고정제조간접원가도 포함된다.

공헌이익손익계산서의 판매관리비는 변동원가와 고정원가로 구분하여 변동판매관리비는 변동원가에 반영하여 매출액에서 차감하여 공헌이익을 전통적 손익계산서에서의 판매관리비는 매출총이익에서 차감하여 영업이익을 산출하게 된다는 점에서 차이가 있다. 또한, 원가관리회계에서는 특별한 조건이 없는 한 영업외손익, 특별손익 및 법인세 등이 없다고 간주하고

표4-3 손익계산서 양식

공헌이익손익계산서			전통적(기능적) 손익계산서		
매출액		×××	매출액		×××
변동원가		(×××)	매출원가		(×××)
① 변동매출원가	×××		기초재고액	×××	
기초재고액	×××		+ 당기제품제조원가	×××	
+ 당기제품제조원가	×××		= 판매가능액	×××	
= 판매가능액	×××		– (기말재고액)	(×××)	
– (기말재고액)	(×××)		매출총이익		×××
② 변동판매비와 관리비	×××				
공헌이익		×××	판매비와 일반관리비		(×××)
고정원가		(×××)			
① 고정제조간접원가	×××		변동판매비와 관리비	×××	
② 고정판매비와 관리비	×××		고정판매비와 관리비	×××	
영업이익(당기순이익)		×××	영업이익(당기순이익)		×××
→ 변동원가계산에 의해 작성			→ 전부원가계산에 의해 작성		

영업이익을 당기순이익으로 표시하기도 한다.

공헌이익손익계산서와 전통적 손익계산서 양식은 〈표 4-3〉과 같다. 다른 말로 공헌이익손익계산서는 변동원가손익계산서, 일반적으로 사용되는 전통적 손익계산서는 전부원가손익계산서라고 한다.

3 초변동원가계산

1. 의 의

전부원가계산에서 문제점이라고 할 수 있는 부분은 순이익에 대한 결정이 생산량에 의해 좌우된다는 것이다. 그러므로 경영자입장에서는 순이익을 증대시키기 위해 과잉생산을 하게 되고, 이로 인해 결국은 재고자산이 늘어나면서 기업의 경영환경이 악화될 수 있다는 것이다. 이러한 문제점을 해결하기 위해 등장한 것인 초변동원가계산이다. 그럼에도 불구하고 직접 노무원가나 변동제조간접원가 등이 제품의 원가에 포함됨에 따라 재고자산이 누적될 가능성은 여전히 남아있다는 것이다.

현대의 경영환경에서는 단기적으로 총원가중에서 재료원가만을 변동원가의 성격으로 파악하고, 재료원가 이외의 노무원가와 기타 제조간접원가와 같은 부분은 고정원가로 취급하자는 것이 일반적인 추세이다. 특히, 노무원가의 경우에는 기업에서도 유휴생산능력이 존재하며, 최대생산능력을 생산하지 못함에도 불구하고 직원들을 조정하지 못하고 고용상태로 유지하기 때문에 고정비로 취급해야 한다는 것이다.

이와 같은 현재의 경영상황을 반영하여 등장한 것이 재료원가만을 변동제조원가로 간주하여 제품의 원가에 포함시키고 나머지 원가는 모두 기간비용으로 처리하는 초변동원가계산이다. 〈표 4-4〉는 계산법에 따른 차이를 제시하였다.

표 4-4 전부원가, 변동원가, 초변동원가계산의 차이

	전부원가계산	변동원가계산	초변동원가계산
제품원가	직접 재료원가 직접 노무원가 변동제조간접원가 고정제조간접원가	직접 재료원가 직접 노무원가 변동제조간접원가	직접 재료원가
기간비용	판매관리비	고정제조간접원가 판매관리비	직접 노무원가 변동제조간접원가 고정제조간접원가 판매관리비
용 도	재무보고	의사결정, 성과평가	의사결정, 성과평가
재고수준과 이익	재고의 증가가 이익을 증가시킴	재고의 증가와 이익이 무관함	재고의 증가가 이익을 감소시킴
이익계산	매출총이익 = 매출 − 매출원가	공헌이익 = 매출 − 변동제조원가 − 변동판매관리비	재료처리량 공헌이익 = 매출 − 직접 재료원가

※출처 : 백태영 (2015). 원가관리회계.

2. 변동원가계산과 초변동원가계산의 이익차이조정

변동원가계산과 초변동원가계산에서 이익의 차이가 발생하는 가장 큰 원인은 변동원가계산에서는 노무원가와 변동제조간접원가를 제품의 원가에 반영하였으나, 초변동원가계산에서는 노무원가와 변동제조간접원가가 발생하는 시점에 기간비용으로 처리했기 때문이다. 그러므로 초변동원가계산에서는 노무원가와 변동제조간접원가가 기말재고자산에 포함되어 있지 않게 된다. 이러한 차이를 고려하여 변동원가계산과 초변동원가계산에 대한 이익차이를 조정하면 다음의 손익계산서와 같다.

초변동원가계산하의 손익계산서

Ⅰ 매 출 액	×××
Ⅱ 재 료 비	(×××)
Ⅲ 재료처리량 공헌이익	×××
Ⅳ 운 영 비	(×××)
Ⅴ 순 이 익	×××

초변동원가계산에서의 이익 조정

초변동원가계산에 의한 영업이익	×××
(+) 기말재고에 포함된 직접 노무원가	×××
(+) 기말재고에 포함된 변동제조간접원가	×××
(−) 기초재고에 포함된 직접 노무원가	(×××)
(−) 기초재고에 포함된 변동제조간접원가	(×××)
변동원가계산의 영업이익	×××

3. 재고자산의 변화와 각 방법의 순이익의 관계(생산량, 판매량)

a. 생산량 > 판매량 : 전부원가계산 > 변동원가계산 > 초변동원가계산
b. 생산량 = 판매량 : 전부원가계산 = 변동원가계산 = 초변동원가계산
c. 생산량 < 판매량 : 초변동원가계산 > 변동원가계산 > 전부원가계산

① 생산량이 판매량보다 큰 경우

초변동원가계산에서는 당기에 발생된 노무원가와 변동제조간접원가를 당기의 원가로 처리

하나, 변동원가계산에서는 당기 중 발생된 노무원가와 변동제조간접원가의 일부가 기말재고에 포함된다.

변동원가계산보다 초변동원가계산에서 당기에 비용화되는 노무원가와 변동제조간접원가가 크므로 초변동원가계산의 순이익이 변동원가계산의 순이익보다 작아진다.

② 판매량이 생산량보다 큰 경우

변동원가계산에서는 전기에 발생되어 기초재고자산에 포함되어 있던 노무원가와 변동제조간접원가가 당기에 매출원가로 처리되므로 변동원가계산에서 당기중 비용화되는 노무원가와 변동제조간접원가가 초변동원가계산에서 당기중 처리되는 노무원가와 변동제조간접원가보다 커지게 된다.

초변동원가계산의 순이이익이 변동원가계산의 순이익보다 커지게 된다.

4. 초변동원가계산의 장점

① 생산량이 판매량보다 클 경우에는 초변동원가계산의 순이익이 가장 작게 나타나므로 생산량증가를 통해 불합리한 재고의 증가를 효과적으로 방지하게 된다.

② 적용이 간단하며 재료원기외에는 기간비용으로 처리하므로 변동원가계산처럼 제조간접원가를 변동원가와 고정원가로 구분할 필요가 없다는 장점이 있다.

5. 초변동원가계산의 단점

① 기업입장에서는 미래의 불확실한 수요에 대비하고 규모의 경제를 달성하기 위하여 부득이한 상황에서 발생하는 재고는 경제적으로 긍정적인 부분이지만 초변동원가에서는 이를 무시하고 있다는 것이다.

② 초변동원가계산을 통해 산출된 제품원가는 낮게 계산됨에 따라 낮은 가격으로 판매될 가능성이 있다.

③ 초변동원가계산은 기업의 외부보고용이나 법인세 신고목적으로 이용될 수 없다는 것이다.

case 2018년 02월 05일. 우먼컨슈머

"홍삼정, 가격인하필요" 평균가격 168,500원, 재료원가 52,790원 추정

[우먼컨슈머 김아름내 기자] 소비자들이 건강기능식품 중 하나로 홍삼제품을 즐겨 찾는 가운데, 가격인하가 필요하다는 지적이다.

홍삼제품 원재료인 수삼가격이 2014년부터 2016년 사이에 6% 가까이 떨어졌지만 홍삼판매가격에는 영향을 미치지 못했다는 이유에서다.

이와 관련 한국소비자단체협의회(회장 강정화) 물가감시센터(공동위원장 김천주 · 김연화)는 홍삼제품가격 적정성을 분석하고 5일 발표했다.

〈브랜드별 홍삼정 240g 가격〉

회사명	제품명	각사 직영몰	제품 1g당 가격
한국인삼공사	정관장 홍삼정	198,000	825
농협홍삼	홍삼정 프라임	178,000	742
지씨바이오	참다한 홍삼정	220,000	917
이마트	이마트 홍삼정	78,000	325

주) 한국 인삼공사와 농협홍삼을 제외한 업체선정 근거는 공정거래 위원회 가맹사업거래 정보공개서에서 영업표지를 '홍삼'으로 사용하고 있는 업체중 홍삼나라(주)(홍삼나라), (주)지씨바이오(참다한홍삼)이 업체로 선정된 것임.(한국소비자단체협의회)

홍삼정 240g 기준 1g당 가격, 브랜드별 최대 2.8배 차이

홍삼정 240g 가격은 직영몰 판매가격기준으로 한국인삼공사 정관장은 1g당 825원, 농협홍삼 한삼인은 1g당 742원, 지씨바이오 참다한 홍삼은 1g당 917원, 이마트 홍삼나라는 1g당 325원으로 최대 2.8배 차이를 보였다.

식품의약품안전처의 홍삼기능 평가기준인 사포닌함량은(진세노사이드 Rg1, Rb1, Rg3 : 하루 섭취량인 3~80mg)은 유사해 소비자가 함량을 기준으로 가격을 비교하기는 어려웠다.

홍삼정 240g 평균가격 168,500원, 제조원가는 52,790원 추정

한국인삼공사, 농협홍삼, 지씨바이오, 이마트 등의 홍삼정 240g 직영몰의 평균가는 168,500원으로 조사됐다.

식품제조업의 평균 원가구성비율을 근거로 원재료비, 노무비, 경비를 합산하면 제조원가는 52,790원으로 추정된다.

센터는 "홍삼제품 소비자는 특정 브랜드를 무한히 신뢰하기 보다는 가격 및 주요 성분의 함량을 꼼꼼하게 따져서 합리적인 선택을 해야한다"고 당부했다.

• 출처 : 우먼컨슈머. http://www.womancs.co.kr

04 논의 과제

1. 원가의 행태에 대해 이해하고, 경제학과 회계학적 부분에서 차이점을 설명하시오.

2. 원가추정의 방법에 대해 이해하고, 회계적 접근방법에 대해 설명하시오.

3. 원가계산에서 전부원가계산과 변동원가계산의 차이점을 설명하시오.

4. 변동원가계산에 있어서 한계점을 설명하시오.

5. 초변동원가가 사용되는 목적과 주된 차이점을 설명하시오.

제5장

표준원가계산과 차이분석

1. 표준원가계산
2. 차이분석

학습방향

기업운영 뿐만 아니라 모든 일을 진행하는데 있어서 계획을 세우는 것이 중요하지만, 이보다 더 중요한 것은 계획한데로 진행되고 있는지를 확인하는 것이다. 표준원가계산은 사전에 설정된 금액을 기초로 제품의 생산에 필요한 재료원가, 노무원가, 제조간접원가 등이 계획한 바와 비교하여 어떠한 차이가 발생하는 지를 확인하고 이러한 차이에 대한 내역을 분석하고자 한다. 이를 통해 제품가격결정에 필요한 정보를 제공하고 기업의 성과를 측정하는데 기준을 제시하고자 하였다.

학습목표

1. 표준원가수립의 목적을 설명한다.
2. 표준원가설정을 위한 각 원가에 대한 공식을 설명한다.
3. 고정예산과 변동예산의 이해를 통해 제조원가를 설명한다.
4. 각 원가의 차이에 대해 이해하도록 설명한다.
   (재료원가, 노무원가, 제조간접원가, 매출조업도)
5. 차이분석의 원인에 대해 이해하도록 설명한다.

1 표준원가계산

표준이란, 기업에서의 업무가 효율적으로 수행될 경우에 달성되어야 할 수준에 대한 측정치라고 정의할 수 있다. 표준원가는 기업이 효율적인 운영을 통해 달성되어야 원가로써 제품의 생산에 있어서 소요될 비용이 얼마나 되는지를 나타내 주는 것이다. 즉, 경영환경하에서 달성하고자 하는 목표에 근거한 원가표준을 설정하고 실제원가와 표준원가에 대한 차이를 비교하여 경영목표달성에 필요한 효과적인 원가자료를 제공하고자 하는 것이다.

1. 표준원가

기업의 경영자들은 재료원가, 노무원가, 제조간접원가에 대해서 원가표준과 수량표준을 설정하여 관리하게 된다.

- 수량표준(quantity standards) : 1단위의 제품을 제조하거나 서비스를 제공함에 있어서 투입되어야 하는 물량단위의 표준
- 원가표준(cost standards) : 원재료원가가 얼마나 되어야 하는가에 대한 부분을 화폐금액으로 표시하는 가격단위표준

이와 같이 설정된 표준을 대상으로 차이분석을 진행하게 된다. 차이분석은 표준수치와 실제수치와의 차이를 세부항목별로 구분하여 분석하는 기법으로써, 차이가 발생한 원인을 분석하여 필요한 조치를 실행하고 다음 회계기간에 정확한 계획을 수립하는데 반영하기 위해서이다.

이러한 차이분석에 있어서 예외에 의한 관리가 반영되는데 이는 표준원가와 실제원가의 차이에 있어서 예상과는 다른 중대한 결과를 초래한 부분에 대해 중점적으로 조사하여 조치를 취하는 관리기법이다. 이를 통해서 경영자는 불필요한 사소한 부분까지 관여하지 않게 되는 것이다. 즉, 경영자의 시간과 노력을 크게 절감할 수 있는 효과가 발생된다.

이러한 표준원가의 장점과 단점에 대해 〈표 5-1〉에서 제시하였다.

표 5-1 표준원가의 장, 단점

구 분	내 용
장 점	· 예외에 의한 관리가능 · 생산원가감소 · 원가통제와 성과평가개선 · 계획수립과 의사결정에 더욱 유용한 정보제공
단 점	· 불리한 차이에 대한 강조는 사기저하의 위험 · 유리한 차이에 대한 아전인수식 해석 · 표준원가 보고의 비적시성 · 표준의 달성보다는 지속적 개선이 더 중요할 수도 있음 · 노무원가 표준시간과 능률차이의 부적절성 · 표준의 강조는 다른 중요한 목적을 간과하게 할 가능성

2. 표준원가계산의 의의

표준원가계산을 통하여 기업은 성과평가에 유용하게 활용할 수 있다는 것이다. 이러한 표준원가계산의 의의에 대해 다음과 같이 제시하였다.

① 사전에 설정된 원가를 활용함으로써, 회계기간중에 원가계산을 하고 회계기간 종료후에 실제원가로 변환하는 방법을 사용할 수 있다.

② 회계기간말에 변환하는 과정을 통하여 실제원가와 표준원가의 차이를 파악할 수 있으며 이를 통해 성과평가에 활용할 수 있다. (원가차이발생원인분석, 차이에 대한 대응책마련, 미래의 계획수립, 종업원 성과보상 등)

③ 실제원가와 표준원가의 차이에서 기업의 입장에서 중요성을 가지는 부분을 집중적으로 관리함으로써 효율적인 원가통제가 가능하다는 것이다.

④ 표준원가산정에 있어서 많은 시간과 비용이 발생함에도 불구하고 중요성을 가지는 차이의 기준이 명확치 않으며, 기업입장에서 재무적 측정치(원가절감)에 대해 강조할 경우 비재무적 측정치(품질, 납기, 서비스 등)가 무시당할 위험이 있다.

3. 표준원가의 설정

표준직접재료원가는 종류별로 단위당 표준가격(SP: standard price)을 결정한 후에 허용된 표준투입량(SQ: standard quantity)에 곱하여 산정하며, 수식은 다음과 같다. 제조단위당 표준가격(SP)은 시장동향과 거래관습을 고려하여 결정하며, 허용표준투입량(SQ)은 제품 한 단위를 생산하는데 투입되어야 할 직접재료의 표준수량에 정상적 공손작업폐기물 등을 고려하여 결정하게 된다.

직접 재료원가 = 제조단위당 표준가격(SP) × 허용표준투입량 (SQ)

※SP : Standard Price, SQ : Standard Quantity

표준직접노무원가는 결정된 시간당 표준임율에 허용표준 투입시간을 곱하여 계산된다. 시간당 표준임률(SP)은 노동시간에 대한 표준임률(SP)로써 임금과 각종 수당을 고려하여 결정하게 된다. 허용표준투입시간(SQ)은 제품 한 단위를 생산하는데 필요한 표준직접노동시간으로써 직원의 대기시간, 휴식시간, 기계고장과 같은 부분을 반영하여 적용하게 된다.

직접 노부원가 = 시간당 표준임률 (SP) × 허용표준투입시간 (SQ)

※SP : Standard Price, SQ : Standard Quantity

표준제조간접원가는 조업도 단위당 표준배부율(SP)을 결정한 다음 이를 허용표준투입조업도(SQ)에 곱하여 산정한다. 제조간접원가는 구성항목과 발생유형(원가형태)이 매우 다양하기 때문에 원가행태에 따라 변동제조간접원가와 고정제조간접원가로 구분하여 표준원가를 설정하게 된다. 변동제조간접원가는 조업도의 변동에 따라 원가총액이 비례적으로 변동하는 것이며, 고정제조간접원가는 조업도의 변동과는 관계없이 원가총액이 변동하지 않고 일정하게 발생하는 제조간접원가이다.

제조간접원가 = 조업단위당 표준배부율(SP) × 허용표준투입조업도 (SQ)

※SP : Standard Price, SQ : Standard Quantity

표 5-2 고정예산과 변동예산

구 분	내 용	
변동예산	예상생산량 × 예산금액	실제생산량 × 예산금액
	생산량 차이에 따른 원가차이 파악	
고정예산	예상생산량 × 예산금액	예상생산량 × 실제금액
	고정예산과 실제금액과의 차이파악	

4. 고정예산과 변동예산

고정예산은 예산기간이 시작될 때 계획된 산출물에 근거하고 있다. 변동예산이란 예산기간 동안 실제로 달성한 산출물수준에 따른 예산을 근거로 한 예산수익 또는 원가를 기준으로 개발된다. 즉, 예상생산량을 기준으로 사전에 수립된 것이 고정예산이라면 같은 생산량을 기준으로 실제금액과 비교하기 위해 예상생산량을 실제생산량으로 변경하여 재편성한 예산이 변동예산으로써, 실제수치와 비교를 통하여 생산량차이에 의한 제조원가차이를 파악하는 것이다. 〈표 5-2〉에서 예산차이를 제시하였다.

표 5-3 ㈜서울레스토랑의 예상/실제제조원가

(단위: 개, 원)

구 분	실제제조원가	예상제조원가 (고정예산)
생산량	400	450
직접 재료원가	252,000 600원/개 × 420종	315,000 700원/개 × 450종
직접 노무원가	425,000 8,500원/h × 50시간	360,000 8,000원/h × 45시간
변동제조간접원가	210,000 500원/개 × 420종	180,000 400원/개 × 450종
고정제조간접원가	350,000	315,000
총제조원가	1,237,000	1,170,000

※실제제조원가 기준 400개의 메뉴를 생산하는데, 재료 420종과 40시간의 노동시간이 필요함.

〈표 5-3〉은 ㈜서울레스토랑의 예상제조원가와 실제제조원가이다. 이를 바탕으로 고정예산과 변동예산을 추정하고자 한다. 앞서 말한 바와 같이 고정예산은 기업이 추정한 예상치이며, 변동예산은 생산량을 실제발생한 것으로 변경한 것이다.

㈜서울레스토랑이 메뉴생산량 450개를 바탕으로 총제조원가는 1,170,000원이 발생할 것으로 추정하였으나, 실제로는 400개 제조에 1,237,000원의 원가가 발생하였다. 이를 바탕으로 고정예산과 변동예산에 대한 차이분석을 진행하고자 한다. 차이분석은 유리한 차이와 불리한 차이로 구분된다.

- 유리한 차이는 예상보다 이익을 높게 만드는 차이로써 원가가 낮은 경우
- 불리한 차이는 예상보다 이익을 낮게 만드는 차이로써 원가가 높은 경우

원가가 예상보다 적게 발생하면 유리한 차이(Favorable Variance)이며, 원가가 많이 발생하게 되면 불리한 차이(Unfavorable Variance)에 해당된다. 실제생산량이 예상치보다 적으므로 고정원가를 제외하고는 모두 감소하였다. 하지만, 실제발생분과 변동예산을 비교하면 실제제조원가가 변동예산보다 162,000원 더 발생한 것으로 나타났다.

표 5-4 고정예신과 변동예산내역

(단위: 개, 원)

구 분	실제제조원가	변동예산 차이	변동예산	차 이	고정예산
생산량	400	–	400	50 (감소)	450
직접 재료원가	252,000	28,000 (유리)	280,000	35,000 (유리)	315,000
직접 노무원가	425,000	105,000 (불리)	320,000	40,000 (유리)	360,000
변동제조간접원가	210,000	50,000 (불리)	160,000	20,000 (유리)	180,000
고정제조간접원가	350,000	35,000 (불리)	315,000	–	315,000
총제조원가	1,237,000	162,000 (불리)	1,075,000	95,000 (유리)	1,170,000

※ 변동예산은 고정예산의 투입량을 실제제조원가의 생산량으로 환산한 수치이다.

〈표 5-4〉를 통해 이러한 차이를 파악하면 재료원가는 감소하였지만, 노무원가, 변동제조간접원가, 고정제조간접원가 모두 증가하였다. 이러한 원가차이에 대해 재료원가, 노무원가, 제조간접원가로 구분하여 다음의 2절에서 설명하고자 한다.

2 차이분석

〈표 5-4〉에서 실제발생된 원가와 변동예산 사이에는 총 162,000원의 차이를 나타내고 있다. 재료원가에서는 유리한 차이가, 그 외의 원가에서는 불리한 차이로 인하여 발생된 내역이다. 이러한 차이에 대해서 직접 재료원가, 직접 노무원가, 제조간접원가로 구분하여 분석하고자 한다.

1. 직접 재료원가차이

〈표 5-5〉에서 실제발생된 직접 재료원가와 변동예산상의 직접 재료원가는 28,000원의 유리한 차이를 보여주고 있다. 직접 재료원가는 재료투입량 × 재료가격으로 계산되기 때문에 재료투입량과 재료가격에서 예산수립시보다 변동이 있으면, 재료원가는 높아지거나 낮아질 수 있다.

400개의 메뉴를 생산하는데 있어서 필요한 재료 1개당 금액은 기존 700원에서 600원으로 100원이 절감되었으나, 투입된 재료의 종류는 기존 400종으로 추정하였으나 실제로는 420종의 재료가 투입되었다. 재료금액이 감소된 것은 대량구매를 하였거나 아니면 품질이 낮은 식

표 5-5 직접 재료원가의 변동예산차이

(단위 : 원)

구 분	실제제조원가	변동예산차이	변동예산
생산량	400		400
직접 재료원가	252,000 600원/개 × 420종	28,000 (유리)	280,000 700원/개 × 400종

자재를 구매했을 수도 있다. 이와 같이 금액에 대한 차이를 '가격차이(price variance)'라고 한다. 투입된 재료가 증가한 것은 재료사용에 효율성이 저하된 것으로써, 재료가 불량이거나 작업이 미숙하여 발생된 것일 수도 있다. 이러한 차이가 '능률차이(efficiency variance)'이다.

'가격차이'에 대한 공식은 다음과 같다.

가격차이 = (실제재료가격 − 표준재료가격) × 실제재료사용량
= (AP − SP) × AQ
= (600원 − 700원) × 420종
= 42,000원 (유리(F))

※ AP : Actual Price, SP : Standard Price, AQ : Actual Quantity

재료의 표준가격 700원보다 100원 저렴한 600원에 구입함으로써 원가차이가 42,000원 발생하였고, 이를 앞서 언급한 바와 같이 '가격차이'라고 한다. 이러한 가격에 대한 유리한 차이는 표준가격이 지나치게 높거나, 시장환경의 변화에 따라 낮은 가격이 책정된 경우에 발생한다(농, 수산물의 시황변동 등).

제품수량의 차이를 측정한 '능률차이'에 대한 공식은 다음과 같다.

능률차이 = (실제재료사용량 − 표준재료사용량) × 표준재료가격
= (AQ − SQ) × SP
= (420종 − 400종) × 700원
= 14,000원 (불리(U))

※ AQ : Actual Quantity, SQ : Standard Quantity, SP : Standard Price

재료의 투입량은 400종으로 예측하였지만 실제로는 420종이 반영된 것이다. 재료가 불량이거나 작업의 미숙함일 수도 있고, 메뉴레시피 설정에 있어서 낙관적으로 반영함으로써 발생된 경우이다. 이러한 업무처리에 대한 파악과 조정이 이루어지지 않을 경우에는 지속적인 재료낭비가 발생될 수밖에 없다.

'가격차이'에서 유리한 차이가 발생하였고, '능률차이'에서는 불리한 차이가 이루어졌다. 이러한 상황에서 유리한 차이가 항상 좋은 것인가에 대해 의문이 있을 수 있다. 결론부터 말하자면 높게 설정된 예측치로 인하여 실제업무와는 차이가 있을 수 있기 때문에 유리한 차이가 꼭 좋다고 볼 수는 없다. 여기서 파악할 부분은 유리한 차이가 좋고 불리한 차이가 나쁘다

표 5-6 직접 재료원가의 차이분석

(단위 : 원)

실제원가 (AP × AQ)	가격차이	실제투입량기준예산 (SP × AQ)	능률차이	변동예산 (SP × SQ)
252,000	42,000	294,000	14,000	280,000
600원 × 420종	유리한 차이 (F)	700원 × 420종	불리한 차이 (U)	700원 × 400종

※가격차이=소비차이

※가격차이 : 실제가격이 표준가격과 달라서 발생.
능률차이 : 재료실제사용량이 표준수량과 달라서 발생.

는 것이 아니라 이러한 원인을 찾아서 조정하는 것이 중요하다. 메뉴레시피가 문제라면 이를 조정해야하고, 업체의 납품가가 조정되었다면 이를 반영하여야 한다는 것이다.

이러한 원가차이는 서로 복합적으로 연관되어 있다고 볼 수 있다. 가격에 대한 부분은 구매부서의 영역이며, 수량에 대한 문제는 메뉴를 생산하는 곳에서 통제하기 때문에 서로 간에 분리하는 것이 일반적이라고 볼 수 있지만, 구매부서에서 낮은 가격의 저품질 식자재를 공급한다면 조리를 담당하는 곳에서는 고객에게 메뉴를 제공하기 위한 조리과정에서 더 많은 식자재를 사용할 것으로 볼 수 있다. 구매에서 유리한 차이를 보이지만 주방에서 불리한 차이로 인해 결과적으로는 더 큰 손실이 발생할 수도 있는 것이다.

실제제조원가와 실제투입량 기준예산과 변동예산과의 관계에 대해 가격차이와 능률차이로 구분하여 〈표 5-6〉에서 제시하였다.

직접 재료원가에 대한 차이를 분석하면 가격차이에서 42,000원의 유리한 차이가 발생하였고, 능률차이에서 14,000원의 불리한 차이가 발생하였다. 결과적으로 직접 재료원가에서는 28,000원의 유리한 차이가 발생한 것이다.

이러한 원가차이분석은 예산을 고정적인 부분에서 변동적인 부분으로 변경하면서 상호 비교를 통하여 발생원인을 파악하는 방법이다.

원가 = 가격 × 제품단위당 사용량 × 생산량

※가격 : 가격차이, 제품단위당 사용량 : 수량차이, 생산량 : 변동예산과 고정예산의 차이

2. 직접 노무원가차이

직접 노무원가에서 발생한 불리한 차이 105,000원도 앞서 직접 재료원가와 유사한 분석방법으로 확인할 수 있다. 노무원가는 '노무시간×시간당 임금(임률)'이므로 노무시간이 늘어날수록 노무원가도 증가하게 된다는 것이다. 직접 노무원가에 대한 변동예산차이는 〈표 5-7〉에서 제시하였다.

레스토랑에서 메뉴 400개를 생산하는데 노무시간은 총 40시간으로 추정하였지만 실제로는 50시간이 발생하였다. 이 부분에 대해서는 '노무임률차이(labor rate variance)'라고 한다. 또한, 시간당 8,000원의 임금이 발생할 것으로 예측하였지만 실제로는 8,500원의 임금이 발생하였다. 이러한 차이를 '노무수량차이(labor quantity variance)'라고 한다.

'임률차이'에 대한 공식은 다음과 같다.

임률차이 = (실제임률 − 표준임률) × 실제노무시간
= (AP − SP) × AQ
= (8,500원 − 8,000원) × 50시간
= 25,000원 (불리(U))

※ AP : Actual Price, SP : Standard Price, AQ : Actual Quantity

실제임률이 표준임률보다 500원이 더 많이 발생하여 생긴 불리한 원가차이이다. 실제작업시간보다 유휴시간이 더 많거나 추가근로로 인한 수당이 발생되었을 수도 있으며, 표준임률에 대해 실제보다 낮게 예측한 경우에도 있을 수 있다.

'수량차이'에 대한 공식은 다음과 같다.

표 5-7 직접 노무원가의 변동예산차이

(단위 : 원)

구 분	실제제조원가	변동예산차이	변동예산
생산량	400		400
직접 노무원가	425,000 8,500원/h × 50시간	105,000 (불리)	320,000 8,000원/h × 40시간

표 5-8 직접 노무원가의 차이분석

(단위 : 원)

실제원가 (AP × AQ)	임률차이	실제투입량기준예산 (SP × AQ)	수량차이	변동예산 (SP × SQ)
425,000	25,000	400,000	80,000	320,000
8,500원 × 50시간	불리한 차이 (U)	8,000원 × 50시간	불리한 차이 (U)	8,000원 × 40시간

※ 임률차이 = 소비차이, 수량차이 = 능률차이
※ 임률차이 : 노무실제임률이 표준임률과 달라서 발생.
수량차이 : 실제노무시간이 표준시간과 달라서 발생.

수량차이 = (실제노무시간 − 표준노무시간) × 표준임률
= (AQ − SQ) × SP
= (50시간 − 40시간) × 8,000원
= 80,000원 (불리(U))

※ AQ : Actual Quantity, SQ : Standard Quantity, SP : Standard Price

메뉴조리에 실제로 50시간이 발생되어 표준으로 설정한 40시간을 초과하였다. 그결과 불리한 차이가 발생되었다. 이러한 노무시간은 근무시간의 효율성을 측정하는 지표로써 작업미숙, 교육훈련미흡, 불량재료 등으로 인해 작업이 지연된 경우이다. 앞서 '임률차이'와 마찬가지로 메뉴제조에 필요한 시간을 낙관적으로 예측하여 설정한 결과일 수도 있다.

실제노무원가와 실제투입량 기준예산과 변동예산과의 관계에 대해 임률차이와 수량차이로 정리하여 〈표 5–8〉에서 제시하였다.

3. 변동제조간접원가차이

변동제조간접원가에서 불리한 차이 50,000원이 발생하였다. 앞서, 직접 재료원가와 직접 노무원가에 대해서는 공식으로 측정하였지만, 변동제조간접원가의 경우에는 다양한 원가항목이 혼합되어 있으므로 배부기준(원가동인)을 통해 서 계산하게 된다. 〈표 5–9〉는 변동제조간접원가의 변동예산차이 내역이다.

400원의 간접원가가 발생할 것으로 추정하였으나 실제로는 500원의 원가가 발생하였다. 이러한 차이를 '소비차이(spending variance)'라고 한다. 배부기준량으로 400종의 재료를 예

표 5-9 변동제조간접원가의 변동예산차이

(단위 : 원)

구 분	실제제조원가	변동예산차이	변동예산
생산량	400		400
직접 노무원가	210,000 500원/개 × 420종	50,000 (불리)	160,000 400원/개 × 400종

측하였지만 실제로는 420종이 투입되었다. 여기서 발생하는 차이는 '능률차이(efficiencey variance)'이다.

'소비차이'에 대한 공식은 다음과 같다.

소비차이 = (실제배부율 − 표준배부율) × 실제배부기준량
= (AP − SP) × AQ
= (500원 − 400원) × 420시간
= 42,000원 (불리(U))

※ AP : Actual Price, SP : Standard Price, AQ : Actual Quantity

실제배부율이 표준배부율보다 100원 더 발생되어 생긴 원가차이이다. 표준보다 실제가 더 발생함에 따라 불리한 차이가 이루어졌다. 이러한 차이는 다양한 비용에 대한 배부처리가 잘못된 경우이다. 예를 들어, 실제보다 수도광열비를 더 사용하여 나타날 수도 있다. 이와 같이 예측한 것보다 더 사용하여 발생된 원가차이는 '소비차이'라고 한다.

'능률차이'에 대한 공식은 다음과 같다.

능률차이 = (실제배부기준량 − 표준배부기준량) × 표준배부율
= (AQ − SQ) × SP
= (420종 − 400종) × 400원
= 8,000원 (불리(U))

※ AQ : Actual Quantity, SQ : Standard Quantity, SP : Standard Price

제조간접원가의 '능률차이'는 배부기준에 대한 차이이다. 배부기준의 차이라는 것은 수도광열비 등에 낭비적 요소를 측정하는 효율성 부분이 아닌 배부기준량에서 예상과는 달리 책정됨

표 5-10 변동제조간접원가의 차이분석

(단위 : 원)

실제원가 (AP × AQ)	소비차이	실제투입량 기준예산 (SP × AQ)	능률차이	변동예산 (SP × SQ)
210,000	42,000	168,000	8,000	160,000
500원/개 × 420종	불리한 차이 (U)	400원/개 × 420종	불리한 차이 (U)	400원/개 × 400종

※ 소비차이 : 실제배부율이 표준배부율과 달라서 발생.
능률차이 : 실제배부기준량이 표준배부기준량과 달라서 발생.

으로써 발생된 것이다. 이러한 점에서 재료원가나 노무원가의 '능률차이'와는 구분된다.

실제원가와 실제배부기준량 기준예산과 변동예산과의 관계를 정리하여 〈표 5-10〉에서 제시하였다.

4. 고정제조간접원가차이

고정제조간접원가에 대해서 〈표 5-11〉과 같이 제시하였다. 고정제조간접원가의 경우에는 변동예산보다 35,000원이 더 발생하였다. 앞서 재료원가, 노무원가, 변동제조간접원가의 경우에서는 생산량이나 배부기준량에 의해 구분하였지만, 고정제조원가에서는 불리한 차이를 어떠한 방법으로 확인할까 하는 문제가 있다.

고정제조간접원가는 고정원가이며 생산량이나 다른 원가동인에 의해 변화가 없다는 것이 특징이다. 다시 말해서 실제원가와 실제투입량 기준예산, 변동예산에서 모두 동일하며, 차이가 발생한다는 것은 기업이 설정한 예산과 실제원가와의 차이이다. 그러므로 '소비차이'만이 발생하게 된다. 수식으로 표현하면 다음과 같다.

표 5-11 고정제조간접원가의 변동예산차이

(단위 : 원)

구 분	실제제조원가	변동예산차이	변동예산
생산량	400	–	400
고정제조간접원가	350,000	35,000(불리)	315,000

고정제조간접원가 소비차이 = 예산차이
= 실제고정제조간접원가 − 고정제조간접원가예산
= 350,000원 − 315,000원
= 35,000원 (불리(U))

5. 고정제조간접원가의 조업도차이

변동원가에서는 표준원가총액이 변동원가예산액과 동일하게 나타나지만, 고정제조간접원가에서는 표준원가총배부액이 변동예산액과 다르게 반영된다. 이와 같은 현상이 발생되는 원인은 전부원가계산에서의 고정제조간접원가는 제품에 모두 배부되기 때문이다. 이러한 고정제조간접원가 예산액과 표준원가계산배부액의 차이를 '생산조업도차이(production volume variance)'라고 한다.

'조업도차이'가 발생하는 근본적인 원인은 표준배부율은 기준조업도에 근거하여 결정이 이루어지지만, 실제생산된 것에 근거한 실제생산량은 표주배부율에 의해 계산된 기준조업도와 다르기 때문이다. 즉, 표준배부율은 기준조업도에 의해 결정되지만 총배부액은 실제생산량에 따라 달라지므로 실제생산량이 기준조업도와 달라지게 되면 배부액과 예산액도 차이가 발생한다.

다음의 수식은 이러한 차이를 반영한 결과이다.

고정제조간접원가 조업도차이
= 고정제조간접원가 예산액 − 고정제조간접원가 배부액
= 고정제조간접원가 예산액
− (고정제조간접원가 표준배부율 × 실제생산량)
= 고정제조간접원가 표준배부율 × 기준조업도
− 고정제조간접원가 표준배부율 × 실제생산량
= 고정제조간접원가 표준배부율 × (기준조업도 − 실제생산량)

위의 수식을 반영하여 고정제조간접원가의 조업도차이를 구하고자 한다.

우선 ㈜서울레스토랑의 메뉴생산에 대한 기준조업도는 450개이며, 고정제조간접원가는 315,000원이 발생하였다. 이럴 경우, 표준배부율은 700원이 된다. 실제생산량은 400개이다.

표 5-12 고정제조간접원가의 차이분석

(단위 : 원)

실제원가	소비차이 (= 예산차이)	예산액	생산조업도 차이	배부액
350,000	35,000	315,000	35,000	280,000
	불리한 차이 (U)		불리한 차이 (U)	700원/개 × 400종

※ 소비차이 : 실제배부율이 표준배부율과 달라서 발생.
능률차이 : 실제배부기준량이 표준배부기준량과 달라서 발생.

고정제조간접원가 조업도차이
= 고정제조간접원가 표준배부율 × (기준조업도 – 실제생산량)
= 700원 × (450개 – 400개) = 35,000원 (U)

기준생산량 450개보다 적은 400개를 생산하였기 때문에 불리한 차이에 해당된다. 유리한 차이와 불리한 차이를 구분하는 방법은 표준원가에서 실제원가로 전환되는 과정에서 원가가 상승하여 이익을 감소시키는 조정이 있었느냐이다. 고정제조간접원가가 예산액보다 과소배부됨으로써 원가가 높아지는 경우에는 불리한 차이이며, 반대로 예산액보다 과대배부되어 원가가 낮아지는 경우에는 유리한 차이에 해당된다. 〈표 5-12〉는 고정제조간접원가의 차이분석 내용이다.

6. 표준원가계산의 비교

앞서 2장의 개별원가계산에서 실제원가계산과 정상원가계산의 차이에 대해 알아보았다(표 2-7). 이 둘의 주요한 차이는 제조간접원가를 어떻게 배부하느냐 하는 점이다. 즉, 실제배부기준량을 근거로 실제배부율을 반영하느냐 아니면, 예정배부율을 적용하느냐의 차이이다. 제조간접원가 뿐만 아니라 단위당 제조직접원가도 표준을 결정하여 계산하게 된다면 실제원가를 추적할 필요가 없을 것이다.

이것이 표준원가계산(standard costing)으로써 직접 재료원가, 직접 노무원가, 제조간접원가를 모두 표준원가로 계산하는 것으로써 〈표 5-13〉과 같다.

표 5-13 원가계산의 비교

구 분	실제원가계산	정상원가계산	표준원가계산
직접 재료원가	실제원가	실제원가	표준원가
직접 노무원가	실제원가	실제원가	표준원가
제조간접원가	실제원가 (실제배부율×실제배부기준량?)	예정원가 (예정배부율×실제배부기준량)	표준원가 (표준배부율×표준배부기준량)

※ 표준배부율 - 예산제조간접원기 / 기준조업도
※ 출처 : 백태영 (2015). 원가관리회계.

7. 매출조업도 차이

일반적인 식음료영업장에서는 원가분석과 더불어 판매에서의 통제도 담당하고 있다. 즉, 예상판매량과 실제로 판매가 이루어진 후의 실적을 비교하게 된다. 실제판매량이 예상판매량과 다르게 나타난 공헌이익차이를 매출조업도차이(판매량차이, sales volume variance)라고 하며, 다음과 같은 수식으로 표현한다.

매출조업도차이 = 단위당 표준공헌이익 × (실제판매량 − 예상판매량)

㈜서울레스토랑의 단위당 표준공헌이익이 100원이고, 실제판매량이 400개, 예상판매량이 300개일 경우에 매출조업도 차이는 다음과 같다.

매출조업도차이 = 100원 × (400개 − 300개) = 10,000원 (유리한 차이)

이 식음료영업장은 예상판매량을 100개 초과하여 10,000원의 공헌이익이 추가로 발생되었다. 하지만, 추가로 발생된 공헌이익은 판매량증가로 인해 반영된 것이다. 이러한 판매량증가의 원인은 다양하다. 즉, 이 영업장의 시장점유율이 증가할 수도 있고, 전체적인 외식업의 시장규모가 확대되었을 수도 있다. 여기서 시장점유율에 의한 이익차이를 시장점유율차이(market share variance)이며, 시장규모가 확대됨에 따른 차이를 시장규모차이(market size variance)라고 한다. 그러므로 판매량은 시장점유율과 시장규모를 반영하여 다음의 수식으로 표현될 수 있다.

판매량 = 시장점유율 × 시장규모

예제) ㈜서울레스토랑은 예상판매량 1,000개 규모에서 30%의 시장점유율로 추정하였다. 하지만, 실제 시장규모 1,500개 시장에서 435개의 판매량으로 29%를 달성하였을 때, 시장점유율차이와 시장규모차이를 계산해 보면 다음과 같다.

풀이) 시장점유율차이 = 단위당 표준공헌이익
× (실제시장점유율 - 예상시장점유율) × 실제시장규모
= 100원 × (29% - 30%) × 1,500개
= 100원 × (△15개) = △1,500원 (U)

△1,500원의 불리한 시장점유율은 시장점유율에서 △1% 감소하여 1,500개의 시장에서 15개를 덜 판매한 결과에 대한 공헌이익손실액이다.

시장규모차이 = 단위당 표준공헌이익
× 예상시장점유율 × (실제시장규모 - 예상시장규모)
= 100원 × 30% × (1,500개 - 1,000개)
= 100원 × 30% × 500개
= 100원 × 150개 = 15,000원 (F)

15,000원의 유리한 시장규모차이는 시장규모가 500개 증가하여 예상시장점유율을 30%를 유지하였다면 증가할 공헌이익이다. 앞서 계산한 시장점유율차이와 시장규모차이를 함께 반영한 결과가 매출조업도차이이며 다음과 같다.

매출조업도차이 = 시장점유율차이 + 시장규모차이
= 1,500원(U) + 15,000원(F) = 13,500원(F)

이러한 매출은 판매가격이 변화하게되면 영향을 받게 되는데, 이와 같은 이익의 변화를 매출가격차이(sales price variance)라고 한다.

매출가격차이 = (실제판매가 – 표준판매가) × 실제판매량

8. 차이분석에 대한 조사

원가나 매출을 계산한 후에 차이가 발생한 경우에는 중요한 항목에 대한 조사가 필요하다. 조사과정에서의 우선순위를 다음과 같이 제시하고자 한다.

① 유리한 차이와 불리한 차이에 대해 모두 조사가 진행되어야 한다. 우선 불리한 차이는 예산대비 매출이 덜 달성되었거나 원가가 추가로 발생되었기에 이 부분을 우선적으로 파악하여야 한다. 유리한 차이에서는 매출초과달성과 원가절감의 원인을 확인할 필요가 있다. 정확한 원인을 파악할 수 있어야 향후 예산수립시에도 반영될 수 있기 때문이다.

② 차이금액이 크거나 예산대비하여 차이금액이 큰 비율을 가지는 것에 대한 조사가 필요하다. 이 비율은 기업운영하는 과정에서 축적된 정보를 바탕으로 정하도록 한다.

③ 차이가 반복적으로 발생하는 것에 대한 조사가 필요하다. 반복적으로 발생한다는 것은 차이조정이 제대로 이루어지지 않는다는 것을 의미하므로 관련된 사항에 대해서 좀 더 확인할 필요가 있다.

④ 차이금액이 확대되는 것을 조사하도록 한다. 처음에는 무시할 정도의 부분이었지만 점차적으로 금액부분에서 확대되어 감소될 추이가 보이지 않는다면 문제가 발생할 수 있으므로 차이부분을 소사하여야 한다.

⑤ 통제가능성이 높은 항목을 점검하도록 한다. 통제가능성이 높다는 것은 예산편성이나 운영을 통해서 원인을 파악하고 비용을 감소시키는데 용이하다는 것으로 이에 대해 확인하고 조치함으로써, 문제의 소지를 예방할 수 있다는 것이다.

⑥ 차이조사과정에서 원가와 효익을 비교하여 조사범위를 결정해야 한다. 모든 것의 원인을 파악하는 데에는 효익을 검토해야 한다. 조사과정에서 발생되는 것은 비용이다. 조사결과를 반영하여 수정하여 얻은 혜택결과가 최소한 조사비용을 초과해야 한다는 것이다. 그래야만 차이조사를 통한 혜택으로 인하여 매출이 증가하거나 원가가 감소하여 기업의 운영에 효율성을 기할 수 있기 때문이다.

05 논의 과제

1. 표준원가를 설정하는 목적과 이에 대한 장, 단점을 설명하시오.

2. 표준원가를 설정하는 과정에 대해 설명하시오.

3. 직접 재료원가에 대한 차이분석을 설명하시오. (가격/능률차이)

4. 직접 노무원가에 대한 차이분석을 설명하시오. (임률/수량차이)

5. 변동제조간접원가에 대한 차이분석을 설명하시오. (소비/능률차이)

6. 고정제조간접원가의 조업도차이에 대해 설명하시오.

제2부

식음료관리운영

제6장

식음료에서의 매출과 원가

학습방향

식음료에서의 매출과 원가의 개념에 대해 파악하고자 하였다. 앞의 장에서는 원가회계기준으로 원가에 대한 이해도를 높이려고 진행하였다. 본격적으로 식음료부문에서 매출과 원가에 대한 이해도를 높이기 위해 다음과 같은 방향으로 설명하고자 한다.

매출과 원가관리에서 외식업관리자 측면에서 이익과 비용관리에 대해 설명하며, 매출예측에서는 매출에 대한 기록과 차이분석으로 미래의 매출예측방안을 제시하였다. 이를 통해 식음료영업장의 매출부문에 대한 이해도를 높이고자 하였다.

학습목표

1. 식음료영업장 관리자업무차이를 설명한다.
2. 식음료영업장의 매출과 원가관리방안을 설명한다.
3. 매출예측의 중요성을 이해하고 매출기록방법을 설명한다.
4. 매출차이를 이해하고 매출예측방안을 설명한다.

1 매출과 원가관리

1. 관리자의 역할

식음료영업장에서 근무하는 관리자는 제조업 또는 소매업관리자보다 더 어려운 상황에 위치해 있다. 즉, 제조업의 경우 공장의 관리를 진행하고 소매업의 경우에는 판매가 주된 업무이다. 하지만, 외식업은 공장감독관과 판매관리자로서의 역할을 동시에 수행하게 된다. 〈표 6-1〉은 각 업무별 주요 확인할 사항을 제시한 것이다.

표 6-1 업무별 체크리스트

구 분	식음료관리자	제조관리자	소매관리자
재료관리	예	예	아니오
제조활동	예	예	아니오
최종소비자에게 분배	예	아니오	예
최종소비자 대상 마케팅	예	아니오	예
사후서비스	예	아니오	예

※ 출처 : Dopson & Hayes (2011). Food and Beverage Cost Costing 5th Edition.

외식관리자의 입장에서는 서비스제공보다 비용관리에 중점을 두게 된다면, 레스토랑운영에 문제가 발생할 수 있다. 즉, 비용관점에서 낮은 것은 좋은 것이고 높은 것은 좋지 않다는 선입견을 없애야 하며, 이러한 목적으로 비용절감이 이루어져서는 안 된다는 것이다. 즉, 고객서비스나 직원의 근무조건을 유지하는 선에서의 비용절감이 진행되어야 할 것이다. 비용부분에서의 가장 중요한 부분은 경영자의 가치관기준에 근거할 때 비용이 높거나 낮은지 여부이며, 이와 같이 발생된 원인이 무엇인지를 확인할 수 있어야 한다.

그림 6-1 외식산업의 영업흐름도

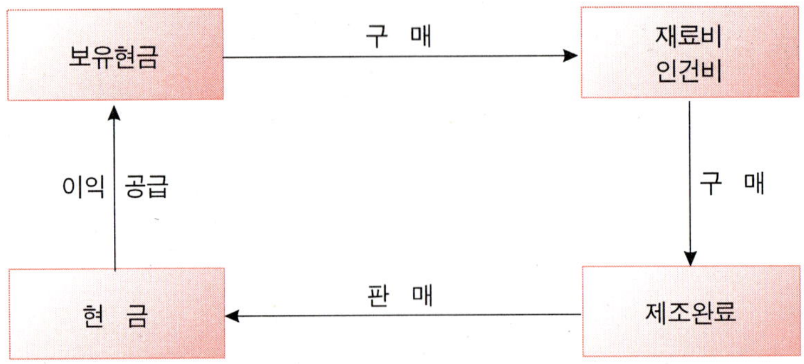

2. 매출관리

수익은 레스토랑운영을 통해 벌어드리는 매출금액으로 정의되며, 비용은 운영에 필요한 재료구매, 인건비지급 등에 사용한 금액이다. 최종적으로 이익은 수익에서 모든 원가(비용)를 차감하고 남은 금액으로 정의된다.

수익 – 원가(비용) = 이익

수익(revenue)과 매출(sales), 원가(cost)와 비용(expense)이라는 용어가 함께 사용되지만, 실제적으로는 차이가 있다는 것이다. 매출은 판매를 전제로 하지만, 수익의 개념은 판매이외에 추가적으로 발생되는 이자수익, 배당수익 등과 같은 영업이외의 목적으로 발생된 것도 포함되는 개념이다. 원가는 제조를 위해 사용되지만, 비용은 기업경영활동과 관련된 것이다. 즉, 원가는 재료원가, 노무원가 등이며, 비용은 제품제조를 위해 개발비, 판매를 위한 판촉비 등이 해당된다. 모든 외식산업에서 성공하기 위해서는 비용을 초과하는 수익이 필요하며 이를 위해서 건전한 경영환경조성과 합리적인 경영계획수립 및 신중한 의사결정이 필요하다.

매출 – 원하는 이익 = 이상적인 원가

원하는 이익은 경영자가 예측된 수익을 달성했을 때 얻을 수 있는 이익을 말하며, 이상적인 원가란 특정 금액의 수익을 창출하는데 필요한 정확하고 적절한 금액에 대한 경영진의 견해이다. 수익은 앞서 언급한 바와 같이 매출을 포함하는 넓은 개념의 용어에 해당되며, 영업적인 부분으로 한정할 경우에 그 범위는 고객수, 1인당 소비한 금액(객단가)에 따라 결정이 되며, 이를 증대시키기 위한 방안으로는 서비스고객 수를 늘리거나 동일한 수의 고객일 경우 소비한 금액을 확대시키거나 이 둘의 조합이 필요하다.

3. 원가관리

외식산업에서 주요한 네 가지의 원가카테고리는 다음과 같다.

- 식료원가
- 음료재료원가
- 노무원가(인건비)
- 제조원가

식료원가는 메뉴항목을 실제로 생성하는 것과 관련된 비용으로써, 일반적으로 가장 높은 비중을 차지하게 된다. 음료원가는 맥주, 와인과 같은 주류의 판매와 관련된 비용이다. 이 범위에는 비주류도 포함되지만 식음료부분에서 가장 큰 부분을 차지하는 것은 주류이다. 이 범위에는 음료와 함께 제공되고 추가되는 재료나 장식물 등이 포함될 수 있다. 노무원가는 직원에게 지급되는 모든 비용이다. 재료원가에 이어 두 번째 높은 비중을 차지하며 경우에 따라서는 가장 높은 부분을 점유하기도 한다. 관리자비용이 포함되기도 하며 기업에 따라서는 관리자비용은 별도의 카테고리로 처리하기도 한다. 제조원가는 재료원가와 인건비를 제외한 모든 경비로써, 식음료업장을 운영하기 위해 필요한 모든 비용들의 집합체라고 볼 수 있다.

이와 같이 모든 원가를 반영하여 매출에 대해 공식을 작성하면 다음과 같다.

매출 − 원가 [재료원가 (식료 / 음료) − 노무원가 − 제조원가] = 이익

2 매출예측

1. 매출예측의 중요성

오늘 얼마나 많은 고객에게 서비스를 제공할 것인가?

매출예측은 위의 문구에서 시작된다고 볼 수 있다. 레스토랑 운영자는 고객으로부터 매출을 창출하여 이에 대한 원가를 지불하고 최종적으로 이익을 얻게 된다. 즉, 고객의 수와 지불하는 금액에 따라 레스토랑운영이 결정되는 것이다. 이러한 측면에서 매출예측은 중요한 부분으로써, 고객의 수와 그 고객이 발생시킬 매출을 예측하는 것이 중요한 부분이라고 할 수 있다.

이러한 매출예측의 중요성은 다음과 같다.

① 정확한 매출추정이 가능
② 원가예측능력이 향상될 수 있음
③ 근무자에 대한 개별스케쥴이 가능하며, 이를 통한 효율향상
④ 메뉴의 생산일정계획의 효율성 향상
⑤ 필요한 양의 식자재구입과 부패가 쉬운 식자재의 유지능력향상
⑥ 운영효율성 향상을 통한 메뉴가격인하
⑦ 설비유지보수 및 기업성장에 필요한 현금확보
⑧ 기업의 이익확대 및 주주가치증대

2. 매출기록

매출기록은 해당기간 동안 (1주일, 1개월 또는 1년) 달성된 모든 판매에 대한 내역을 체계적으로 기록한 것으로써, 〈표 6-2〉와 같이 매출 또는 고객기준으로 기록할 수가 있으며, 〈표 5-2〉에서 제시하였다. 특정기간 동안의 매출에 대한 평균을 계산하기 위해서는 해당기간의 합을 해당기간으로 나눠 계산할 수 있다. 〈표 6-2〉에서 제시한 1주일 간의 총매출은 7,332,960원이다. 이를 7일로 나눌 경우 약 1,047,566원이 나오게 되며, 레스토랑의 평균 1

표 6-2 매출기록

(단위: 원, 명)

구 분	매출 기준		고객서비스 기준	
	매 출	매출 누계	고 객	고객 누계
월요일	851,900	851,900	121	121
화요일	974,370	1,826,270	40	161
수요일	1,044,220	2,830,490	131	292
목요일	976,010	3,806,500	51	343
금요일	856,540	4,663,040	42	385
토요일	1,428,220	6,091,260	161	546
일요일	1,241,700	7,332,960	200	746

일 매출이라고 볼 수 있다.

고객수(Guest Count)는 식음료영업장에서 서비스받은 사람의 수를 나타내는 방법으로 사용되는 용어이다. 매출은 판매를 통하여 얻은 수익의 기록이다. 이 두 가지를 기반으로 다음과 같은 공식을 나타낼 수 있다.

총매출 / 고객수 = 고객당 평균매출 (객단가)

〈표 6-3〉은 고객에 대한 매출, 고객수와 객단가를 나타낸 것이다. 판매내역에 대한 기록은 매출, 서비스한 고객수, 객단가 등으로 구성이 되며, 세부적으로는 특정 메뉴별판매된 수치, 특정한 식사시간에 제공된 고객수 및 식사제공방법에 따라 달라질 수 있다.

표 6-3 매출과 객단가 현황

(단위: 원, 명)

구 분	매 출	고객 수	객단가
월요일	1,365,000	190	7,180
화요일	2,750,000	314	8,760
2일 평균	2,057,000	252	8,160

3. 매출차이

매출차이는 과거에 판매된 수준과의 차이에 대한 변화를 측정하는 것으로써, 현재의 매출에서 과거의 매출을 차감하여 계산한다(연, 월, 일 등).

현재매출 − 과거매출 = 매출차이

이러한 매출차이를 통하여 현황을 파악하고, 미래를 대비할 수 있다. 만약, 긍정적인 판매차이를 보인다면 이것은 현재의 매출이 상승하였다는 것을 의미하는 것으로써, 현재 진행중인 마케팅을 유지하는 등의 현상유지정책을 펼 수 있을 것이다. 반대로 부정적인 판매차이를 보인다면 원인파악이 우선되어야 할 것이다. 내부적으로 마케팅방법이 잘못 되었는지 아니면 외부적인 요인이 있었는지 등의 원인을 파악하고 대책을 강구할 필요가 있다. 간단하게는 판매방식의 변경과 같은 마케팅을 실행할 수 있으며, 외부적인 문제라면 최종적으로 업종변경도 생각해 볼 필요가 고려해 보아야 할 것이다. 〈표 6−4〉는 매출내역에 대한 차이이다.

표 6-4 매출차이내역

(단위: 천원)

구 분	현재매출	과거매출	매출차이
1월	54,000	51,200	2,800
2월	57,500	50,750	6,750
3월	57,500	61,200	△ 3,700
1/4분기	169,000	163,150	5,850

1월부터 3월까지의 현재매출과 과거매출과 차이를 제시한 것으로써, 1월과 2월은 과거보다 증가하였지만 3월의 경우에는 3,700천원 감소한 것으로 나타났다. 이러한 내역서를 바탕으로 현재의 상황을 분석하고 향후의 식음료영업장의 발전방향을 제시할 수 있을 것이다.

매출차이내역은 다음의 수식과 같이 백분율로도 표현이 가능하다.

(현재매출 − 과거매출) / 과거매출 = 매출차이 (%)

표 6-5 매출차이(%) 내역

(단위: 천원)

구 분	현재매출	과거매출	매출차이	매출차이(%)
1월	54,000	51,200	2,800	5.5%
2월	57,500	50,750	6,750	13.3%
3월	57,500	61,200	△ 3,700	△ 6.0%
1/4분기	169,000	163,150	5,850	3.6%

〈표 6-5〉는 매출차이(%)에 대한 내역이다. 증감을 통해 산출된 매출차이보다 매출차이(%)를 통해 과거에 비해 현재실적현황을 쉽게 인식할 수 있다. 식음료영업장은 신년 및 졸업시즌을 앞두고 마케팅활동을 통해 과거의 매출에 비해 높은 성장률을 달성하였다. 한정된 자료로 판단할 수는 없지만 3월에는 식음료영업장의 내부문제 또는 외부적인 문제로 인하여 매출이 감소한 것으로 나타났다. 예를 들어, 내부적인 문제라면 내부수리중과 같은 휴업으로 볼 수도 있을 것이고, 외부적인 문제로는 휴일의 차이 등으로도 볼 수 있을 것이다.

현재의 매출과 과거의 매출을 비교함으로써 현상황을 파악하고 이에 대한 대책을 마련할 수 있을 것으로 판단된다.

4. 매출예측

매출내역을 활용하여 식음료영업장의 미래 매출이나 고객수 등을 통하여 미래에 발생한 매출을 예측할 수 있을 것이다. 매출예측공식은 다음과 같다.

① 매출기준에 따른 예측

과거매출 + (과거매출 × 예상증가율(%)) = 예상매출

또는

과거매출 × (1+ 예상증가율(%)) = 예상매출

② 고객기준에 따른 매출예측

과거고객수 + (과거고객수 × 예상증가율(%)) = 예상고객수

또는

과거고객수 × (1+ 예상증가율(%)) = 예상고객수

③ 객단가에 따른 매출예측

과거객단가 + (과거객단가 × 예상증가율(%)) = 예상객단가

또는

예상매출 / 예상고객수 = 예상평균객단가

앞의 〈표 6-5〉의 3개월 간의 매출차이(%)는 3.6%이다. 과거의 매출대비 3.6%가 증가한 것으로써, 향후에도 동일한 기간에 3.6%가 증가할 것을 반영하여 미래의 매출을 예측할 수 있다. 〈표 6-6〉은 과거의 자료를 바탕으로 매출예측을 한 내용이다.

이와 같은 방식을 통하여 매출예측이 가능하다. 하지만, 복잡한 기업환경에서 단순히 과거의 매출내역을 바탕으로 미래의 매출을 예측하는데에는 한계가 있는 것이 사실이다. 그러므로 좀 더 정확한 매출예측을 위해서는 잠재적인 물가변동, 경쟁업체의 출현, 시설의 개선, 다양한 마케팅활동방향 등에 대한 충분한 고려가 있어야 할 것이다. 기업의 현황을 반영한 매출예측이 가능해지고, 이를 적용함으로써 변화하는 기업환경에 대한 대비가 가능할 것으로 판단된다.

표 6-6 매출예측

(단위: 천원)

구 분	과거매출	예상증가율	증가금액	예상매출
1월	54,000	3.6%	1,944	55,944
2월	57,500	3.6%	2,070	59,570
3월	57,500	3.6%	2,070	59,570
1/4분기	169,000	3.6%	6,084	175,084

case 2017년 11월 27일. 식품음료신문

AI를 지닌 컴퓨터가 인류 최고 바둑기사한테 승리를 거둔 것이 얼마 지나지 않았는데, 벌써 로봇들이 레스토랑에 빠르게 침투해 주문을 받고, 조리를 해 식사를 제공한다는 뉴스가 나오고 있다.

아직 미국의 한 도시이야기지만 앞으로는 이러한 이야기가 더 이상 뉴스가 되지 않을 시기가 곧 다가올 것이라는데 이견은 없다. 레스토랑 자동화 플랫폼을 통해 미국 샌프란시스코 시내에 있는 무인레스토랑 이트사(Eatsa)에 대한 이야기다. 유사한 회사로 미국 시카고에 있는 매장에서는 손님들이 앱이나 키오스크를 통해 찐빵을 주문한 다음 LED가 켜져있는 음식보관함에서 주문한 식사를 받을 수 있게 되는데, 작은 음식보관함 앞에는 언제 요리가 준비되는 지도 미리 알려준다고 한다.

이미 국내에 진출한 햄버거회사들은 키오스크를 활용해 주문을 받고 있으며, 버거킹의 경우 일부매장에서는 아예 키오스크만으로 주문을 받으며 실험을 하고 있다. 이밖에도 미국에서는 로봇이 주문을 넘어 조리까지 하는 단계로 발전했고, 간단한 조리단계인 햄버거 패티굽는 용으로 2019년까지 50여 개 매장에서 널리 사용될 예정이라고 한다.

이럴 경우 최근 불거진 햄버거사건과 같이 일정 온도조절에 문제가 생겼다고 주장하는 사건도 사라질 수 있다. 물론 로봇도 실수를 하겠지만 프로그램에 따라 실행된다면 기존 기계를 사람이 조작하는 방식보다 확률상 매우 안전하게 온도유지가 될 것으로 예상된다.

미국이 인건비가 우리나라보다 높은 것은 사실이지만 이러한 상황은 단순히 인건비자체가 문제는 아니다. 미국 노동통계자료에 따르면 레스토랑 근무자의 이직율이 작년 76%에 달하다보니 식당주인이나 관리자는 보다 안정적인 대안을 찾게 돼 이런 로봇개발이 시장니즈를 충족하는 것이라고 알려져 있다.

물론 로봇도입이 식당관리에서 인간을 밀어낼 것인지에 대해서는 이견이 많다. 결국 로봇을 조종하고 프로그램을 작동하는 것도 사람의 손이 필요하기 때문이고, 간단한 조리는 가능하지만 복잡하고 다양한 고객 니즈를 맞추기 위해서 과연 로봇이 할 수 있는 범위가 한정적이라는 견해도 있다.

하지만 이미 이런 로봇의 식품업계진출은 기정사실화돼 있고, 이를 막을 수도 없다. 국내에서도 인건비상승이나 인력구하기가 어렵다는 이유로 많은 시도가 있을 것이다. 게다가 조리상에 발생하는 위생문제도 로봇을 활용해 개선하는 방법도 제시될 수 있다. 그렇다면 식품분야에 있어서도 응용기술을 통해 산업발전과 변화를 두려워하지 말고 선제적으로 활용할 수 있는 방법을 강구해야 할 것이다.

• 출처 : 식품음료신문. http://www.thinkfood.co.kr/

06 논의 과제

1. 식음료영업장에서 관리자의 업무를 설명하시오.

2. 식음료영업장에서 매출증대와 원가절감방안을 설명하시오.

3. 매출기록을 통해 예측방안을 설명하시오.

제7장

식재료관리

1. 식재료의 정의
2. 식재료의 특성
3. 표준레시피
4. 수요예측
5. 식재료 원가추정

학습방향

식재료관리에 대해 설명하고자 한다. 우선 식재료관리에서 중점이 될 부분은 표준레시피의 개념을 통해 운영방안을 제시하였다. 이와 같이 식자재의 개념과 표준레시피를 통해 메뉴개발 프로세스를 습득하고자 한다. 메뉴개발 프로세스를 통해 식음료영업장의 메뉴운영에 대한 이해도를 높이고자 하였다. 메뉴가 개발된 이후, 식음료영업장의 수익확대를 위한 수요예측을 통해 고객에게 제공되는 메뉴현황을 파악하고자 하였다. 최종적으로 앞서 배운 원가와 메뉴매출을 통한 식재료원가를 추정하였다.

학습목표

1. 식재료의 정의와 특성에 대해 설명한다.
2. 표준레시피를 이해하고 개발과정과 운영방안에 대해 설명한다.
3. 메뉴에 대한 수요예측을 확인하고 예측방법을 설명한다.
4. 식재료 원가추정방안을 설명한다.

1 식재료의 정의

식재료는 음식을 만드는 데에 사용되는 재료를 통틀어 이르는 말이다. 일반적으로 식자재라고 하기도 한다. 넓은 의미로는 식품가공, 단체급식, 외식산업의 재료원가로 사용되는 신선농축수산물, 가공농축수산물, 기타 가공식품, 조미식품, 주방용품과 기구, 설비 등을 포함하며, 좁은 의미에서의 식자재는 가공정도로 구분되는 것으로써, 가공이 전혀 안된 신선농축수산물, 산지유통센터, 물류센터, 매장 등에서 세척·탈피·절단 등의 단순가공을 거친 단순가공식품, 가공공정을 통해 그 형태나 성질 등이 변화한 일반가공식품 등을 말한다. 이러한 개념적 차이로 인하여 식자재와 식재료를 구분하여 사용할 예정이다. 즉, 식자재와 식재료가 혼합하여 사용되지만 본 장에서는 식재료만을 대상으로 언급하고자 한다.

이러한 식자재에 대해 [그림 7-1]과 같이 분류를 하였다.

이와 같이 분류된 식재료입고 후, 표준레시피에 근거한 조리과정을 통해 메뉴로 만들어지게 된다. 조리된 메뉴는 수요예측을 통해 고객에게 판매되고 조리되지 않은 식재료는 재고로써 관리되어진다. 즉, 식재료로 입고가 이루어지면, 재무제표의 재무상태표의 재고자산으로 처리되어지며, 표준레시피를 통해 조리가 이루어지면 손익계산서의 매출원가로 반영되는 것이다.

그림 7-1 식자재의 분류

넓은 의미의 식자재			
좁은 의미의 식자재			주방 관련 기구 및 설비
신선농축수산물	단순가공식품	일반가공식품	· 주방용품 및 기구 · 주방설비 · 기타
가공이 전혀 안됨	세척, 탈피, 절단 등	통상적인 가공 공정통해 형태나 성질이 변화	
채소, 과일 등 농축수산물 원물	단순가공 농축수산물	밀가루, 간장, 라면 등	

출처 : 이삼섭·안상돈·정준호(2011). 국내 식자재 시장동향과 시사점

2 식재료의 특성

1. 농산물의 특성

1) 가 격

① 가격에 대한 수요의 비탄력성

- 농산물은 필수재화. 가격변동에 비해 수요변화가 적음
- 공급량이 줄어 가격이 상승하더라고 일정수요는 유지

※탄력성 : 곡류 〈 야채 〈 과일

② 시세와 생산비의 불일치

- 거래시점의 수요와 공급에 의해 가격이 결정되어 원가가 무시되고 폭등과 폭락이 되풀이 됨
- 저장기간이 짧아 원가보다 시세가 낮은 수준이더라도 최소한의 비용보전을 위해 거래가 이루어짐

③ 특화지역 존재

- 오랫동안 명품으로 인정받아 가격이 비싼 곳(명산지) 존재

※ 쌀 – 이천쌀 , 사과 – 경북사과

2) 품 질

① 시간의 경과에 따른 품질의 저하가 발생

- 생산 후 시간이 지남에 따라 품질이 저하되고 이에 따라 가격의 하락이 발생

② 생산지 및 시기별 특성이 존재

- 생산시기 : 조생, 중생, 만생종
  만생종은 생장기간이 길어 작물이 충실하여 장기저장가능
- 생산지별 : 품질이 저하되는 시기존재(초물, 끝물)
  첫 수확기(초물)와 종료기(끝물)에 생산되는 것은 상품성 저하

③ 기타

- 속박이(나쁜 상품을 중간에 넣어 포장하는 것)

3) 등급결정

① 곡 류

품종과 수분율 및 가공기술에 좌우된다.

쌀의 경우 품종으로는 통상 일반미로 유통되는 자포니카 계열이 우수하며 생산지로는 중부평야, 남부내륙 중간지가 유명하며, 도정시 원료곡을 우수한 기술로 가공여부에 따라 등급결정

② 소 채

신선도, 모양, 크기가 주요 등급결정 요인이나 신선도가 특히 중요

③ 과 일

맛, 크기, 색이 주요 등급결정요인이나 맛이 특히 중요하며 당도, 산도, 수분에 의해 결정

2. 수산물의 특성

1) 대표적 특성

- 생산되는 장소와 시기가 한정되어 있다.
- 생산량의 변동이 심하고 계획생산이 어렵다 : 가격의 등락폭이 심함
- 선도저하가 빠르고 변질부패하기가 쉽다 : 장기보관을 위해 동결필수
- 종류가 다양하고 일시에 대량어획되는 경우가 많다.

2) 품 질

- 시간의 경과에 따른 품질의 저하가 발생 : 어획후 시간이 지남에 따라 품질이 저하되고 가격의 하락이 발생
- 환경적, 내부적 요소 : 동종의 수산물을 조건으로 육질은 수온이라는 환경적 요소와 산란이라는 내부적 요소에 따라 많은 차이가 있음 : 수온이 차면 찰수록 육질은 단단해지며 산란기에 가까우면 가까울수록 육질이 물러지는 특성이 있음

3. 가공식품의 특징

- 식품의 지리적, 계절적, 시간적으로 제한된 요소를 배제
- 식품에 저장성, 수송성, 간편성, 위생성, 상품성을 부여
- 수시로 신규식품소재 및 식품의 개발, 창조가 이루어진다.
- 원가구성요소 중 타제품에 비해 재료원가의 비중이 크다.

1) 가공식품의 장점

- 식품의 지리적, 시간적 제한요소를 탈피하고 식량자원의 이용도를 높일 수 있다.
- 시장에 출하되는 수와 양을 조절하여 식품가격이 안정적으로 유지될 수 있다.
- 편리하고 위생적이며 새로운 제품의 개발을 통해 부가가치가 상승
- 부족한 영양성분을 보충할 수 있고 그대로는 이용할 수 없는 것도 풍미를 개선해서 이용할 수 있다.
- 가공하면 부피와 무게가 작아지므로 수송에 편리하고 운임도 절약할 수 있다.

2) 가공식품의 소비패턴

- 건강과 안전지향 : 건강식품, 저칼로리식품, 유기식품의 수요증대
- 식생활의 합리화를 위해 간편성, 편리성 추구 : 냉동조리식품 등 편의식품의 수요증대
- 사회의 다양화와 고급화 지향 : 음료 및 기호식품의 수요증대

3) 가공식품 품목관리의 특성

- 정형화된 상품규격으로 존재한다. : 개별품목에 대한 정확한 파악과 관리가 필요.
- 다수의 품목이 존재한다. : ABC 분석의 지속적 실시로 판매부진 상품제외
- 다수의 취급업체 존재한다.
- 동일품목내 다양한 대체품목(브랜드)이 존재한다. :소비자의 기호에 따라 제품별 선호도가 다르다. 각 대체품목의 가격대별 품질등급별 정확한 파악과 적절한 활용이 중요

3 표준레시피

1. 표준레시피

[그림 7-2]는 열무된장무침이라는 메뉴의 표순레시피이다. 이러한 표준레시피에는 식재료 이름, 재료량, 조리법, 총생산량, 1인 분량, 배식방법과 기타 사항 등이 작성된다. 최근에는 전산화로 대부분의 식음료영업장에서 데이터베이스화하여 관리하고 있으며, POS와 연동하여 메뉴가 판매될 경우에 재고자산에서 매출원가로 즉시 반영이 되도록 운영되고 있다. 이를 통해 경영자는 각각의 메뉴에 대한 판매현황과 재료원가출고에 대한 즉각적인 확인이 가능해졌다.

1) 식재료재료량

식재료는 수량단위가 아닌 무게 또는 부피로 기재된다.

식재료는 사용할 수 있는 부뷰이 다르므로 구입시 중량(As Purchased : AP)과 전처리후의 사용할 수 있는 양(Edible Portion : EP)을 고려하여야 한다. 재고시스템과 연동시키기 위해서는 레시피에는 AP로 반영하는 것이 재고현황파악에 유리하다. 이러한 레시피는 식재료의 종류와 형태에 따라 조리법이 달라질 수 있으므로 규격화된 식재료명을 표시하여야 하며, 전처리 식재료의 경우 각각의 형태에 따라 다양하게 명시되어야 한다.

- 구입시 중량(AP) : 전처리나 조리과정에서의 손실까지 포함된 분량
- 전처리후 사용할 수 있는 양(EP) : 고객에게 제공되는 양
- 식재료종류와 형태에 따라 구매품목이나 조리법결정

2) 조리법

조리순서에 맞게 정확하게 서술되어야 한다.

식재료의 절단크기(cutting size), 조리시간과 온도, 사용되는 조리기기, 조리과정에서의 중요포인트 등에 대해 필요한 사항을 상세히 기록되어야 한다. 특히, 대량조리시에는 조리기기나 재료에 따라 조리온도나 시간이 달라질 수 있으므로 이에 대한 명시가 필요하다. 즉, 조리기기에 따른 적정온도와 시간을 기록해야 한다.

그림 7-2 표준레시피 예시

STANDARD RECIPE

RECIPE NO								
2884								
RECIPE FOR (영문)			[사업장별 열무나물의 선호도에 따라 발주량 조정 설정하세요.]					
RECIPE FOR (국문)			열무된장무침					
PORTION			100	人分	Production(生産量)		5000g	
QTY OF PRODUCED					QUANTITY			
Q'TY	UNIT	ITEM CODE	INGREDIENTS	LOSS (%)	AT (LOSS 前)	AT (LOSS 後)	AMOUNT	%
8000	g		열무(원물: 8kg → 전처리 후 6kg)		4.00	4.00	32,000.00	82.88 %
100	g		홍고추(원물) → 다져 사용		7.00	7.00	700.00	1.81 %
200	g		양파(원물)		2.36	2.36	452.00	1.22 %
300	g		깐대파(원물) → 흰부분만 다져사용		3.00	3.36	1,008.00	2.61 %
			[양념류]]				–	0.00 %
40	g		고추장		0.93	0.93	37.04	0.10 %
500	g		재래된장		6.50	6.50	3,250.00	8.42 %
30	g		거친 고추분		14.00	14.00	420.00	1.09 %
50	g		다진마늘		4.00	4.00	200.00	0.52 %
4	g		다진생각					
10	g		설탕		1.50	1.50	15.00	0.04 %
10	g		후레시스소다미		1.00	1.00	10.00	0.03 %
40	g		참기름		1.00	1.00	40.00	0.10 %
20	g		참께		1.00	1.00	20.00	0.05 %
220	g		물			2.00	440.00	1.14 %
							–	0.00 %
9524	g				46	49	38,612	100.00 %
생산량	g	5,000			생산단가		38,612 원	
인당제공량	g	50			판매가		80,000 원	
제공기물					원가율		48 %	

▷ **준비하기**

1. 열무 : 뿌리 쪽을 잘라 내고 끓는 물에 소금을 넣고 3~5분간 데쳐 찬물에 넣고 헹궈 물기를 꼭 짠 후 6cm 길이로 썬다.
2. 야채전처리 : 홍고추 100g, 파는 300g 흰 부분 사용(잘게 다지기) → 메뉴의 품질을 높이기 위해서는 홍고추를 다져서 사용함.
   양파 200g → 1/2등분 한 후 길이로 다시 1/2등분 한 후 0.2cm 두께로 얇게 채썰어 준비한다.(길이 4cm 길이, 두께 0.2cm)

▷ **조리하기**

1. 된장무침양념장 : 고추장 40g, 재래된장 500g, 거친고추분 30g, 다진마늘 50g, 소다미 10g, 물 220g을 혼합해서 준비한다.
   된장(된장속의 콩을 채에 으깨어 사용) 양념과 홍고추(다지기) 100g, 다진대파(300g)를 섞어서 양념장을 준비한다.
   참기름, 참깨를 무칠 때 사용하며, 설탕 10g은 계절에 따라 열무가 쓴 맛이 날 때 첨가하여 사용한다.
2. 열무 무치기 : 삶아진 열무 4.5kg와 양파채(200g)당, 위의 된장무침양념장, 참기름 40g, 참께 20g를 넣고 무친다.

참고) 원물 열무 무게변화
전처리 전 16kg(200인분) → 전처리 후(컷팅/뿌리부분 절단) 14kg → 끓는 물에 데친 후 물기를 짠 경우 9kg 산출

▷ **서비스과정**

1. 인당 제공량 : 50~60g를 기준으로 제공함

[참고 – 1000인분 대량/자율배식]

1. 열무 100kg, 다진홍고추(씨포함) 1kg, 다진파(흰부분) 3kg, 양파(0.2cm슬라이스) 2kg
   양념장–된장(된장콩간다) 5.5kg, 고추장 400g, 거친고추분 300g, 물 2.2리터, 다진마을 500g, 다진생강 40g, 설탕 100g,
   소다미 100g, 참기름 400g, 참께 200g
2. 데친열무 수분제거 후 무게(30~50% 감소 / 100kg →70~65kg 산출)
3. 시차조리를 3~4회 실시(1차 조리시 50% → 2차 조시리 25% → 3, 4차 조리시)
4. 6" 바트당 열무 무게 9kgdp didsuawkd 1.7kg 사용

[표준조리공정 관리 Point]

표준레시피	표준조리공정(매뉴얼)을 주방내 게시하고 표준조리공정을 90% 이상 시행해야 함.
식재료상태	원물 : 식재료가 탄력성, 윤기, 색, 냄새, 형태가 모두 신선한 상태여야 한다.
양념장 사용	솔루션 제품(PB 상품) 사용 / 조리 시작 (2시간 이상) 前 영업장 레시피상의 비율로 배합된 상태
시차조리	시간대별 고객 분석표를 숙지하고 고객 이동 흐름에 따라 시차조리를 실시하여 제공하여야 한다.
검식	배식 시작이후 최소 2회 이상 조리가 분리되어 진행되어야 한다.(완성 음식은 조리완료 후 20분 내 배식 완료한다.)
배식준비(대면)	적정배식량 교육(공유)하여 담당자가 인지하고, 음식, 기물, 소도구 등의 준비 사항이 최소 배식 5분전에 완료.
배식준비(자율)	음식의 종류에 맞게 기물의 온도를 맞추고, 보관용기의 용량의 70~80% 기준에 맞게 보관(기물온도 기준 10도 이하)
배식방법	

3) 총생산량 및 1인 분량

음식의 총 생산량(total yield)을 산정할 때의 고려할 부분은 조리인력과 조리기기의 가용여건이다. 대부분의 식음료영업장에서 메뉴조리를 진행함에 있어서의 어려운 부분은 공간적 문제와 인력현황이기 때문이다. 메뉴가 조리된 이후에 총생산중량(kg) 또는 팬(pan)의 수, 제공인원수(number of portions)를 표시하여야 한다. 단체급식의 경우 배식량의 표준을 위해 총배식량과는 별도로 1인 분량(portion size)을 제시하여야 한다. 이러한 부분은 소규모레스토랑의 경우도 마찬가지다. 대부분이 1인 기준으로 제공되지만, 대량으로 조리되는 탕이나 소스같은 경우에도 대량으로 조리한 후 1인 제공분량으로 환산할 필요가 있다.

4) 배식방법 및 기타 사항 등이다.

서비스를 제공하기 위한 배식도구, 기물의 종류, 식기에 담는 방법 및 장식에 대한 기재를 하여야 하며, 최근의 표준레시피추세는 1인 제공량에 대한 영양가가 제공된다. 마지막으로 최종적인 판매가와 원가, 그리고 원가율을 기재하게 된다.

2. 표준레시피 개발

[그림 7-3]은 단체급식 영업장의 표준레시피 개발과정이다.

그림 7-3 표준레시피 개발 프로세스

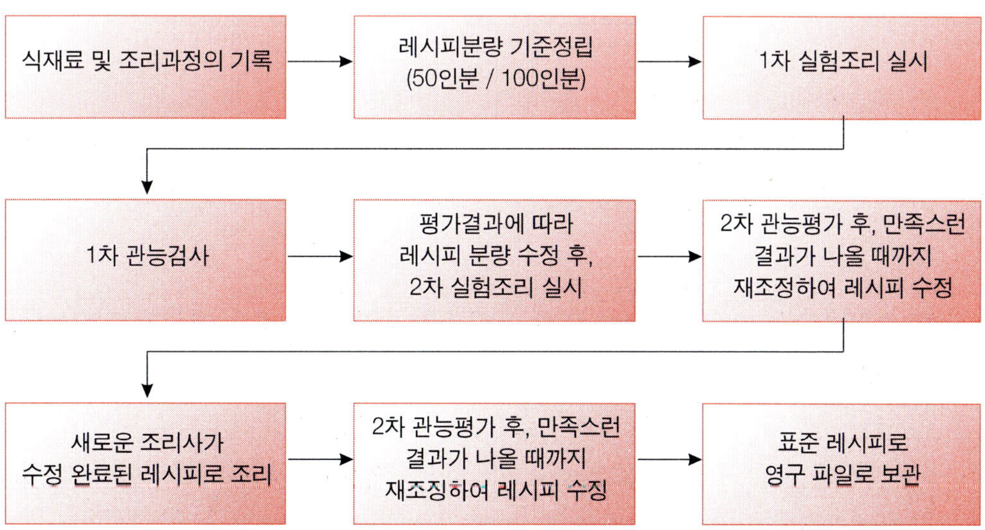

1) 표준레시피 개발

가장 먼저 시행할 부분은 현재 사용하고 있는 메뉴중 아직 표준화되지 않았거나 타업체의 벤치마킹을 통해 새로운 메뉴를 개발하고자 할 때, 표준레시피를 작성하게 된다. 메뉴개발 프로세스에 대해서는 제10장의 1절에서 제시하고자 한다.

레시피분량기준을 정립한 후에 1차 실험조리를 실시한다. 실험조리가 완료된 후에는 패널요원을 통해 관능검사를 진행하게 되는데, 평가결과에 따라 좋은 결과가 나오면 메뉴로 반영되지만 이러한 경우는 거의 없기 때문에 패널의 개선할 사항을 수용하여 레시피분량을 수정하거나 조리방법의 변경 등을 통해 표준레시피를 수정하고 2차 실험조리를 진행한다.

2차 실험조리프로세스는 1차 실험조리와 동일하며, 만족스러운 결과가 나올 때까지 레시피정과 실험조리의 과정을 반복하게 된다. 새로운 조리사에 의해 수정된 레시피로 실험조리를 실시하여 동일한 결과가 나오면 표준레시피로 확정하고 영구파일로 보존하게 된다. 또한, 조리사 대상으로 교육을 진행하여 메뉴가 안정적으로 발전될 수 있도록 한다.

일반식음료영업장의 경우 실험조리과정을 하나의 영업장에서 동일한 조리사에 의해 진행되는 것이 일반적이다. 하지만, 단체급식의 경우, 별도의 메뉴개발실을 운영하여 이곳에서 1차 실험조리과정이 이루어지고, 2차 실험조리는 실제단체급식이 이루어지는 영업장에서 이루어진다는 점이 일반식음료영업장과의 차이점이다.

2) 대량조리 산출량조정

대량조리산출에 있어서 변환계수활용법과 백분율방법의 두 가지가 있다.

첫째, 변환계수(conversion factor)방법에 의한 조정은 다음과 같다.

- 1단계 : 산출할 메뉴의 양 / 표준레시피 기준식 수 =변환계수(factor)
- 2단계 : 표준레시피에 나타난 각 식재료의 양(EP) × 변환계수
- 3단계 : 측정에 편리한 단위로 식재료단위를 변경하고 반올림하여 각 재료의 필요량(EP)을 확정

둘째, 백분율(percentage)방법에 의한 조정으로 제과 및 제빵용 레시피를 작성하는데 주로 사용되는 방식이다.

- 1단계 : 식재료비율(%) = (각 식재료중량 / 식재료총량) × 100
- 2단계 : 산출해야 할 총량을 얼마로 할 것인지 결정하게 된다. 즉, 기존 식수의 식재료총량과 조리후 총량변화를 반영하는 것이다.

- 3단계 : 식재료를 전처리와 조리과정에서 손실되는 양을 고려
  조정된 총량 = 필요한 총량 / (100 − 손실률(%))
- 4단계 : 조정된 총량 × 식재료비율 = 식재료필요량

3. 표준레시피 운영

표준레시피를 통해 조리과정을 통해 생산되는 모든 메뉴의 양과 품질을 통제하게 된다. 이러한 점에서 표준레시피의 운영효율성은 다음과 같으며, 주방효율성을 통해 조리업무의 시스템을 통합할 수 있다.

- 정확한 구매
- 규정된 식재료를 활용하고 있다는 것에 대한 확신
- 정확한 메뉴법을 통해 조리업무가 진행
- 판매된 메뉴와 매칭
- 정확한 레시피작성을 통한 원가계산 및 메뉴가격책정
- 신입사원에 대한 보다 나은 교육의 진행
- 운영에 있어서의 전신화

주방의 운영효율성을 높이기 위한 방안으로 표준레시피를 활용하고 있으며 운영방안은 다음과 같다.

- 표준레시피 유형은 식재료의 차이, 식재료가공수준, 소스가공수준, 운영원가차이를 기준으로 분류하여 구축
- 사업장은 해당되는 유형의 표준레시피조리법, 표준량을 준수함
- 고객기호 차이발생으로 양념의 변동이 있을 경우 사전협의 조정후 진행
- 표준레시피는 생성/사용/폐기의 PLC(Product Life Cycle) 관리실시
- 표준레시피의 단계적 적용으로 메뉴계획과 조리시 활용
- 신규 레시피에 대한 등록요청시에는 양식에 의해 신청하도록 함으로써, 레시피에 대한 이력관리를 하도록 함 → 검토후 등록여부결정

이렇게 운영되는 레시피는 최소 연 1회 전체레시피에 대한 점검을 실시하여 표준레시피와 실제 메뉴상의 차이점은 없는지에 대한 확인을 진행하게 된다. 일반적인 표준레시피 생성, 사용, 폐기프로세스는 [그림 7-4]와 같다.

그림 7-4 표준레시피 프로세스

- 레시피개발 : 트랜드분석, 사업장요청, 전략아이템 선정을 실시한 후에 실험조리실시를 거쳐 1차 레시피(안)을 도출함
- 최종TEST : 대형/소형사업장 대상으로 파일럿테스트 후, 최종 레시피확정
- 운영/적용 : 레시피시스템 등록 및 사업장공유
- Feedback : 적용후 현장의견수렴후 반영적용
- Monitoring : 레시피사용 형태분석에 따른 운영기준반영
- 개선/폐기이력관리 : 생성시점 1년 이상, 사용횟수 10회 미만의 표준레시피추출을 진행하여(매년 12월) 개선 및 폐기에 대한 의사결정을 진행함

4. 표준레시피에 대한 인식

표준레시피작성에 있어서 많은 부분에서 거부감을 가지고 있는 것이 현실이다. 즉, 메뉴의 동질성과 빠른 제공을 위해 필요한 부분임에도 불구하고 현장에서는 표준레시피작성을 귀찮은 업무로 생각하고 있다.

다음의 내용은 표준레시피작성의 거부감과 관련된 내용이다.

- 레시피가 오랫동안 사용되지 않았다는 것이다. 한 번 작성한 후, 지속적인 업데이트 없이 레시피와 조리업무가 별개로 운영되고 있다는 것을 의미함
- 조리사가 메뉴운영에 대한 비밀을 밝히기를 거부하는 경우
- 도제식으로 조리업무가 전수되었기에 조리법이 필요하지 않다는 것
- 표준레시피작성이 도움보다는 업무적으로 잃는 부분이 많기 때문에 중단됨

점차적으로 인식의 변화가 이루어지고 있지만, 표준레시피에 대해 거부감이 있으며 이로 인해 조리사의 교체에 따른 맛의 일관성 유지가 어렵다는 부분도 있다. 현재 우리나라의 외식업 분야는 소규모의 영세한 식음료영업장이 대부분이지만 점차적으로 규모를 키워가고 있다. 이러한 상황에서 맛의 균질성을 유지하고 업의 확대를 위해서는 표준레시피 운영이 필수적인 상황이다. 이러한 변화된 시대적 상황을 인식하여야 할 것이다.

4 수요예측

1. 메뉴에 대한 수요예측

메뉴에 대한 예측은 6장의 2절의 매출예측에서 제시된 내용에 한 문장이 추가된다.

오늘 얼마나 많은 고객에게 서비스를 제공할 것인가?
그 고객들은 무엇을 주문할 것인가?

얼마나 많은 고객이 식음료영업장을 찾아서 어떠한 메뉴를 주문할 것인지를 예측하고 이에 대한 준비를 하는 것이 메뉴예측의 기초단계이다. 〈표 7-1〉은 식음료영업장의 일주일 간의 세 종류메뉴에 대한 주간판매현황이다.

〈표 7-1〉을 보면 요일에 따라 고객의 수요의 차이를 나타내고 있다. 이러한 상황에서 개별적인 메뉴수요를 예측하는 것이 어렵기 때문에 평균을 반영하게 된다. 이 경우에서 요일별 메뉴판매현황은 평균의 ±10% 범위에 대체적으로 포함되어 있다. 물론, 일부요일에 대해서 범위를 벗어나고 있지만 이런 경우는 운영상의 특이점이 있을 것이라고 볼 수 있다.

메뉴인기도를 통해 메뉴품목의 향후 판매전망에 대한 예측이 가능하다.

표 7-1 메뉴판매현황

(단위: 개)

구 분	월	화	수	목	금	합 계	평 균
닭튀김	61	70	72	77	85	365	73
돈가스	144	110	108	102	109	573	115
비프스튜	95	100	140	106	121	562	112
합 계	300	280	320	285	315	1,500	300

※ 출처 : Dopson & Hayes (2011). Food and Beverage Cost Costing 5th Edition.

메뉴인기도 = 특정 메뉴품목에 대한 판매수 / 전체 메뉴판매수

위와 같은 수식을 통해 메뉴 인기도가 구해지면, 향후 식음료영업장에 방문할 것으로 추정되는 고객수를 바탕으로 개별 메뉴항목에 대한 판매를 다음과 같은 수식으로 예측할 수 있다.

방문할 것으로 예측되는 고객수 × 메뉴인기도 = 개별메뉴에 대한 예상판매수량

즉, 판매될 것으로 예측되는 개별메뉴의 수량은 총예상고객수의 추정치를 토대로 특정메뉴에 대한 인기도를 반영하여 계산하게 된다. 〈표 7-2〉는 메뉴인기도를 반영한 메뉴판매예측치이다.

메뉴판매예측을 위해서는 예상고객수를 추정해야 하는데, 예상고객수는 경쟁업체의 수, 날씨, 특별이벤트, 영업장의 위치(쇼핑몰 내, 지역상권 등), 마케팅방법, 서비스품질 및 운영방법에 따라 결정된다. 이러한 다양한 요소들에 의해 고객의 방문이 결정될 수 있으므로 식음료영업장 운영자입장에서는 고객을 유치하기 위한 다양한 방안을 강구하게 된다. 식음료영업장에서 기록하여 관리하는 매출자료는 일반적인 트렌드만을 반영하기 때문에 정확하지 않을 수 있다. 이에 대한 해결방안으로 다양한 정보를 취합하고 과거로부터 누적된 자료를 분석함으로써 정확도를 높일 수 있다고 판단된다.

표 7-2 메뉴판매 현황

(단위: 명, 개)

구 분	예상고객수	메뉴인기도	메뉴판매예측
닭튀김	300	0.243	73
돈가스	300	0.382	115
비프스튜	300	0.375	112
합 계			300

2. 수요예측방법

〈표 7-3〉은 수요예측방법을 세 가지로 구분하여 제시하였다.

1) 시계열분석법

과거행동의 발생유형이 미래에도 유효하다는 가정에 근거하여 사용되는 분석법으로써, 과거매출이나 수량과 관련된 자료로부터 시간적인 추이나 경향을 파악하여 미래의 수요를 예측하는 것이다. 이를 위해, 일, 주, 월, 분기, 반기(상반기, 하반기), 년 등의 특정기간 동안 축적된 자료를 활용하게 되며, 크게 이동평균법과 지수평활법이 있다.

① 이동평균법(단순이동평균, 가중이동평균)

식재료구매에서 가장 많이 사용되는 수요예측방법으로써, 오래된 자료는 제외하고 최근의 일정 기간 동안에 기록된 자료만을 활용하여 수요를 예측하게 된다. 이동평균법은 기록의 불규칙성이 주는 영향을 완화시켜 일정한 기간 동안 자료가 가지는 추세를 바탕으로 예측하도록 한다.

단순이동평균법은 과거 여러 기간의 자료에 동일한 가치를 부여하는 방식이다.

가중이동평균법은 최근 자료에 가중치를 부여하여 산출하는 방식이다. 일반적으로 가장 최근의 실적에 가장 높은 가중치를 부여하게 되는데, 배분되는 수치는 경영자의 판단에 의존하게 된다.

표 7-3 수요예측방법

구 분	예상 고객수
시계열분석법	시간의 경과에 따른 숫자의 변화로 추세나 경향을 분석하는 방법 종류 : 단순이동평균법, 가중이동평균법, 지수평활법
인과형예측법	환경이나 내부조건에 대한 수학적 인과관계를 나타내는 모델을 만들어 예측하는 방법 종류 : 선형회귀분석, 다중회귀분석
주관적 예측법	경험이 많은 전문가의 주관적 판단에 의한 방법 종류 : 전문가 의견활용, 컨조인트 분석

예제 1) 다음의 1월부터 4월까지의 고객자료를 참고해서 5월의 고객을 예측하시오.

월	예상 고객수
1월	1,000명
2월	1,200명
3월	1,050명
4월	950명

a. 5월의 식수를 단순이동평균법으로 예측하시오.
b. 5월의 식수를 가중평균이동평균법으로 예측하시오.
단, 가중치는 다음과 같다.(4월 0.7, 3월 0.2, 2월 0.1)

풀이) a. (1,000 + 1,200 + 1,050 + 950) / 4 = 1,050명
b. 950×0.7 + 1,050×0.2 + 1,200×0.1 = 665 + 210 + 120 = 995명

② 지수평활법

가장 최근자료에 가장 높은 가중치가 부여되고 시간의 경과에 따라 가중치가 감소됨을 반영한 가중치이동평균예측기법이다. 즉, 가장 최근자료에 가중치를 부여함으로써 미래에 대한 수요를 예측하게 되며, 주로 단기수요를 추정하는데 사용된다.

가중치는 평균항수(α값)에 따라 달라지는데 수요변동이 많지 않은 경우 평균항수는 0.1~0.3이며, 수요가 불안정한 평균항수는 0.4~0.6 그리고 새로운 메뉴평균항수는 대체적으로 0.7~0.9를 부여한다. 다음은 지수평활법에 대한 공식이다.

$$F_t = \alpha \times D_{t-1} + (1-\alpha) \times F_{t-1}$$

F_1 : 예측식수
F_{t-1} : 가장 최근의 예측식수
D_{t-1} : 가장 최근의 제공식수
α : 평준항수 $0 < \alpha < 1$

예제 2) 다음의 자료를 바탕으로 2, 3, 4월의 고객수를 예측하시오.
단, 수요변동이 많지 않은 곳으로 10%정도(α =0.1)의 변동이 있음).

월	예상 고객수	실제 고객수
1월	1,045명	1,200명
2월		1,050명
3월		950명
4월		1,050명

풀이) a. 2월의 예측고객 = 0.1 × (1,200명) + 0.9 × (1,045명) = 1,061명
b. 3월의 예측고객 = 0.1 × (1,050명) + 0.9× (1,061명) = 1,060명
c. 4월의 예측고객 = 0.1 × (950명) + 0.9 × (1,060명) = 1,049명

2) 인과형예측법

고객수와 이에 영향을 주는 요인들 간의 인과모형을 이용하여 수요를 예측하는 방식이다. 고객수에 영향을 수는 요인으로는 요일, 메뉴 선호도, 프로모션, 날씨, 계절, 주변상권, 식당 이용률 및 좌석회전율 등이 해당된다. 인과형예측법은 일반적으로 회귀분석을 통해 추정하게 된다.

- 선형회귀분석 : 예측식수(Y)와 이에 영향을 주는 요인(x)가 한 개
- 다중회귀분석 : 예측식수에 영향을 주는 요인(x_n)이 두 개 이상

3) 주관적 예측법

수요를 예측하는데 필요한 자료가 없거나 시간의 경과에 따른 흐름을 예측할 수 없는 상황에서 적용되는 방법으로 다음과 같다.

- 전문가의견활용 : 데이터수집이 불가능하거나 관련자료가 충분하지 않을 경우에 전문가의견을 통해 전망치나 민감도를 도출하는 방식이다. 전문가의견을 체계적으로 활용하기 위해 다양한 방법론이 개발되는데 대표적인 것이 델파이기법이다. 전문가의견을 반복설문하여 합의된 결과가 도출될 때까지 의견조사를 반복하여 실시하는 방식이다.
- 컨조인트분석 : 서베이를 이용한 실험을 통해 소비자가 선택한 제품의 우선 순위를 바탕으로 소비자선호도를 분석하여 수요예측에 활용하는 기법으로써, 여러 속성으로 구성된 다양한 제품에 대한 우선순위를 소비자들이 직접결정함으로써 소비자 선호도를 평가하게 된다. 분석된 소비자선호도를 다양한 분석에 유용하게 활용하게 된다.

3. 수요예측에 대한 보완

1) 수요예측 프로세스의 독립성과 중립성의 확보

- 수요예측결과는 기업내 다양한 부서의 업무와 성과평가에 영향을 주기 때문에 독립성유

지의 어려움이 있음

- 독립적인 수요예측 프로세스 구축을 통하여 예측의 정확성을 높일 수 있음

2) 지속적인 모니터링과 업데이트체계마련

- 수요예측에도 유효기간이 있으며, 예기치 못한 상황에 대한 반영이 필요
- 시장상황에 대한 모니터링과 업데이트를 통해 수요예측의 정확성을 높일 필요가 있음
- 시장에 영향력이 큰 결정적 변수나 중요한 전제의 유효성에 대한 확인이 필요

3) 분석목적 및 활용가능 자원에 따라 방법론을 선택

- 수요예측의 주 목적은 미래를 예측하여 기업의 불확실성을 제거하는 것이므로 이를 반영한 최종분석방법을 선택
- 과거 및 관련데이터가 충분할 경우는 분석을 통해 예측의 객관성을 확보
- 상황에 따라서는 분석보다는 전문가의 지식을 활용하는 것이 효과적임

5 식재료 원가추정

식재료에 대한 원가는 고객에게 판매된 식재료뿐만 아니라 실제로 버려지고, 낭비되거나 도난당한 모든 식재료를 합한 금액으로 다음과 같이 계산된다.

  기초재고
+ 당기입고 (구매품목)

= 판매가능한 재고
－ 기말재고 (회계기간말에 집계된 재고현황)

= 당기출고 (식료원가로 소비된 금액)
－ 직원식사

= 식재료원가

기초재고는 회계기간 이전의 기말재고가 넘어온 것으로써 회계기간이 시작되기 전의 모든 식재료에 대한 현금가치이다. 당기입고는 회계기간 동안에 구매한 모든 식재료의 총합에 해당되는 비용이다. 판매가능한 재고는 기초재고와 당기입고의 합으로써, 이와 같이 집계된 재고를 가지고 식음료영업장은 회계기간 동안에 고객을 대상으로 메뉴를 판매하게 된다. 기말재고는 회계기간말에 보유중인 모든 식재료의 합이다. 회계기간이 종료되면 기말재고가 이월되어 다음 회계기간의 기초재고로 반영된다. 당기출고는 식음료영업장 운영을 통해 고객에게 판매를 위해 사용되거나 소비된 모든 식재료의 현금가치를 측정한 것이다. 일반적으로 당기출고분이 식료원기로 빈영된다. 직원식사는 복리후생비의 성격이 크므로 제조원가의 복리후생비에 반영시키는 것이 올바른 방향이라고 할 수 있다. 하지만, 소규모로 운영되는 국내 외식업계의 특성상 별도의 직원식당이 분리되어 있지 않기 때문에 대부분은 식료원가에 직원식사를 포함시키고 있는 것이 현실이다. 하지만, 정확한 식료원가계산을 위해서는 이를 구분할 필요가 있다. 본 장에서는 당기출고를 식료원가로 간주하였지만, 위와 같은 국내 외식업계의 특성을 반영하여 직원식사를 반영한 식료원가를 수식으로 표현하였다.

식재료를 활용하여 제조된 메뉴는 식음료영업장에서 다른 영업장으로 이동이 가능하다. 이럴 경우에 식음료영업장에서 다른 영업장으로 이동할 경우에는 메뉴판매원가에서 차감을 하게되고, 다른 영업장으로부터 식음료영업장으로 이전될 경우에는 원가에 추가하게 된다. 다시 말해, 식음료영업장에서 조리가 완료된 메뉴를 다른 영업장으로 이동하여 그곳에서 판매할 경우에 이동된 영업장의 매출로 반영될 수 있기 때문에 기존 식음료영업장의 원가에서 차감을 해줘야 한다. 그렇지 않을 경우 식음료영업장은 매출은 없고 비용만 반영되게 된다. 반면에 다른 영업장의 식재료가 식음료영업장으로 이전되어 메뉴로 조리되므로 식재료원가에 추가되게 된다.

이러한 부분을 반영하여 실제 식재료원가를 계산하는 공식은 다음과 같다.

식재료원가 / 총매출 = 식재료원가(%)

식재료원가(%)는 전체식료에 대한 매출중 식재료원가가 차지하는 비율을 계산한 것이며, 재고목록을 통해서 일일 판매된 메뉴에 대한 식재료원가를 추정할 수 있다. 이러한 일일 식재료원가를 추정하기 위하여 〈표 7-4〉와 같은 방식의 표가 사용되어진다.

표 7-4 식재료 원가추정

(단위 :천원)

구 분	매 출		출 고		원가율	
	당 일	누 계	당 일	누 계	당 일	누 계
월요일	850.4	850.4	1,106.0	1,106.0	130.0	130.0
화요일	920.6	1,771.0	841.4	1,947.6	91.4	110.0
수요일	1,185.0	2,956.0	519.6	2,467.2	43.8	83.5
목요일	971.2	3,927.2	488.5	2,955.7	50.3	75.3
금요일	1,947.5	5,874.7	792.3	3,748.0	40.7	63.8
토요일	2,006.4	7,881.1	286.2	4,034.2	14.3	51.2
일요일	2,404.2	10,285.3	0	4,034.2	0	39.2
합 계	10,285.3		4,034.2		39.2	

case **2018년 01월 29일. 동아일보**

[2018한국소비자 평가 최고의 브랜드대상]
원재료의 살아있는 맛-식감그대로… 수도권 새벽 직배송

동원홈푸드의 '더반찬'은 반찬 배달서비스 부문에서 '2018 한국소비자 평가 최고의 브랜드대상'에 선정됐다. 더반찬은 회원수만 35만 명에 달하는 국내 최대 가정간편식(HMR) 전문 온라인몰이다.

대형마트에서 주로 파는 멸균·가공처리한 레토르트 형태의 '가공 가정간편식'이 아닌 '신선 가정간편식'을 제공한다는 점이 특징이다. 원재료의 살아있는 맛과 식감을 소비자가 그대로 느낄 수 있도록 배려한 가장 진보된 가정간편식이다.

더반찬은 국과 반찬을 비롯해 한 끼 식사를 위한 메인요리뿐 아니라 샐러드, 디저트, 건강식 등 300종 이상의 다양한 제품을 제조해 판매하고 있다. 동원홈푸드 소속 7명의 전문셰프들로 구성된 메뉴개발팀에서 메뉴 하나하나의 표준레시피를 만들고, 더반찬공장에서만 10년 가까이 메뉴를 만든 조리프로들이 일관된 맛으로 조리를 한다.

지난해 4월 서울 금천구에 문을 연 더반찬의 신공장 'DSCK(Dongwon Standard Central Kitchen)'는 최근 식품안전관리인증기준(HACCP) 인증을 받았다.

국내 식품회사로는 최초로 물류배송시스템에 DMPS(Dual Mode Picking System)를 도입한 것도 경쟁력이다. 이를 통해 시간당 생산성은 기존 대비 189%가량 상승했으며, 일일 6000건(단품 6만6000개), 최대 1만 건(단품 11만 개)까지 주문량을 처리할 수 있다.

더반찬은 최근 아침일찍부터 식사를 원하는 고객들의 니즈를 반영해 오후 10시부터 익일 오전 7시 사이에 상품을 배송하는 '수도권 새벽 직배송 서비스'를 선보이기도 했다. 인천에서 지난해 4월 서울 가산동으로 키친을 옮겨오면서 수도권 새벽 직배송에 더욱 강점을 갖게 됐다.

또 지난해 7월에는 롯데홈쇼핑을 통해 국 세트에 이어 4주 정기배송 반찬세트를 선보였다. 더반찬은 월매출 3억 원 규모를 기록하며 성공적으로 홈쇼핑채널에 진출했다.

동원홈푸드 관계자는 "더반찬의 차별화된 가치와 품질경쟁력을 토대로 다양한 유통망을 통해 소비자에게 더 적극적으로 다가갈 예정"이라며 "채널확대와 연구개발, 마케팅 강화 등 지속적인 투자를 통해 2021년까지 2000억 원대의 국내 최고 HMR 전문 브랜드로 키워갈 계획"이라고 전했다.

출처 : 동아일보, http://www.donga.com/

07 논의 과제

1. 식재료의 정의와 특성에 대해 설명하시오.

2. 표준레시피의 필요성과 개발 및 운영방안을 설명하시오.

3. 표준레시피가 식음료영업장에서의 역할에 대해 설명하시오.

4. 메뉴에 대한 수요예측방안을 설명하고, 실제영업에서의 활용가능성에 대해 설명하시오.

5. 식재료의 원가를 추정할 수 있는 방안을 설명하시오.

제8장

음료관리

1. 음료의 정의
2. 수요예측
3. 선정프로세스
4. 주류관리

학습방향

이번 장에서는 음료의 관리에 대해 제시하고자 한다. 음료의 종류는 알콜성 음료와 비알콜성 음료로 구분이 된다. 식음료영업장에서의 음료는 알콜성 음료를 지칭하는 것이 일반적이므로 주로 알콜성 음료에 대한 설명을 제시하였다. 이를 위해서 다음과 같은 방향으로 진행하고자 한다.

음료는 식음료영업장에서 주류와 관련된 사항들을 설명하였다. 이러한 음료에 대한 판매예측과 원가추정을 통해 음료에 대해 효율적으로 관리할 수 있는 방안을 파악하고자 하였으며, 음료선정프로세스와 주류관리시 특별시 고려할 사항을 제시하였다. 이를 통하여 식음료영업장의 경영자 또는 관리자로써 음료관리에 대한 지식을 제공하고자 하였다.

학습목표

1. 음료의 정의에 대해 이해하고, 주류의 특징에 대해 설명한다.
2. 음료에 대한 수요예측과 원가계산방법을 설명한다.
3. 음료선정프로세스를 통해 구매방법을 설명한다.
4. 주류관리에 대해 이해할 수 있도록 설명한다.

1 음료의 정의

음료는 주류라고 하는 알콜성 음료와 비알콜성 음료로 구분된다. 식음료에서 음료는 주류를 지칭하는 것이 일반적이다. 즉, 음료의 매출과 이익부분에서 높은 점유율을 차지하고 있기 때문에 본 장에서는 주류부분을 중심으로 서술하였다.

1. 주류의 범위

주류는 주정과 알콜도수 1도 이상의 음료로써 주세법에 의하여 주정, 발효주, 증류주, 기타주로 구분된다(주세법 제3조 및 제4조). 여기서 주정은 곡물 등 전분질원료와 당밀 등 당질원료를 발효후 알콜 85도 이상으로 증류하여 생산하고, 에틸알콜(또는 에탄올)이라고 하며 투입되는 원료에 따라 발효주정[1)]과 정제주정[2)]으로 구분된다. 발효주는 막걸리라 불리는 탁주, 약주, 청주, 맥주, 과실주로 나눠지고, 증류주는 증류식 소주, 희석식 소주, 위스키, 브랜디, 일반증류주, 리큐르(Liqueur)로 구분되어진다.

주류산업은 영위업종, 제품별 특성, 고객선호도 등을 고려하여 주정, 소주, 맥주, 위스키, 기타 주류시장으로 구분된다. 앞서 주정에 대해서는 설명하였고 나머지 주류에 대한 설명은 다음과 같다. 소주는 곡류를 발효시켜 증류하거나, 주정을 물로 희석하여 만든 술이다. 맥주는 맥아, 홉 등을 원료로 알콜 도수가 4~5도로써, 제조방법 및 재료에 따라 라거맥주, 프리미엄맥주, 드라이맥주, 비열처리맥주 등으로 볼 수 있다. 위스키는 몰트·그레인 등을 원료로 하며 알콜도수는 40도 정도이며, 원료에 따라 발아시킨 대맥만으로 제조한 몰트(molt: 맥아)위스키와 발아시키지 않은 대맥, 호맥, 소맥, 옥수수 등에 맥아를 첨가하여 당화시켜 만든 그레인(grain)위스키로 구분된다. 청주, 약주 등은 알콜 도수가 10~15도이며, 과실주, 리큐르 등과 함께 기타 주류로 분류된다. 와인은 과실주에 해당되는 기타주류로 분류되는 것이 맞지만 국내소비량의 대부분을 수입에 의존하고 가격이 높아 소비자 선호도에 차이가 있기에 별도의 시장으로 구분되는 것이 일반적이다.

1) 발효주정의 원료는 국산원료(쌀수입의무물량, 겉보리, 절감 등)와 타피오카임
2) 정제주정의 원료는 조주정(타피오카가 주원료로 정제가 덜된 주정)과 수입주정임

2. 주류산업의 특징

1) 높은 시장진입장벽이 존재

주류산업은 전국적인 유통망구축비용과 초기과도한 설비투자비용의 필요성으로 진입장벽이 높은 수준이며, 기업브랜드 이미지가 제품구매에 영향을 미치기 때문에 브랜드인지도 향상을 위한 광고비에 대한 부담이 크다.

2) 각종 정부규제가 다수존재

주류에 대한 세수확보를 위한 다양한 규제를 유지하며, 주류정책의 변화(예 : 주세율변경, 유흥업소 영업시간조정, 음주운전강화 등)에 따라 주류수요에 대한 영향이 크게 작용한다.

3) 경기변동 및 계절에 따른 수요변화

주류는 필수재성격이 강한 타 음·식료품과는 달리 기호품적 성격이 강해 경기변화에 따른 수요탄력성이 높은 편이다. 예를 들어, 가격이 높은 위스키는 경기민감도가 크지만 소주와 같은 저가주는 상대적으로 낮은 경기민감도를 가지고 있다. 또한, 주류는 계절적 영향을 받아 여름에는 맥주 등의 저도주가 겨울에는 소주 등의 고도주의 비중이 높다.

4) 유통망관리능력이 주류업체 경쟁력과 직결

국내주류생산과 유통이 구분되어 있다. 즉, 주류제조업체는 최종소비자에 대한 직접판매는 불가능하고 주류유통업체는 유통만을 할 수 있기 때문에 주류제조업체는 유통망관리능력이 중요하다는 것이다.

5) 일부주류는 특정지역을 기반으로 영업활동

소주의 원료인 주정제조업체(10개)가 전국 각 지역에 골고루 분포되어 있고, 과거지역판매제도로 인해 지역의 대표소주업체가 존재하고 있다.

3. 주류판매업의 종류

우리나라에서는 주류도매업(5곳)과 주류소매업(2곳)으로 구분되어 운영되고 있으며, 〈표 8-1〉에서 상세내역을 제시하였다.

주류소매업은 주류소매업과 의제판매업으로 구분되는데, 시중의 주류만 전문적으로 판매하는 가자주류나 와인전문샵의 경우는 주류소매업 면허를 받게 된다. 의제판매업은 별도로 주류판매면허를 받는것이 아니라 세무서에 일반음식점 영업신청시에 함께 받을 수 있다.

표 8-1 주류판매업 종류

구 분		내 용
도매업 면허	종합주류도매업	일반탁주와 주정을 제외한 모든 주류를 주류제조자 또는 외국산주류를 직접수입한 자로부터 구입하여 도매
	특정주류도매업	탁주, 약주, 민속주, 농민·생산자단체 주류를 주류제조자로부터 구입하여 도매
	주정도매업	주정만을 구입하여 도매
	주류수출입	국산주류를 수출하거나 외국산주류를 수입하여 도매
	주류중개업	주류수출입만을 중개하거나 국내에서 중개할 수 있는 수퍼연쇄점 본·지부 등에 대한 주류중개업 면허 · 주류중개업 면허(가): 수입 또는 수출만을 중개 · 주류중개업 면허(나): 일반탁주와 주정을 제외한 모든 주류를 소속직영점 및 가맹점에 중개
소매업 면허	주류소매업	주정 이외의 주류를 허가장소에서 소매
	의제판매업	아래의 자에게 사업범위를 소매로 지정하고 사업자등록증에 주류판매신고확인을 하여 약식으로 부여 · 식품위생법에 의한 영업허가를 받은 장소에서 주류판매업을 하는 자 · 주류판매가 주업이 아니고 주류를 직접구입하지 아니하는 자로서 식품잡화점·일용잡화점 및 이와 유사한 상점에서 주류를 소매하는 자

※출처 : 황태호, 이강수 (2010). 주류산업과 경쟁정책.

4. 해외사례

해외의 주류판매면허와 관련하여 미국, 영국, 프랑스와 일본에 대해 〈표 8-2〉에서 제시하였다. 이상의 4개국의 주류법은 정도의 차이가 있지만 기본적인 내용은 주류의 판매조건을 규정함으로써, 쉽게 주류를 구매할 수 없도록 규정하고 있다는 것이다.

표 8-2 주류판매면허제도

구 분	내 용
미 국	· 연방주류관리법(The Federal Alchol Administration : ACT)에 따라 제조된 주류의 재판매를 담당하는 도매·수입업을 하려면 TTB(알콜, 담배세 및 교역국)의 허가가 필요 · 주정부는 주류의 판매 및 유통관련활동을 통제하고자 법적 음주허용연령 및 허용유형, 주류판매점의 수, 광고제한, 판매가능일 및 시간 등을 규제
영 국	· 면허법 2003(the Licensing Act 2003)에 의해 주류판매를 규제 : 판매시간, 단일점포면허, 인적면허
프랑스	· 주류도매에 대한 면허제도는 없으며, 음료 및 주류의 일반인에 대한 판매는 공공건강법전을 통해 엄격하게 규제 : 비알콜면허 : 알콜 도수 1~2도 발효음료면허 : 포도주, 맥주, 사과주 등 제한면허 : 알콜 18도 이하의 천연포도주 완전면허
일 본	· 주류도매업면허는 일반주류도매업면허(전 주류), 맥주도매업면허, 양주도매업면허(와인, 위스키, 브랜디, 리큐르 등), 특수주류도매업면허, 주류수출입 도매면허로 구분 · 주류소매업면허는 일반주류소매업면허(전 주류), 통신판매주류소매업면허(토산주와 수입주로 한정)로 구분

※ 출처 : 박명호, 문예영 (2007). 우리나라와 주요국의 주세 및 주류행정에 대한 고찰

5. 주류과세체계

우리나라는 주정에 한해 종량세체계를 유지하고 있으며, 나머지 주류에 대해서는 종가세체계로 과세하고 있다. 〈표 8-3〉은 우리나라 주세현황이다. 일반적으로 소비하는 주류의 세율은 72%로 높은 수준이며, 다른 나라들이 일반적으로 종량세체계를 유지하는 반면에 우라나라는 종가세체계를 유지함에 따라 고급주류들의 가격이 다른 나라에 비해 상대적으로 높게 책정되고 있다.

표 8-3 주세현황

구 분	종 류	현행 세율
주 정	95도 이상 (곡물주정은 85 ~ 90도)	57,000원/kℓ(95도)
발효주	탁주 / 약주 / 청주 / 맥주 / 과실주	5% / 30% / 30% / 72% / 30%
증류주	소주(증류식.희석식), 위스키, 브랜디 일반증류주, 리큐르	72%
기타 주류	발효주가 아닌 것 발효주(탁주, 약주, 청주, 맥주, 과실주 외)	72% 30%

※ 출처 : 박명호, 문예영 (2007). 우리나라와 주요국의 주세 및 주류행정에 대한 고찰

그림 8-1 주류에 대한 세금부과 흐름도

◆ **주세 및 교육세(소주, 맥주, 위스키 기준)**

과세표준 | 세율(72%) | 주세 | $\frac{\text{주세액} \times \text{교육세율(30\%)}}{\text{교육세}}$

– 과세표준 : 제조장으로부터 출고하는 때의 가격(수입주류 : CIF + 관세)

◆ **유흥업소에 대한 개별소비세 및 교육세**

과세표준 | 세율(100%) | 개별 소비세 | $\frac{\text{개별소비세액} \times \text{교육세율(30\%)}}{\text{교육세}}$

◆ **부가가치세(거래단계마다 붙음) = 과세표준 × 세율(100%)**

※ 출처 : 황태호, 이강수 (2010). 주류산업과 경쟁정책.

[그림 8-1]은 주류에 대한 세금부과 흐름도이다. 우리나라의 경우 주류에 부과되는 주세이외의 교육세와 부가가치세 등이 추가로 반영되어 도매상 또는 소매상으로 이전되어 최종 소비자에게 판매가 이루어진다.

2 수요예측

1. 수요예측 및 원가계산

앞서 7장의 4절에서 다양한 수요예측방법을 제시하였다. 음료에 대한 부분도 마찬가지이다. 그 중에서도 과거판매내역을 근거로 예측하는 방법이 가장 일반적이다.

〈표 8-4〉는 맥주에 대해 과거 한 달간의 판매내역이다. 이와 같이 과거의 자료를 바탕으로 향후실적이 어떻게 변화할지를 예측하게 되는 것이다. 또한, 판매된 수치를 바탕으로 판매할 상품에 대한 구성도 검토해볼 수 있을 것이다. 가장 높은 판매수치를 보여준 것은 버드와이저(생)으로 33.5%이다. 이 식음료영업장의 경우에는 생맥주 이외에 병맥주의 판매율이 높다는 것을 알 수 있다(병맥주비율 37.3%). 이를 근거로 여러 종류의 맥주중에서 병맥주와 생맥주에 대한 비율을 높이는 것도 좋을 것으로 판단된다.

〈표 8-5〉는 앞서 맥주와 같이 동일한 기간에 판매된 와인에 대한 자료이다. 와인은 두 가지 부분으로 수요예측을 할 수 있다. 즉, 병으로 판매되는 와인과 하우스와인이라 불리는 잔으로 판매가 이루어지는 와인이다. 와인의 경우도 마찬가지로 과거자료를 근거로 향후의 판매를 예측할 수 있다. 판매비율을 통하여 어떠한 종류의 와인의 판매비중이 높은지를 확인할 수 있으며, 이를 근거로 영업장의 상품구성에도 영향을 줄 수 있다. 일반적으로 과거의 추세는

표 8-4 맥주판매현황

(단위: 개,%)

종 류	판매수	판매비율(%)
카스 병	55	21.2
하이트 병	42	16.2
밀러 캔	45	17.3
하이네켄 캔	31	11.9
버드와이저(생)	87	33.5
계	260	100.0

표 8-5 와인판매현황

(단위: 개,%)

종 류	판매수	판매비율(%)
Villa M	68	20.7
Zinfandel	42	12.8
1865	77	23.5
Yellow Tail	35	10.7
하우스 와인	106	32.3
계	328	100.0

지속되는 경향이 있기 때문에 가장 많이 활용하는 방법이다.

과거자료를 활용함에 있어서 편리함에도 불구하고 몇 가지 고려하여야 할 부분이 있다. 축적된 자료의 기간이 길면길수록 신뢰성은 높아지게 된다. 또한, 자료를 활용하는데 있어서 성수기와 비수기와 같은 계절성을 반영하여야 할 것이다. 현재의 3월과 1년전의 3월의 매출은 유사할 수 있지만, 3월의 매출과 12월의 매출은 다를 수밖에 없기 때문에 자료의 신뢰성을 높이기 위해서는 시즌별로 자료를 활용하여 수요예측이 진행되어야 한다는 것이다.

음료원가에 대한 계산공식은 다음과 같다.

음료원가 / 음료매출 = 음료원가율(%)

개별음료의 원가에 대해 개별음료전체에 대한 매출로 나누어서 음료원가율을 계산하게 된다. 병이나 상품화된 음료의 경우에는 계산이 용이하다. 하지만, 생맥주와 하우스와인과 같이 잔으로 판매되는 경우에는 정확한 원가계산을 위해 표준화된 레시피가 필요하다. 레시피는 메뉴를 만드는 데만 필요한 것이 아니라 음료에서도 정확한 원가계산을 위해서 반영되어야 한다는 것이다.

〈표 8-6〉에서는 음료소비에 따른 원가율을 제시하였다. 동일한 1리터의 주류에 대해 고객에게 제공되는 양을 1oz부터 3oz까지 차등으로 하였을 때의 포션원가와 다 판매되었을 때의 원가이다. 이와 같이 고객에게 판매되기전에 예상원가율을 계산할 수 있으며, 고객에게 제공되는 양과 판매가격을 결정할 수 있다. 여기서 추가적으로 빈영되어야 할 것은 맥주의 경우에는 거품 등으로 판매되지 못하는 부분을 고려하여야 하며, 와인의 경우에는 시간의 경과에 따

표 8-6 와인판매현황

(단위: 개,원,%)

종 류	포션 수	원가(liter)	포션원가	판매가격	총판매가격	원가율
1.0 oz	33	33,000	1,100	8,000	264,000	12.5
1.5 oz	22	33,000	733	8,000	176,000	18.8
2.0 oz	17	33,000	550	8,000	136,000	24.3
3.0 oz	11	33,000	367	8,000	88,000	37.5

라 산화되어 상품성이 없어서 폐기되는 부분이 반영되어야 한다.

2. Sales Mix

Sales Mix는 고객의 구매결정에 따라 변화되는 원가비율이다. 예를 들어 하나의 식음료영업장에서 와인과 양주를 판매한다고 할 때, 와인은 상대적으로 원가가 높은 상품에 해당되며 양주는 낮은 원가로 반영될 수도 있다. 이러한 차이가 있음에도 불구하고 전체매출을 반영하여 원가를 계산하게되면 세부적인 내용을 확인하는 것이 불가능하다. ㈜서울레스토랑은 연회장, 바, 레스토랑의 3개 영업장을 가진 곳으로써 매출 및 원가자료는 〈표 8-7〉과 같다.

표 8-7 업장별 원가율

(단위: 천원)

종 류	음료원가	음료매출	원가율(%)
연회장	20,500	80,000	25.6
바	10,350	45,500	22.7
레스토랑	16,350	67,000	24.4
계	47,200	192,500	24.5

위와 같은 원가율을 통해 알 수 있는 자료는 바의 원가율이 낮다는 정도이다. 이러한 자료를 근거로 경영자의 입장에서 판단할 수 있는 범위는 작다. 그러므로 각 영업장의 세부적인 판매내역이 필요하다. 〈표 8-8〉은 각 영업장의 맥주, 와인, 양주에 대한 판매내역이다.

〈표 8-8〉에서 연회장의 원가율이 가장 높았으며 주로 맥주의 영향이 큰 것으로 판단되는 바이다. 바의 경우에는 가장 낮은 수치를 기록하였는데 맥주와 와인의 높은 원가율을 양주의 낮은 원가율이 대체를 해준 결과이다. 마지막으로 레스토랑은 와인이 높은 원가율로 반영되었지만 매출규모가 크지않아 전체적인 원가율은 낮아졌다. 이와 같이 전체적인 원가율을 파악하는 것도 중요하지만, 그 원가율을 구성하는 품목에 대한 개별원가율을 분석하는 것도 중요하다. 분석을 통해서 경영자는 항목구성을 변경하거나 단가를 조정할 수 있는 의사결정이 가능하다는 것이다.

다음의 공식은 전체음료에서 개별항목에 대한 판매비율을 계산하는 방법이다. 이를 통해서, 전체음료중에서 차지하는 비율을 확인할 수 있다.

항목별 판매음료원가 / 음료매출 = 음료원가율(%)

〈표 8-9〉는 위의 공식을 반영하여 각 업장별 음료판매비율을 계산한 것이다.

표 8-8 영업장별 상세원가율

(단위: 천원)

종 류	음료원가	음료매출	원가율(%)
연회장	20,500	80,000	25.6
맥 주	2,500	40,000	30.0
와 인	12,000	30,000	20.0
양 주	6,000	80,000	25.6
바	10,350	45,500	22.7
맥 주	3,750	15,000	25.0
와 인	1,500	5,000	30.0
양 주	10,350	25,500	20.0
레스토랑	16,350	67,000	24.4
맥 주	11,250	45,000	25.0
와 인	2,100	7,000	30.0
양 주	16,350	15,000	24.4

표 8-9 각 업장별 음료판매 비율

(단위: %)

종 류	맥 주	와 인	양 주	계
연회장	12.5	50.0	37.5	100.0
바	33.0	11.0	56.0	100.0
레스토랑	67.0	10.5	22.5	100.0

각 업장의 음료비율로 판단하면 연회장은 와인에 대한 비중이 가장 높고, 바의 경우에는 양주가, 레스토랑은 맥주의 비율이 높은 것을 알 수 있다. 이러한 Sales Mix는 각각의 원가에도 영향을 미칠 것으로 보인다. 즉, 와인의 비중이 높은 연회장의 원가율이 가장 높았으며 와인의 비중은 낮고 양주의 비율이 높은 바의 경우 가장 낮은 원가율을 기록하였다는 점이 이를 확인시키고 있다.

3 선정프로세스

식음료영업장에 반영할 품목을 조사하는 방법은 업체추천과 자체조사의 두 가지로 요약된다. 처음부터 조사하여 반영하면 가장 좋겠지만, 실제로 모든 품목에 대한 현황을 파악하는 것이 거의 불가능하기 때문에 일반적으로 업체의 추천을 받게 된다. 또 하나는 벤치마킹을 통해 반영할 품목을 직접 조사하는 것이다. 선정프로세스를 [그림 8-2]에서 제시하였다.

그림 8-2 상품선정 프로세스

1) 업체추천, 자체조사(벤치마킹)

년/분기/월 단위로 수시로 새로운 상품이 출시되어짐에 따라서 기존에 거래하는 업체들로부터 신상품에 대한 샘플 및 견적서를 요청하게 된다. 업체에 요청하여 받은 팜플렛이나 샘플에 대한 상세한 내역을 확인하며 업체에서 다른 곳도 납품을 하고 있기 때문에 타업체에서의 판매현황도 함께 받을 수 있도록 한다.

음료에 대한 정보가 확인되면 필요한 샘플을 찾아 벤치마킹하고 구입하게 된다. 구입방법은 마트, 백화점 등의 자체조사, 거래업체에 요청 등으로 요약된다.

2) 타사현황조사

다른 곳에서 판매하는 내역을 받았기 때문에 우선적으로 타사의 현황부터 조사를 진행하게 된다. 타 영업장의 진열방식, 판매형태와 종류를 파악하여 당사 식음료영업장에 반영이 가능한지에 대한 적합성여부를 확인할 수 있다. 또한, 타사의 신상품에 대한 판매실적을 확인하고 관련자료를 취합함으로써 신규 트렌드정보를 취득한다.

타사현황을 진행함에 있어서 기본적으로 진행할 것은 정보의 공유이다. 무조건적으로 자료를 요청하는 것이 아니라 우리의 정보를 제공해주고 알고자 하는 정보를 확보할 필요가 있다.

3) 샘플테스트

업체추천과 자체조사 및 타사현황조사를 통해 판매하고자 하는 음료에 대한 구체적인 계획이 수립되면, 업체에 샘플을 요청하게 된다. 업체미팅을 통하여 신상품에 대한 설명을 받고 샘플 및 견적서를 받게 된다.

업체로부터 받은 샘플 및 견적서를 바탕으로 평가를 진행하게 된다. 품목별로 진열하고 책임자와 직원이 함께 테스트를 진행한다. 평가서작성을 통해 테스트를 하며 다음과 같은 사항을 고려한다.

- 주요 고객층이 선호하는 음료인가?
- 영업장 특성에 맞는 기능성 음료인가?
- 시중가 대비 적정선?
- 유통기한, 위생, 보관기준, 판매형태에 적합한가?
- 자체위생규정에 적합한 음료인가?

표 8-10 음료평가서 예시

구 분	평가 내용			기준내용
	상	중	하	
맛				
가 격				
보관성				
재료성분				
계				

※ 합계 점수 80점 이상이면 판매결정

4) 상품확정

평가서취합 점수확인절차를 통하여 판매할 상품을 선정한다. 평가서 취합기준에 포함된 상품은 품의서를 작성하고 결재경로를 통해 확정을 한다. 단, 상황에 따라 평가테스트 후 토의를 통해 상품선정을 할 경우에는 평가서작성을 생략할 수 있다.

5) 상품발주과정

확정된 상품에 대해 업체에 발주를 하게 되며, 발주는 최소 수량단위로 주문하게 된다. 입고된 상품에 대해 육안으로 이상유무를 확인하고 발주서, 거래명세서, 입고상품을 비교하여 문제가 없는지 파악하게 된다.

입고된 상품의 판매장소를 선정하고 디스플레이를 통해 세팅을 한다. 또한, POP, 메뉴판, 홍보멘트, 베너 등의 고객용 홍보자료를 준비한다. 판매된 상품에 대해 고객반응을 조사하고 판매현황확인 및 판매지속여부 결정하게 된다. 판매가 중단될 경우에는 대체품목을 사전에 선정하여 진열상품이 비어있지 않도록 한다.

4 주류관리

1. 주류저장관리

음료제품은 품질에 대한 변화가 거의 없으므로 식재료와 같이 저장관리에 있어서 필요한 기술적인 요소는 적은 편이다. 그럼에도 보관장소는 깨끗하고 침입이 불가능하여야 한다. 즉, 와인과 같이 고가의 품목에 대한 관리를 위해 보안이 매우 중요하며 이중으로 된 시건장치를 활용할 필요가 있다.

주류에 대한 체크포인트는 올바른 브랜드, 정확한 병크기, 깨진병 현황, 유통기한(맥주), 올바른 빈티지(와인), 정확한 단가 등이다. 확인과정에서 오류가 발견된 경우에는 메모를 작성하고 배송담당자와 접수직원이 함께 서명하게 된다. 식재료는 영업이 시작되기 전 새벽에 배송되는 경우가 많지만, 주류는 영업이 시작되기 직전 또는 영업중에 배송이 가능하기 때문에 정확한 대사작업이 가능하다. 확인이 완료된 주류는 21~27℃의 건조한 구역에 보관되어야 하며, 비실균맥주의 경우에는 2~3℃에서 저온살균된 맥주는 10~21℃에서 보관이 이루어져야 한다. 와인은 10~18℃의 전용셀러에서 보관되도록 해야 한다.

① 맥주는 유통기한이 없지만 최근에는 맥주의 신선도를 알리기 위하여 제조일을 표시하고 있다. 하지만, 회전율이 높은 만큼 검사가 거의 필요하지 않다.

② 와인보관에 있어서 중요한 세 가지 요소는 온도, 빛 및 코르크상태이다. 특히, 열은 와인보관에 있어서 최악의 조건으로써 절대적으로 피해야 하는 부분이다. 와인저장시에는 최소한의 빛에만 노출되도록 하며 와인 코르크는 산소로부터 와인을 보호해 준다. 이러한 코르크에 문제가 생기면 와인의 산화가 이루어지고 와인에서 식초와 같은 냄새가 발생된다. 이를 위해서 와인은 코르크가 습기를 유지할 수 있도록 눕혀서 보관해야 한다.

2. 주류관리시 고려사항

악성재고는 고객판매용으로 구매한 자산이지만 장기간판매가 이루어지지 않고 있는 재고자산을 말한다. 비알콜성 음료보다는 주류 특히 유통기한이 없는 와인과 위스키에서 악성재고가 많이 발생하게 된다. 그럼에도 불구하고 악성재고에 대해 정의된 바는 없다. 왜냐하면, 주류는 유통기한 자체가 없기 때문에 고객의 요청에 의해 언제든지 판매할 수 있기 때문이다. 일반적으로 다음과 같은 기준이 반영되고 있다.

- 재고조사시점을 기준으로 과거 1년간 판매가 없는 주류
- 지난 1년간 동일한 품목에 대해 구매가 없는 주류
- 구매한 지 2년이 넘는 품목으로 현재 남아있는 경우

1) 악성재고처리 프로세스

① 재고처리 프로세스

- 매 분기별 1회 전수재고조사 실시(3월, 6월, 9월, 12월)하여 악성재고를 파악하도록 한다. 단, 월마감을 위한 재고조사는 정기적으로 실시
- 기준에 의한 악성재고를 파악하여 품목을 설정하도록 한다.
- 파악된 악성재고의 소진계획을 수립하는데, 특정 프로모션을 진행하거나 고객대상의 판촉 등의 방식으로 계획을 확정한다.
- 소진계획실행에 대한 분석
- 소진되지 못한 재고품목은 타 영업장이동 또는 업체반품

② 다른 영업장 이동 및 업체반품

- 각 영업장에서 '처리프로세스'에 따라 판매하였으나 소진되지 못한 주류는 판매가 가능한 다른 영업장으로 이동 또는 업체반품을 진행한다.
- 반품의 경우에는 타 영업장에서 판매하는 품목이 없거나 재고소진에 어려움이 있는 경우에 한정하여 반품처리하도록 한다.

2) 주류리스트 정비 및 정기업데이트 기준수립

① 주류리스트 정비

- 시스템 상에 재고로 등록된 모든 주류품목은 리스트에 등록하여 운영하는 것을 원칙으로 한다. 단, 단기간판촉을 위한 프로모션 주류 등은 배너, POP 등을 활용할 수 있으므로 주류리스트 등록에서 제외할 수 있다.(주류리스트에 제외되더라도 관리를 위해 시스템에는 반드시 등록되어야 함)
- 와인은 빈티지가 다를 경우에 다른 품목으로 취급하므로 시스템 상의 관리부분과 와인리

스트 재고가 동일하도록 유지토록 함(일일단위로 마감시 확인조치함)

- 위스키의 경우, 선호도가 가장 높은 최소한의 종류만 구비하여 판매하고, 고객의 요청이 있는 경우에 사전예약을 받아 업체에 발주토록 함

② 정기업데이트 기준정립

- 신상품입고시 주류리스트 업데이트 실시
- 매월 1회 마감시점에 재고조사를 실시한 후에 주류리스트와 비교하여 누락된 품목이 있거나 추가등록이 필요할 시에는 즉각적으로 조치하도록 함

③ 신상품입고시 주류리스트 업데이트 프로세스

- 판매할 주류품목선정과 견적의뢰 및 업체선정
- 거래처 및 상품등록 후, 구매가 및 판매가 등록
- 와인리스트에 대해 디자인의뢰
- 상품발주 및 입고
- 입고된 주류품목이 리스트에 반영되었는지 확인을 한 후에 판매를 실시

□재고자산

○정의

· 기업의 정상적인 영업활동과정에서 판매를 목적으로 보유하고 있는 자산(상품, 제품)이나 판매를 위해 현재 생산중에 있는 자산(재공품, 반제품)

○재고회전율

– 재고회전율이란?

· 일정 기간에 발생한 상품에 대한 출고량과 재고량의 비율

· [출고액(매출액) / 평균재고량] × 100

– 재고회전율의 활용

· 재고자산 보유수준의 과부족을 판단하는 데, 가장 적합한 지표로서 일반적으로 이 비율이 높을수록

① 자본수익률이 높아지고

② 매입채무가 감소되며

③ 상품의 재고손실을 막을 수 있음

case **2018년 01월 21일. 세계일보**

수입맥주 '홍수'에… 기 못펴는 국산맥주
작년 무역적자 처음으로 1억달러 넘어 / 美 이어 EU관세 7월철폐… 업계비상

밀려드는 수입맥주로 국산맥주가 크게 위협을 받고 있다. 특히 올해부터 미국 및 유럽산맥주에 대한 수입관세가 철폐됨에 따라 수입맥주의 국내시장 잠식속도가 더욱 빨라질 것으로 보인다. 21일 한국무역협회와 유통업계에 따르면 국내로 반입되는 수입맥주가 매년 가파르게 증가하고 있다.

연도별로 보면 2010년 4375만달러, 2011년 5845만달러였던 국내 수입맥주 수입액이 2013년 8968만달러, 2015년 1억4186만달러, 2016년 1억8158만달러, 2017년 2억6309만달러 등 매년 30가량 늘고 있다. 특히 지난해는 맥주수입이 폭발적으로 늘어나면서 맥주무역적자가 처음으로 1억달러를 넘어섰다. 맥주무역수지는 2012년 -577만달러로 처음으로 마이너스를 기록한 이후 수입이 매년 급증하면서 적자 규모가 5년 만인 지난해 25배가량 심화했다. 수입맥주의 국내시장 잠식속도는 더 빨라질 전망이다. 올해부터 주요국 맥주에 대한 수입관세가 사라진다.

국내 수입맥주 반입현황

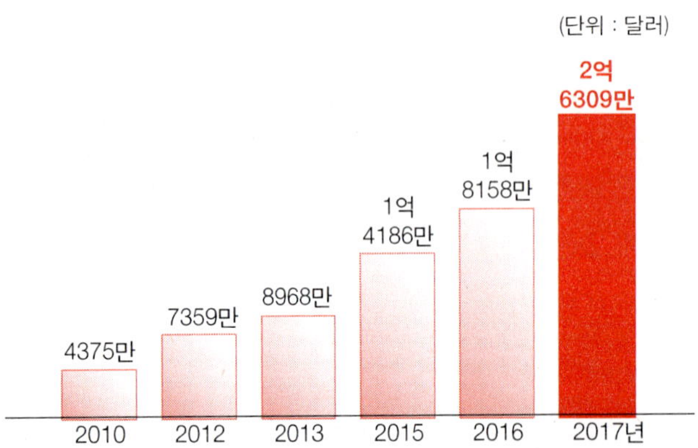

자료 : 한국무역협회

이미 이달부터 한·미 FTA(자유무역협정)에 따라 미국맥주에 대한 수입관세가 사라졌으며, 7월부터는 EU(유럽연합) 맥주에 대해서도 관세가 철폐된다. 업계관계자는 "주요 수입맥주 브랜드들이 더 낮은 가격과 다양한 맛을 앞세워 공격적으로 국내시장공략에 나설 것"이라며 "업체들의 치열한 경쟁은 불가피하지만, 소비자들의 선택의 폭은 넓어지게 됐다"고 말했다.

하이트진로, 롯데주류 등 토종맥주업계는 비상이 걸렸다.

다양한 맛과 가격경쟁력을 앞세운 수입맥주들의 공세가 더욱 거세질 것으로 보이기 때문이다.

국내 주류업계 관계자는 "올해는 다양한 수입맥주와 치열한 경쟁이 불가피하다"며 "토종맥주의 맛을 계속 업그레이드하고 브랜드를 더욱 다양화할 계획이다"고 말했다.

출처 : 동아일보. http://www.donga.com/

08 논의 과제

1. 음료에서 주류가 차지하는 범위와 주류의 특징에 대해 설명하시오.

2. 우리나라 주류판매업의 종류와 과세체계에 대해 설명하시오.

3. 음료의 수요예측과 원가계산방법을 설명하시오.

4. 음료에 대한 선정프로세스를 설명하시오.

5. 주류의 악성재고에 대한 처리프로세스를 설명하시오.

제9장

식음료관리 프로세스

1. 입고, 검수, 반품관리
2. 재고관리기법
3. 재고관리방안
4. 위생관리

학습방향

식음료영업장의 관리프로세스에 대해 설명하고자 한다. 먼저, 식재료와 음료를 주문하여 업체에서 납품한 품목을 입고한 후에 검수하고 문제가 있는 것에 대해 반품하는 프로세스이다. 이렇게 입고가 완료된 품목을 저장함으로써, 기업의 재고자산으로 반영이 되게 된다. 자산으로 반영된 품목에 대한 처리와 관리방안을 제시하였으며, 마지막으로 식품위생관리방안도 재고관리에서 중요한 부분이기에 언급하였다.

학습목표

1. 식음료영업장의 입고, 검수, 반품관리방안에 대해 설명한다.
2. 입고되어 관리되는 식재료와 음료의 재고에 대한 관리기법에 대해 설명한다.
3. 재고를 최상의 상태로 유지하기위한 관리방안을 설명한다.
4. 최상의 제품을 제공하기위한 식품위생관리방안을 설명한다.

1 입고, 검수, 반품관리

1. 입 고

① 입고 전, 각 영업장에서 식품종류별로 지정된 보관장소는 청결하며 충분한 공간이 확보되어 있는지를 확인한다.
② 식품이 손상되지 않도록 주의하면서 신속하게 냉장 → 냉동 → 상온보관 식품순서로 입고시킨다.
③ 식품을 지정된 보관장소(냉장고, 냉동고, 검수대 위, 팔레트 위, 선반 위, 롤테이너 등)에 내려놓는다.
- 반드시 냉장식품은 냉장고에 냉동식품은 냉동고에 보관
- 원물식재료는 조리완료/즉석식품과 분리하여 보관
- 식품이 바닥과 접촉하지 않도록 보관

④ 입고된 식품을 면밀하게 검수한다.

2. 검 수

박테리아, 이물, 화학약품, 해충 등에 의해 식품이 오염되거나 식중독박테리아가 성장할 수 있는 부적합한 온도에서 식품이 배송될 가능성을 차단하는 중요한 공정이다. 매회 식품입고시마다 진행되어야 할 사항이다.

영업장은 식품입고 즉시 정밀검수를 시행하여야 한다. 하지만, 조식영업 등과 같은 불가피한 운영조건으로 입고식품에 대한 정밀검수를 수행하지 못할 때에는 간이검수를 수행한 후 식품입고 1시간이내 정밀검수를 수행한다.

간이검수는 검수담당자가 배송차량이 영업장을 떠나기 전에 아래의 항목에 대해 간이검수를 수행하는 것이다.

- 배송차량청결상태 및 식품배송상태확인(이물, 해충유무 등)
- 배송기사(SP)의 개인위생, 건강상태, 복장청결상태확인
- 식품포장상태(샘플검수)

- 냉장식품 0~10℃, 냉동식품 -10℃이하 온도확인(샘플검수)
- 유통기한이 짧은 식품 및 부패되기 쉬운 식품의 유통기한확인(샘플검수)

이와 같이 간이검수를 진행하고 입고 1시간 이내에 검수담당자는 검수절차에 따라 정밀검수를 시작하여야 한다. 검수절차는 우선 식품종류별로 지정된 장소에 적합하게 보관되었는지 확인하는 절차이며(냉장식품 → 냉장고 / 냉동식품 → 냉동고), 이에 대한 확인이 완료되면 다음과 같은 작업절차로 진행한다.

- 검수담당자는 손을 씻고 말린 후 개인위생상태를 스스로 점검한다.
- 식품포장이 손상되었는지 확인한다. 만약, 식품품질이 양호하지 않으면 반품의 절차를 준수하여 반품한다. → 찢어짐, 구멍발생, 갈라짐, 모양변형 등
- 식품 또는 식품포장이 오염되었는지 확인한다. 만약, 오염된 때에는 반품의 절차를 준수하여 반품한다. → 축축함, 내용물 외부노출(흘러내림), 곰팡이발생, 이물유입, 해충침입흔적 및 해충으로 인한 손상 등
- 캔제품이 심하게 찌그러지거나 부풀었거나(불어난 옆면/바닥면), 부식발생, 내용물 외부노출(흘러내림), 접합부위파손 등을 확인하다. 만약 식품품질이 양호하지 않으면 반품의 절차를 준수하여 반품한다.
- 모든 박스(Box)/포장단위(Packet)를 선택 후, 개봉하여 내부식품의 신선도 및 품질상태를 확인한다.
  → 육안확인 : 얼룩, 부패, 곰팡이 등의 신선도
  → 냄새확인 : (신선하지 않은) 퀴퀴한, 역겨운, 불쾌한 냄새여부
  → 감촉확인 : (과도하게) 딱딱함, 물컹임, 끈적거림, 미끄러움, 건조함 등
- 냉장, 냉동식품은 온도확인의 절차를 준수하여 식품온도를 측정하여 식품이 안전한 온도에서 배송되었는지 여부를 확인한다. 만약, 측정온도가 냉장식품 0~10℃ 이상, 냉동식품 최소 -10℃이상인 경우에는 직접 식품품질 상태를 면밀하게 확인하여 반품여부를 결정한다.
- 배송차량의 '온도변화 기록지(타코메터)'를 확인한다.
- 입고된 모든 식품의 유통기한을 확인하고 유통기한이 초과된 식품은 반품의 절차에 따라 반품한다.
- 모든 주문한 식품이 입고되었는지 '거래명세서'와 식품을 비교·확인한다.
- 식품을 보관의 절차를 준수하여 보관한다.
- 검수일지를 작성한다.

3. 반 품

영업장에 입고/배송된 식품 중 부적합한 식품을 선별하여, 해당식품을 보관하거나 조리되지 않도록 하고자 하는 것이다. 즉, 검수과정 중 부적합 식품발견시에 즉시 조치하는 것으로써, 영업장에 입고/배송된 식품중 아래에 해당하는 식품은 즉시 반품한다.

- 부적합한 온도에서 배송된 식품 : 냉장식품 0 ~ 10℃이내 기준미달 / 냉동식품 -10℃ 이상
- 유통기한이 초과된 식품
- 포장이 파손/손상되었거나 오염된(더러움) 식품
- 해충으로 오염되었거나, 오염이 의심되는 식품
- 신선하지 않고 품질이 불량한 식품

반품과 관련된 작업절차는 근무시간 중과 근무시간 전으로 나뉘어 다음과 같은 작업을 진행한다.

① 근무시간 중 : 냉장/냉동식품이 부적합 온도에서 배송된 경우

- 배송식품 온도를 온도확인규정을 준수하여 면밀하게 측정한다. : 냉장식품 0 ~ 10℃이내 기준미달 / 냉동식품 -10℃ 이상인 경우 반품한다.
- 반품식품에 대한 상세내용을 검수일지에 기록한다.
- 반품할 식품은 누구나 알아보기 쉽도록 라벨을 부착하고 정상적으로 입고/보관한 다른 식품들과 분리하여 보관한다.
- 라벨부착예시 : 사용금지 / 사용할 수 없는 반품식품

② 근무시간 전 : 냉장/냉동식품이 상온에 방치된 경우

첫 출근자가 배송기사가 입고시킨 냉장/냉동식품이 상온에서 방치된 것이 확인되면 반드시 다음 절차를 준수한다.

- 즉시 식품온도를 온도확인의 절차를 준수하여 측정하고 온도가 안전하게 유지된 식품은 냉장/냉동고에 보관한다.: 냉장식품 0~10℃이내 기준미달 / 냉동식품 -10℃ 이상인 경우 반품한다.
- 상온방치된 냉장/냉동식품 중 온도가 부적합한 식품은 따로 선별한 후 검수일지에 상세하게 기록한다.
- 상온에 방치된 냉장/냉동식품의 (발견즉시)측정온도, 조치내용 등을 업체에 통보한다.

- 반품할 식품은 누구나 알아보기 쉽도록 라벨을 부착하고 정상적으로 입고/보관한 다른 식품들과 분리하여 보관한다.
- 라벨부착예시 : 사용금지 / 사용할 수 없는 반품식품

다음은 식음료영업장에서 발생할 수 있는 반품사례이다.

① 식품포장이 오염되었거나 부적합한 경우

- 포장이 심하게 손상(파손, 쪼개짐, 찢김, 변형 등)되었거나, 육안으로 오염상태(젖음, 먼지, 내용물 노출, 이물조각 등)가 확인된 식품은 반드시 포장을 개봉하여 해당식품의 신선도 등의 품질상태를 확인한다.
- 오염 또는 손상된 식품은 즉시 반품한다.

② 캔제품이 심하게 찌그러졌거나, 부풀었거나(불어난 옆면/바닥면), 부식발생, 내용물이 흘러내린 경우에는 즉시 반품한다.

③ 유통기한이 초과된 식품은 즉시 반품한다.

④ 식품, 식품포장이 해충 및 해충배설물로 오염된 때에는 해당식품을 즉시 폐기한다.

⑤ 다음과 같은 품질이 불량한 식품은 즉시 반품한다.

- 육안확인 : 얼룩, 부패, 곰팡이 등의 신선도
- 냄새확인 : (신선하지 않은) 퀴퀴함, 역겨움, 불쾌한 냄새여부
- 감촉확인 : (과도하게) 딱딱함, 연함, 끈적거림, 미끄러움, 건조함 등

⑥ 공통사항

- 반품식품에 대한 상세내용을 검수일지에 상세하게 기록한다.
- 업체에 반품식품의 종류, 원인, 수량을 통보한다.
- 반품할 식품은 누구나 알아보기 쉽도록 라벨을 부착하고 정상적으로 입고/보관된 다른 식품들과 분리하여 보관한다. 또한 해당식품이 조리에 사용되거나 근무자가 집(외부)으로 반출하는 것을 방지한다.

2 재고관리기법

1. 재고관리의 중요성

재고관리는 무엇보다도 적정재고를 유지하는 것이 목적이 된다. 즉 과다재고 및 과소재고로 인한 문제점을 제거하고 항상 고객의 수요에 응할 수 있는 최적의 상품구성 및 구색갖춤을 실현하는데 있다.

재고과다나 과소로 인한 문제점은 〈표 9-1〉과 같다.

2. 적정재고관리의 목적

1) 고객의 수요에 합치

고객의 수요에 항상 대응시킬 수 있는 상품구성을 유지하는데 도움을 준다.

2) 이익의 증대

균형잡힌 재고는 판매를 증가시키고 가격인하, 에누리를 감소시킴으로써 보다 나은 이익의 실현을 보장한다.

표 9-1 재고관리의 문제점

(단위: 천원)

구 분	재고과다로 인한 문제점	재고과소로 인한 문제점
내 용	① 효용없는 재고비용의 투자로 자금계획에 나쁜 영향을 준다. ② 보관비용이 늘어난다. ③ 데드 스톡이 발생하기 쉽다. ④ 상품에 따라서는 부패 · 변질의 우려가 있다. ⑤ 상품에 따라서는 유행이 지나 판매가 불가능하여 손실의 원인이 된다.	① 절품이 되기 쉬워 고객의 요구에 즉시 응대하기가 어렵다. ② 고객에게 상품구성 및 구색의 빈약감을 준다. ③ 잘 팔리는 상품이 절품되기 쉽기 때문에 그만큼 판매기회를 상실하여 매출에 악영향을 준다. ④ 빈번한 매입으로 비용이 늘게 된다. ⑤ 매입처로부터 외면받기 쉽다.

3) 매입의 개선

효율적인 재고관리는 무엇을, 언제, 얼마만큼 매입할 것인가에 대한 정보를 제공해 주는것이다.

재고관리는 매입전의 정확한 정보제공에 더욱 큰 의의가 있으며 재고관리가 없다면 매입의 시행착오는 개선하기 어려울 것이다.

4) 상품에 투입되는 자본의 절약

재고관리의 1차적인 목적은 완전한 상품구성과 판매에 대한 재고의 적정한 균형에 있다. 이를 통해 판매에 대한 재고상품의 금액을 감소시킬 수 있다. 즉, 상품회전율이 향상됨으로써 투입되는 자본이 감소되는 것이다.

상품투입자본의 절감은 그 효과로서 달성되는 것이다. 만약 상품회전율 향상을 목적으로 재고관리를 하게 되면 재고관리의 본래목적인 적정한 상품구성, 판매에 대한 적절한 재고의 균형을 깨트릴 위험성이 크기 때문이다.

3. 재고관리의 기능

① 수급적합기능

품절로 인한 판매기회의 상실을 방지하기 위한 기능으로 판매와 생산의 완충이라는 재고본래의 기능을 수행

② 생산계획 및 평준화

재고를 통해 수요의 변동을 완충하는 것으로 불규칙하고 비정기적인 주문이 발생하더라도 재고를 통해 계획적인 생산과 조업도의 평준화를 유지하는 기능

③ 경제적 발주기능

발주정책수립으로 재고관리비용을 최소화하는 경제적 발주량 또는 로트량을 구하고, 이를 활용하여 긴급발주에 따른 추가비용방지 및 최소화기능

④ 합리적인 수송기능

재고의 공간적 배치와 관련되어 어떤 재고를 어떠한 장소에 보관할 것인가에 따라 수송의 합리화가 결정되는 것

⑤ 유통가공기능

유통과정에서 조립과 포장 등의 일부기능을 담당

4. 적정재고량산출법

어떤 상품에 대해 재고부족으로 판매가 불가능하지 않기 위해서는 상당한 재고를 보유하여야 하며 판매도 일정하게 이루어져야 한다. 이러한 상황을 가정하여 기업은 많은 양의 재고를 유지해야 하며 재고증가로 재고비용이 늘어날 수밖에 없다. 반대로 재고비용을 최소하하여 재고량을 감소시킨다면 재고부족으로 판매기회를 상실할 것이며, 이에 대한 대안으로 발주나 보충빈도가 증가하여 비용도 늘어날 것으로 판단되는 바이다.

그러므로 기업이 보유하여야 하는 최소한의 재고는 품절이 발생되지 않으면서 재고비용이 최소화되도록 계산되어야 한다. 이러한 최소재고량을 판단하는 적정재고액은 상품회전율을 기준으로 계산하게 된다.

최저재고량은 매출수량이 규칙적이면 품절은 최소한 억제되며 재고비용의 합계액이 최소가 되도록 합리적으로 계산하게 된다.

물론 어떠한 상품도 매일판매되는 양이 일정하지는 않다. 매일의 판매가 일정하거나 판매수량의 예측이 정확하다면, 발주수량도 판매수량에 맞게 발주하여 재고를 유지해 전혀 품절이 생기지 않을 것이다.

최저재고량에 기초한 적정재고액의 결정은 상품회전율을 기준으로 한다. 전년도 1년 간의 매출액과 평균재고액을 산출하여 이를 바탕으로 회전율을 계산하게 된다. 상품회전율에 대한 수식은 다음과 같다.

상품회전율 = 매출원가 / 평균재고액 (원가)
상품회전율 = 매출액 / 평균재고액 (판매가) : 금액산출
상품회전율 = 어느 기간의 판매수량 / 평균진열량 : 수량산출

판매가를 기준으로 매출액은 다음과 같이 계산할 수 있다.

매출액 = 상품회전율 × 평균재고액

상품회전율은 기업이 보유한 재고를 얼마나 효율적으로 활용하였는지를 나타내는 지표이

다. 과거의 자료가 있다면 이를 활용하는 것이 좋겠지만 그렇지 않다면 업계의 일반적인 수치를 대입하여 다음 연도의 예정치를 상품회전율로 설정하는 것이 일반적이며, 이를 통해 기업이 보유하여야 할 재고금액을 설정하게 된다.

연간 평균계획재고액(매가) = 연간 순매출액 / 예정상품회전율

연간 평균개념의 적용은 일반적으로 반영할 수 있으나 상황에 따라 계절성이 높은 식재료의 경우에는 반영하여 측정하는데 객관성이 저하될 수도 있다. 이와 같은 상황에서는 각 월별 기준회전율에 의한 각 월별 재고계획을 수립하기도 한다.

5. 재고관리방법

재고는 기능에 따라 다음의 네 가지로 구분되어 진다.

- 순환재고(cycle inventory)는 통상적인 수요충족을 위해 보유하는 재고로써 기업이 평소에 판매하는 재고를 말한다.
- 안전재고(safety stock inventory)는 수요나 리드타임 혹은 공급량의 불규칙성에 대비하기 위해 보유하는 재고로써, 일반적으로 판매가 잘되는 인기상품에 대해 일반적인 재고보다 보유량을 높이기도 한다.
- 비축재고(anticipation inventory)는 일정하지 않은 수요나 계절적인 특성으로 가격의 변동이 높은 것을 사전구매함으로써, 안정적인 영업을 위해 보유하는 재고이다. 일반적으로 업체물량 공급미달시에 발주하게 된다.
- 운송재고(pipeline inventory)는 이동중인 자재의 흐름을 말하는 것으로써 배송중인 상태이다.

이와 같은 재고를 관리하는 방법으로는 재고실사법과 계속기록법이 있다.

1) 재고실사법

재고실사법은 정기적으로 재고조사를 실시하여 재고를 통제하는 방법으로써, 특정한 시점의 재고현황을 집계하는 것이기 때문에 재고의 흐름에 대한 기록은 없다는 것이 특징이다. 이러한 재고현황은 다음과 같은 공식을 통하여 측정한다.

기말재고 = 기초재고 + 당기매입액 − 당기출고액

이와 같은 수식에 의해 측정이 이루어지기 때문에 특정기간에 발생된 손실분(도난, 자연감소, 절취, 수량착오 등)은 파악할 수 없다는 한계가 있다. 이러한 손실분은 자체적으로 파악하여 반영하는 방법과 과거의 손실기록에 근거하여 일정비율을 적용하는 두 가지의 방법이 있다.

재고실사법은 기업에 따라 차이가 있지만 일반적으로 월단위로 진행하게되며, 식음료영업장의 경우에는 상황에 따라서 주단위를 적용하기도 한다.

2) 계속기록법

상품의 입고 또는 출고와 같은 재고의 이동상황에 발생할 때마다 기록하는 방식이다. 다양한 방식이 있지만 전표에 의한 통제와 출고청구에 대한 통제 등으로 구분되어진다.

- 전표에 의한 통제 : 업체로부터 배송된 상품을 검수하여 입고하는 과정에서 해당품목의 품명, 수량 등을 기록하는 방식이다.
- 출고청구에 의한 통제 : 현장에서 필요한 품목에 대해 요청이 들어오면 창고에 보관중인 물품을 출고시키고 기록하는 방식이다.

6. 재고자산평가방법

재고자산에 대해 K-IFRS 제1002호에서는 다음과 같이 규정하고 있다.

(1) 통상적인 영업과정에서 판매를 위하여 보유중인 자산
(2) 통상적인 영업과정에서 판매를 위하여 생산중인 자산
(3) 생산이나 용역제공에 사용될 원재료나 소모품

위의 기준으로 판단하건데 재고자산은 기업의 영업을 위해서 외부에서 구입한 상품의 재판매, 원재료투입을 통해 생산하는 제품과 반제품, 그리고 제품의 생산을 위해 지원하는 저장품 등으로 구분된다. 이러한 재고자산의 측정은 취득원가와 순실현가능가치 중 낮은 금액으로 측정하도록 하고 있지만, 대부분의 재고자산의 사용기한이 짧기 때문에 취득원가로 측정하게 된다. 재고자산의 평가에서는 개별법, 가중평균법(총평균법, 이동평균법)과 선입선출법을 사용하도록 하고 있다. 후입선출법은 K-IFRS 규정에서 인정하지 않고 있으며, 물가상승률이 높은

지역에서 일부사용하고 있다. 다음은 재고자산평가방법에 대한 설명이다.

① 개별법은 개별적으로 구매된 가격별로 재고를 구분하여 평가하는 방법이지만, 복잡화되고 다양한 종류의 품목을 취급하는 과정에서 개별법의 적용은 현실상 불가능하다.
② 이동평균법(Moving Average)은 실시간 이동평균법이라고하며, 구매가 이루어져 입고가 되는 순간에 창고에 보관중인 원재료를 합산하여 평균단가를 계산하여 적용되는 방식이다. 이론상으로는 가장 합리적인 방법에 해당된다.
③ 총평균법(Total Average)은 특정기간 동안의 재고와 입고된 실적을 합산하여 월 또는 연평균단가로 적용하고 이를 출고하는 재고와 기말재고에 적용하는 방식이다. 이 부분은 입고시점의 단가는 확인이 불가능하고 월말 또는 연말에 가서 전체적인 마감이 종료된 이후에 원가를 계산할 수 있다.
④ 선입선출법(FIFO, First In First Out)은 먼저 구매한 재고가 먼저 출고된다는 가정을 기본으로 하고 있다.

재고자산평가방법은 유사한 재고자산 유형별로 동일한 방법을 선택하여야 하며, 특별한 사유없이 변경이 불가능하기 때문에 회계기간 동안 지속적으로 적용되어야 할 것이다. 평가방법 중에서 이동평균법과 선입선출법의 경우에는 시스템의 지원이 이루어져야 활용이 가능하고, 대다수의 기업들이 시스템을 구축하여 운영함에 따라 이동평균법을 많이 적용하고 있다.

재고자산관리에서 고려할 점은 마이너스(−) 재고의 적용여부이다. 상품의 경우에는 마이너스(−) 재고일 경우에는 판매가 이루어지지 않도록 설정할 필요성이 있다. 하지만, 식음료영업장에서 메뉴를 조리할 때는 마이너스(−)재고의 설정에 신중할 필요가 있다는 것이다. 다양한 식재료를 반영하여 메뉴레시피를 구성한 메뉴에서 특정 식재료의 재고가 부족하여 출고가 이루어지지 않을 경우에 원가산출에도 문제가 있기 때문이다.

3 재고관리방안

영업장에 배송되어 입고된 식품에 대하여 식중독 박테리아나 독소의 증식예방을 위하여 적정온도의 유지, 교차오염방지, 유통기한내 사용 등과 같은 기준을 수립하여 관리할 필요가 있다.

1. 관리기준

1) 식품보관 전

- 담당자는 손을 씻고 말린 후 개인위생상태를 스스로 점검한다. 즉, 위생복장은 청결하며 올바르게 입었는지, 위생모는 밖으로 머리가락이 나오지 않고 귀를 감싸도록 착용했는지 등
- 보관장소(냉장고, 냉동고, 창고 등)의 청결상태, 해충활동유무, 이물유입위험성을 점검하고 식품보관공간이 충분하게 확보되었는지 확인한다.
- 냉장고와 냉동고는 정상적으로 작동하는지 여부를 확인하고, 정상적으로 작동하지 않는 경우에는 절차에 따라 조치한다.
- 냉장고와 냉동고내 보관된 식재료는 조리완료, 즉석섭취식품과 분리보관되었는지 확인하고, 식재료에 의해 교차오염이 의심되는 즉석섭취식품/조리완료식품은 폐기하거나 품질상태를 확인하여 식품보관위치를 변경한다.
- 보관된 식품이 적절하게(비닐 랩, 집게 및 덮개가 있는 용기 등으로) 밀봉되어 있는지 확인한다.
- 보관된 식품을 하나씩 신택하여 변밀하게 유통기한을 확인한다.(선반 최상단 → 중단 → 최하단 순)
- 유통기한 초과식품 또는 점검당일이 유통기한 만료인 식품은 발견즉시 폐기한다.
- 새로운(유통기한이 길게 남아있는) 식품을 오래된(유통기한이 짧게 남아있는) 식품보다 뒤쪽 또는 아래쪽에 오도록 위치시켜 보관한다.
- 보관된 식품은 신선하며 상태는 양호한지 확인한다.

2) 식품보관 시

- 식품의 외부 종이포장은 제거한다.
- 식품을 보관용기에 담고 완전하게 덮개로 덮거나, 비닐 랩, 집게 등을 사용하여 밀봉한 후 보관장소에 보관시킨다.
- 외부포장 등에 부착된 식품표시사항을 라벨 및 일자관리의 절차를 준수하여 원 포장지에서 때어낸 후 해당식품용기에 부착한다.
- 식재료는 냉장고 또는 냉동고내 개별로 독립된(사방이 막힌) 공간(간)에 보관하여 조리완료식품 및 즉석섭취식품과 완전하게 분리시킨다. 만약, 식재료와 조리완료, 즉석섭취식

품을 동일한 공간(칸)에 보관해야하는 경우에는 식재료를 조리완료, 즉석섭취식품보다 아래쪽(층)에 보관한다.

※식재료를 조리완료, 즉석섭취식품보다 위쪽(층) 또는 옆쪽(측)에 보관하지 않아야 함

- 식품을 창고에 보관할 때에는 식품이 세척용품, 화학약품 및 기타 소모품 등의 비식품제품과 거리유지시켜 적절하게 분리보관한다.

2. 관리방안

1) 온도관리

- 냉장고는 0~10℃, 냉동고는 −18℃ 이하를 유지시킨다.
- 냉장식품과 냉동식품은 입고검수 후 신속하게(약 15분이내) 냉장고(냉장식품), 냉동고(냉동식품)에 보관한다.
- 냉장고 또는 냉동고에 식품을 보관할 때에는 과도하게 많은 양의 식품을 보관하지 않아야 한다. 특히, 내부냉각장치(냉각 FAN)의 차가운 공기가 식품에 의해 차단(전체에 고르게 순환하지 못함)되지 않도록 주의한다.

2) 오염방지

- 식재료는 냉장고 또는 냉동고내 개별로 독립된(사방이 막힌) 공간(칸)에 보관하여 조리완료식품 및 즉석섭취식품과 완전하게 분리시킨다.
- 식재료와 조리완료, 즉석섭취식품을 동일한 공간(칸)에 보관해야 하는 경우에는 식품보관 배치표를 준수하여, 식재료를 조리완료, 즉석섭취식품보다 아래쪽(층)에 보관시켜야 한다.

  ※식재료를 조리완료, 즉석섭취식품보다 위쪽(층) 또는 옆쪽(측)에 보관하지 않아야 함

3) 교차오염예방

- 식품을 냉장고와 냉동고에 보관하기 잔에는 외부종이박스 포장을 제거한다.
- 식품을 보관할 때에는 비닐랩, 집게 등으로 밀봉하거나 식품을 용기에 담고 덮개로 완전하게 덮어서 보관한다.
- 냉장고와 냉동고는 청결하며 양호한 상태를 유지해야 한다.

- 식품은 (워크인)냉장고와 냉동고바닥에 접촉하지 않도록 선반 또는 받침대위에 보관한다.
- 식품보관용기는 반드시 '식품보관전용'으로 지정된 것만을 사용해야 하며, 화학제품용기는 완전히 세척하였더라도 절대로 식품보관용기로 사용해서는 안 된다.

4) 재고관리 및 선입선출

- 모든 식품은 식품표시사항 또는 자체제조일자(폐기일자)가 부착되어 있어야 한다.
- 식품은 '선입선출'원칙을 준수하여 유통기한이 초과되기전에 사용/소진되어야 하며, 유통기한 초과한 식품은 발견즉시 폐기하여야 한다.
- 식품을 보관할 때에는 근무자가 유통기한확인, 선입선출정리정돈 등의 작업을 위한 (효율적으로 수행할 수 있는)접근성이 양호하도록 보관한다.
- 새롭게 입고/배송된 식품을 보관할 때는, 보관중인 재고품을 정리하여 새로운(유통기한이 길게 남아있는)식품을 오래된(유통기한이 짧게 남아있는) 식품보다 뒤쪽 또는 아래쪽에 오도록 위치시켜 보관한다.
- 식품유통기한은 매일 또는 새로운 식품이 보관될 때마다 점검한다.
- 매주 특정요일을 지정하여 영업장내 보관된 모든 식품의 유통기한을 전수점검한다.

5) 식품상온보관

- 창고 등 식품보관장소는 밝고, 서늘하고, 환기가 잘되며, 해충활동이 없는 청결하고 양호한 상태로 유지한다.
- 보관된 화학제품 및 세척용품은 식품과 거리를 두고 분리시켜 보관한다.
- 식품은 통행에 지정이 없으며, 청소, 유통기한확인 등의 작업이 용이하도록 보관해야 하며 또한 식품은 선반, 팔레트, 받침대위에 보관하여 바닥과 접촉하지 않아야 한다.

4 위생관리

1. 교차오염

유해박테리아가 식재료에서 조리완료, 즉석섭취식품으로 교차오염이 직접 또는 간접적으로 발생하지 않도록 매일 정기적으로 관리해야 한다.

- 직접오염 : 식재료와 즉석섭취식품 간의 직접접촉 또는 핏물로 인한 교차오염
- 간접오염 : 식재료에 의해 오염된 손 또는 칼, 도마, 장갑 등 용품을 사용하여 즉석섭취식품을 취급할 때 발생하는 교차오염

1) 관리기준

[보 관]

- 모든 식재료는 항상 조리완료식품 또는 즉석섭취식품과 분리보관한다.
- 식재료는 조리완료식품 또는 즉석섭취식품과 구분하여 보관한다.
- 식재료와 조리완료식품 또는 즉석섭취식품을 동일한 냉장, 냉동고에 보관할 때는 식재료를 선반가장 아래에 보관하고 조리완료식품 또는 즉석섭취식품의 상단 또는 옆에 보관하지 않는다.

[야채와 과일의 소독]

- 세척 및 소독완료한 야채/과일은 원물상태의 식재료(소독전 야채/과일포함)와 분리하여 냉장고에 보관한다.

[냉장해동]

- 냉장식재료시 식재료는 '식재료전용 보관냉장고'에서 해동하고, 냉장조리 완료식품과 냉장즉석섭취식품은 '조리완료, 즉석섭취식품 전용보관 냉장고'에서 해동한다. 만약 식재료와 조리완료, 즉석섭취식품을 동일한 냉장고에서 해동하는 경우에는 다음의 관리기준을 준수한다.
  → 식재료는 선반의 가장 낮은 곳에서 해동한다.

→ 조리완료식품과 즉석섭취식품은 식재료보다 높은 장소에서 해동한다.
→ 식재료와 조리완료식품 또는 즉석섭취식품을 동일한 장소에서 해동할 때에는 식품간 거리를 두어 분리하여 해동한다.

- 식품은 바닥이 밀폐된 깨끗한 용기에 담고 덮개로 덮어서 해동한다.

[전처리]

- 전처리 식품에 따라 전처리장소 또는 선반을 구분한다.
  → 식재료와 조리완료, 즉석섭취식품은 장소와 선반을 분리하여 작업한다.
  만약 장소협소, 선반부족의 이유로 동일한 곳에서 작업해야 하는 경우, 먼저 조리완료, 즉석섭취식품을 작업한 후 식재료를 작업한다.
- 식재료를 작업하는 장소, 선반은 조리완료식품 또는 즉석섭취식품을 작업하는 장소, 선반과 거리를 두고 분리해야 한다.
- 식재료와 조리완료, 즉석섭취식품에 전처리작업에 사용하는 칼, 도마, 고무장갑, 유니폼 등은 서로 다른 색상으로 지정하여 사용한다.
- 전처리에 사용한 장소, 선반, 칼, 도마 등의 용품은 사용전후 세척소독한다.
- 맨손으로 식품은 직접취급해서는 안 되며, 1회용 장갑이나 소독된 고무장갑을 착용하여 취급한다.
- 근무자는 식품을 취급할 때에는 정기적으로 손을 씻는다.
- 전처리용 싱크대와 세척소독용 싱크대는 구분하여 사용한다.
  만약 싱크대부족의 이유로 동일한 싱크대를 전처리와 세척소독 모든 작업에 사용해야 하는 경우에는 각 작업시작 전후에 세척소독한다.

2) 작업절차

- 냉장고, 냉동고내 식품의 보관상태, 야채 및 과일의 소독상태, 해동식품과 전처리식품상태를 정기적으로 육안점검하여 식품에 교차오염이 발생하지 않는지를 확인한다.
- 식재료와 조리완료, 즉석섭취식품이 냉장고에 잘못 보관되어 있으면, 즉시개선후 관리자에게 보고한다. 관리자은 해당식품을 교차오염이 발생하지 않았는지 등을 면밀하게 점검하여 폐기할지 여부를 결정하고, 또한 식품을 부적합하게 보관한 근무자에게 관리기준을 재교육한다.
- 식재료와 조리완료, 즉석섭취식품 취급시 장소, 선반 등을 별도로 구분하지 않은 경우에는 즉시개선 후 관리자에게 보고한다. 관리자는 해당식품을 교차오염이 발생하지 않았

는지 등을 면밀하게 점검하여 폐기할지 여부를 결정하고, 또한 식품을 부적합하게 취급한 근무자에게 본 SOP(standard operating process)의 관리기준을 재교육한다.

2. 식품라벨

식품이 안전하게 사용/소비될 수 있는 최종일자를 관리하기 위해서는 반드시 모든 보관식품에 '유통기한'이 기록된 라벨을 부착하여 관리해야 한다.

1) 관리기준

- 모든 (냉장, 냉동, 상온보관) 식품에는 반드시 '제조업체의 식품표시사항' 또는 '사내라벨링기준'에 의하여 유통기한이 표시되어 있어야 한다.
- '유통기한'이 초과된 식품/식재료를 사용하거나 보관하는 것은 법규위반사항이므로, 유통기한이 초과된 식품은 절대사용하지 않는다.
- '유통기한'은 절대로 고치거나(변조), 다른 제품의 것과 바꾸거나(교체), 확인하지 못하게 가리지(은폐) 않는다. 조리완료식품의 유통기한은 해당제품을 추가로 조리하는 경우에도 연장될 수 없음(→ 변경 : 제품의 유통기한은 연장이 불가함)
- '유통기한'을 정기적으로 점검한다.
  → 매일아침 : 당일입고되는 모든 식품보관된 모든 식품
  → 매주 특정요일지정(전수점검) : 사업장에 보관(냉장, 냉동, 상온보관)된 모든 식품
- 유통기한점검은 선반최상단 → 중단 → 최하단순서로 각각의 식품을 하나씩 선택하여 면밀하게 확인한다.
- 매주 특정요일 전수점검은 상온창고 → 워크인냉장/냉동고 → 일반냉장/냉동고 → 주방내 식품보관장소(선반, 찬장 등) → 홀 → 사무실, 휴게실, 탈의실 → 매점 → 홀/주방 → 카페순서로 실시한다.

2) 작업절차

- 매일아침, 냉장/냉동고내 보관된 모든 식품의 '유통기한'점검을 실시하고, 점검시에는 품질상태 등을 함께 확인하여 부적합한 식품은 폐기한다.
  → 사업장은 유통기한점검을 매일수행해야하는 필수일과로 선정하여 운영해야 함
- 매주 특정요일의 점검에는 영업장에 보관된(냉장, 냉동, 상온보관) 모든 식품을 대상으로

전수점검을 실시하여 '유통기한' 초과여부 및 품질상태를 확인하여 부적합한 식품은 폐기한다.

- '유통기한'이 초과된 모든 식품은 폐기하고 기록한다.
- 점검시에는 보관된 식품들의 유통기한을 비교/확인하여, 유통기한이 짧게 남아있는(오래된 식품) 식품은 앞/위쪽으로, 유통기한이 길게 남은 식품은(새로운 식품) 뒤/바닥에 위치하도록 정리한다.
- 보관장소에서 식품을 사용하기위해 꺼낼 때에는 항상 '유통기한'을 확인하고 유통기한이 짧게 남아있는(오래된 식품) 식품을 먼저 사용한다.

case 2017년 11월 29일. 연합뉴스

(서울=연합뉴스) 정열 기자 = 롯데마트는 지난 6월부터 식품위생관리를 위해 도입한 '하이젠 마스터'(Hygiene Master) 제도가 4개월 만에 성공적으로 안착했다고 29일 밝혔다.

영어로 위생전문가란 의미를 가진 '하이젠 마스터'는 롯데마트가 각 점포에서 매장진열상품의 안전과 위생상태를 관리하기 위해 선발한 품질관리 전담인력을 말한다.

지난 8월 121명의 품질관리 전담인력을 대상으로 시험과 평가를 거쳐 상위 10%인 10명의 '하이젠 마스터'를 선발했다.

롯데마트는 '하이젠 마스터' 제도를 도입한 지난 8월부터 11월까지 전 점포에서 식품위생관련 행정처분이 한 건도 없었고, 품질에 만족하지 못하는 고객을 위해 마련된 '신선식품 품질불량 보증제'에 따른 보상건수도 작년 동기 대비 23.8% 감소했다고 설명했다.

롯데마트 김영수 매장상품 팀장은 "내년에는 '하이젠 마스터'의 인력을 보강하고 식품위생과 법규관리를 위한 시스템을 구축해 신선식품 품질강화에 박차를 가할 것"이라고 말했다.

• 출처 : 연합뉴스, http://www.yonhapnews.co.kr

09 논의 과제

1. 식음료영업장에서 입고와 검수에 대한 관리방안을 설명하시오.

2. 식재료반품사례를 설명하시오.

3. 재고관리에서 재고과다와 과소에 따른 문제점을 설명하시오.

4. 재고관리의 기능에 대해 설명하시오.

5. 재고를 관리하는 방법으로 재고실사법과 계속기록법을 설명하시오.

6. 식품위생관리에서 교차오염에 대해 설명하시오.

제10장

메뉴운영 프로세스

1. 메뉴개발 프로세스
2. 가격결정방법
3. 메뉴엔지니어링

학습방향

이번 장은 식음관리부분인 메뉴개발 프로세스와 메뉴에 대한 가격결정, 메뉴엔지니어링을 제시하였다. 앞서, 식재료와 음료 그리고 관리프로세스를 통하여 원가와 관리방법에 대하여 알아보았다. 이러한 지식을 바탕으로 본 장에서는 메뉴개발진행단계와 가격결정을 통하여 메뉴에 대한 운영방안을 제시하고자 한다. 또한, 판매된 메뉴에 대한 분석방법인 메뉴엔지니어링을 통해 메뉴관리법에 대한 지식을 습득하도록 하였다.

학습목표

1. 메뉴개발 프로세스를 통해 메뉴개발과 변경절차를 설명한다.
2. 표준레시피의 보정과정을 설명한다.
3. 다양한 메뉴가격결정방법에 대해 설명한다.
4. 메뉴엔지니어링을 활용하여 메뉴를 평가할 수 있도록 설명한다.
5. 메뉴엔지니어링을 통해 도출된 결과를 이해하도록 설명한다.

1 메뉴개발 프로세스

다양한 식음료영업장에서 정기 또는 수시로 메뉴를 변경하고 있음에도 메뉴개발 및 변경기준이 제대로 정립되어 있지 않은 상태가 대부분의 현실이다. 즉, 판매되는 메뉴실적을 분석하여 변경하여야 함에도 불구하고 이러한 부분에서 미흡한 상황이다. 그러므로 본 절에서는 메뉴개발과 관련된 프로세스를 제시하고자 한다.

1. 메뉴개발 및 변경기준

메뉴개발 및 변경에 대한 절차와 기준을 정립하여 객관적인 판단의 기준으로 활용하기 위함이다. 개발 및 변경원인에 대해 유형별분류를 제시하고 이 부분에 해당될 경우에는 적용될 수 있도록 관리방안제시가 필요하다.

메뉴개발 및 변경이 이루어지는 요인은 크게 외부요인과 내부요인으로 구분될 수 있다. 외부요인은 고객의 변화, 다양한 제철식재료의 반영 등으로 볼 수 있으며, 내부적인 요인은 주방의 시설 및 직원의 스킬부분에 대한 영향일 크다. 이러한 요인에 대해 〈표 10-1〉에서 제시하였다.

표 10-1 메뉴개발, 변경유형

구분	내용
외부요인	· 고객의 요구가 다양하게 변화되고 있어 고객의 요구에 따라 메뉴교체의 필요성이 발생함 · 계절변화에 따라 계절과 조화되는 메뉴로 변경될 수 있음 · 신선한 식재료를 많이 사용하므로 계절별로 생산되는 식재료에 의하여 메뉴가 변경될 수 있음 · 경쟁업체의 메뉴분석을 통하여 차별화되는 메뉴개발로 변경될 수 있음
내부요인	· 메뉴컨셉은 지속적으로 평가되고 개선되어야 하며, 새로운 컨셉의 변화로 신메뉴가 요구됨 · 식재료의 원가변화, 새로운 메뉴아이템의 추가와 삭제 등에 따른 수익성변화에 의해 메뉴가 변경됨 · 확장이나 축소, 새로운 주방기기의 도입, 주방근무자의 생산능력변화 등의 원인으로 현재의 메뉴를 개선하거나 변경을 할 수 있음 · 판매되고 있는 메뉴내에서 특정메뉴의 판매량에 따라 다른 메뉴의 판매를 증가 또는 감소시켜 메뉴변경요인이 발생하여 메뉴품목별 판매동향에 따라 메뉴가 변경될 수 있음

표 10-2 메뉴엔지니어링에 따른 메뉴변경기준

Stars	· 계속 고수익메뉴로 유지시킬 필요가 있음 · 품질이나 1인 분량에 대하여 엄격하게 표준화, 규격화하여 그 품질을 유지하도록 함 · 메뉴판에서 가장 눈에 잘 띄는 부분에 메뉴명배치 · Super Star인 메뉴는 가격을 올리는 방안을 고려해 볼 것
Plow Horses	· 가격탄력성을 시험해 보아서 가격탄력성이 큰 메뉴라면 최소한의 비용만을 인상시키거나 Super Star 가격을 인상시킴으로서 메뉴가 부담해야할 비용을 대신 부담하도록 함 · 메뉴판에서 메뉴의 위치를 눈에 잘 안 띄는 곳으로 옮기고 마진이 높은 메뉴를 눈에 잘 띄는 곳에 배치 · 메뉴가격을 올리는 대신 단가가 싼 다른 몇개 메뉴와 묶어서 패키지상품으로 판매 · 반감을 주지않는 범위에서 소요량을 줄여 재료원가를 줄임 · 노동력이나 숙련도가 많이 요구되는 메뉴라면 가격을 올리거나 가격인상이 불가능할 경우 다른 메뉴로 교체
Puzzles	· 대표적인 메뉴도 아니면서 노동력이 많이 필요하다거나 저장성도 매우 낮으면 메뉴에서 제외고려 · 메뉴판에서 위치를 좀 더 눈에 잘 띄도록 함 · 메뉴이름 바꾸기(예: 고구마 → 웰빙고구마) · 가격을 낮추어 수요를 증가시켜 봄 · 특선요리에 포함시키거나 고객에게 권해봄(판촉전략) · 전체메뉴 중 Puzzle메뉴의 수를 제한하는 것이 좋음
Dogs	· 다른 메뉴에 영향을 거의 주지 않으므로 과감하게 제거 · 메뉴가격을 PUZZLE 수준으로 올려 봄 · 저장가능한 식재료이면 메뉴판에서 없애되 재고로 보유하다가 특별주문을 받아서 판매

앞서 메뉴변경에 대한 요인을 찾아보았으며, 이와는 별도로 메뉴자체의 수익성에 대한 평가를 통해 교체가 이루어지기도 한다. 수익성을 반영한 메뉴변경시 가장 일반적인 방법인 메뉴엔지니어링을 적용하는 것이다. 3절에서 메뉴엔지니어링에 대해 제시하겠지만, 다양한 메뉴엔지니어링 기법중 Kasavana & Smith 방식의 Stars, Plow Horses, Puzzles, Dogs로 구분하여 각각에 해당되는 경우에의 메뉴에 대한 적용방식이다. 메뉴엔지니어링에 따른 메뉴변경기준은 〈표 10-2〉와 같다.

2. 메뉴개발 및 변경절차

메뉴개발 및 변경에 있어서는 명확한 이유가 제시되어야 한다. 그렇지 않을 경우 관련규정은 사문화될 수밖에 없기 때문이다. 그러므로 내부, 외부적인 요인을 반영하여 메뉴의 개발과

그림 10-1 메뉴개발 순서

판매실적분석 메뉴Eng	개발/변경 필요성 검토	레시피 개발	최종 TEST	현장적용	Feed Back Monitoring	개선/폐기 레시피 이력관리

변경에 반영하고 기존의 메뉴에 대해서는 메뉴엔지니어링을 적용하여 메뉴변경절차를 진행하여야 할 것이다.

다음은 메뉴개발 또는 변경시 유의사항이다.

- 신메뉴를 개발하거나 변경하고자 하는 목적을 명확히 해야 한다.
  시장흐름, 계절식재료의 유통 등과 같이 쉽게 이해될 수 있어야 할 것이다.
- 메뉴엔지니어링 결과와 각 사업장 메뉴운영의 전반적인 흐름과 현장근무자의 의견 및 특수성 등 고려사항이 잘 반영되어 실질적인 메뉴운영이 가능하도록 협의해야 판단이 이루어져야 한다.
- 위생안전, 영양, 효율성(시설, 인력, 재료원가 등)이 고려되어야 한다.
- 고객에게 강력한 인상을 줄 수 있는 특징이 있어야 할 것이다.
  (시각, 후각 등 5감 및 고객의 식후만족감 등)
- 매월 1회 메뉴판매실적을 바탕으로 메뉴엔지니어링이 진행되어야 한다.

① 메뉴분석 및 평가를 통한 신상품개발 필요성 검토

② 신메뉴개발회의 및 정보수집

- 메뉴 최근동향과 고객의 요구에 대한 시장조사, 사회적 이슈, 경쟁사의 메뉴비교, 분석, 외식경영전문가와 상담

③ 컨셉결정

- 신메뉴 상품구상 및 가이드라인, 메뉴의 컨셉은 각 영업장의 컨셉과 어울려야 함
- 계절적합성(연중, 계절, 특화메뉴 등)

④ 스펙조정 및 테스트

- 식재료이용가능성(업체의 식재료공급 가능성 확인)
- 주방기기 및 시설의 생산능력검토
- 조리인력 및 인건비(인력투입)고려
- 표준레시피 안 마련(조리방법, 원가, 식재료구성 등)

- 실험조리(음식의 맛 최종평가)
- 1인분 제공량(고객제공량)
- 활용할 식기 및 음식의 데코레이션 등

⑤ 고객반응조사(시뮬레이션, 파일럿테스트)

⑥ 레시피확정 및 메뉴가격결정

- 사진촬영, 표준레시피시스템 등록

〈표 10-3〉은 앞의 메뉴개발순서를 일정에 따라 표로 제시한 것이다. 사업장에 따라 차이가

표 10-3 메뉴개발 프로세스

구 분	세부내역	내용 / 산출물	일 정
기획단계	개발방향설정	· 개발메뉴 컨셉도출 · 전문저널, 식음전문가 자문을 통한 식음트렌드 파악 · 메뉴분류(대표, 계절, 특화 등)	D-20
	현황분석	· 신메뉴적용 대상사업장 선정 · 주 이용고객 Needs/VOC 분석 · 경쟁사/관련사 현황파악	D-18
	메뉴Pool 확보	· 기 개발메뉴 리뉴얼레시피 · 유사레시피 수집 및 검토 · 신규 식재료품목확보	D-18
시행단계	실험조리	· 1차 레시피산출 메뉴별원가/조리공정/인당량/제공방법/제공식기선정	D-16
	메뉴검증 및 시식	· 현장조리 가능여부 및 재현성 검증을 통한 최종 레시피산출 · 신메뉴 시식(or 결재상신)	D-15
홍보단계	메뉴판 인쇄	· 디자인 인쇄의뢰	D-15
	시스템 등록	· 표준레시피 시스템 등록 운영 메뉴 Pool 확보	D-10
	메뉴교육	· 표준조리공정 교육실시	D-7
유지단계	품질유지	· 메뉴개발자, 조리책임자의 현장 체크 개발메뉴의 품질확인 및 유지	
	VOC 수집	· VOC를 반영한 레시피 보정	

있겠지만, 대략 D-20일 전에 메뉴개발방향을 설정한 후에 각각의 일정에 맞춰 진행하도록 한다. D-7일까지 도입하고자 하는 메뉴에 대한 검토가 완료되어야 하며, 프로세스에는 제시되어 있지는 않지만, 정식출시일까지 지속적인 숙달과정을 통해 고객의 주문시에도 문제가 없도록 진행되어야 한다. 하나의 메뉴가 완성되어 출시된 이후에는 홍보와 품질유지 및 고객의 반응을 확인해야 한다. 고객의 반응에 따라 개발된 메뉴가 지속적으로 유지될 것인지 아니면 판매중단으로 갈지가 결정될 수 있기 때문이다.

[그림 10-2]는 메뉴개발체계를 도식화한 것이다. 기획단계를 거쳐 메뉴의 개발컨셉을 확정하도록 하며, 시행단계에서는 실험조리와 메뉴품평회를 통해 최종레시피를 도출하도록 한다.

그림 10-2 메뉴개발 체계도

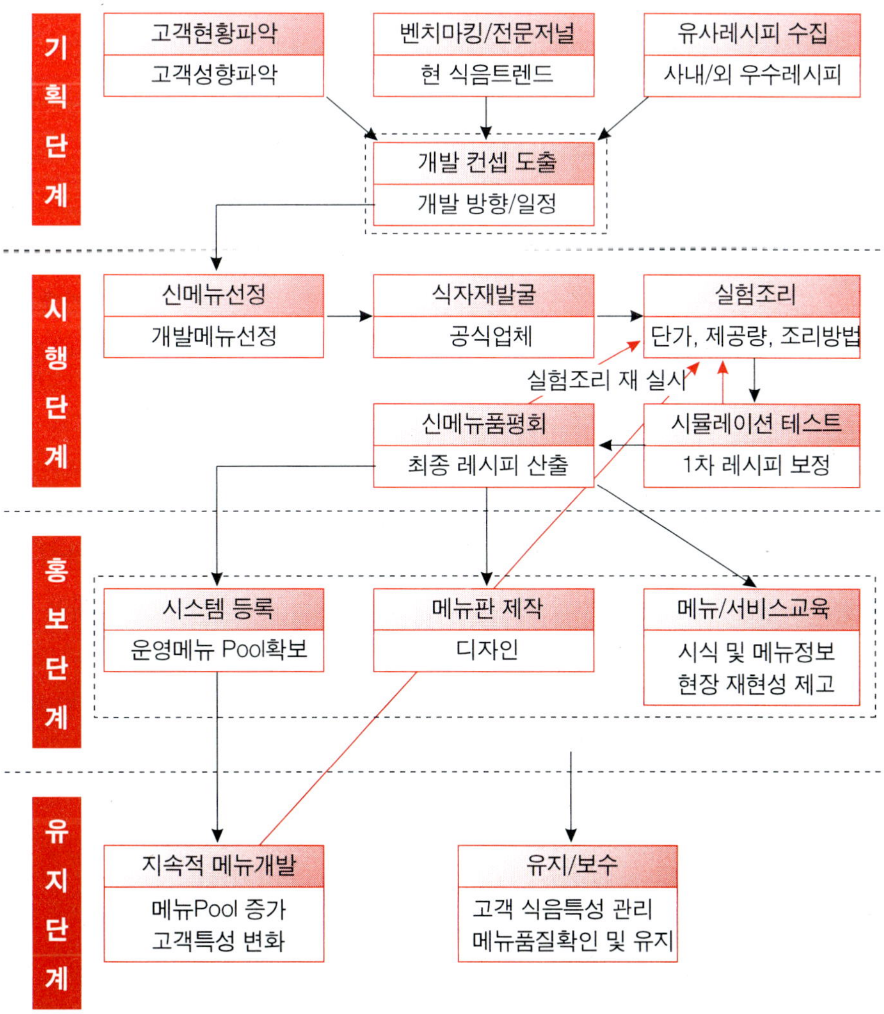

이렇게 도출된 레시피를 통해 홍보단계에서는 메뉴에 대한 교육과 메뉴판제작 등을 진행하게 된다. 마지막으로는 유지단계로써 개발된 메뉴가 정착될 수 있도록 고객의 반응을 확인하도록 하며 지속적으로 메뉴개발이 이루어질 수 있도록 한다.

〈표 10-3〉과 [그림 10-2]의 시행단계에서 '메뉴검증 및 시식'과 '신메뉴품평회'가 있다. 이 단계에서 메뉴의 조리와 판매가 가능한지에 대한 검증을 진행하게 된다. 이러한 검증을 통해 메뉴운영의 가능성을 인정받아야 정식으로 출시가 가능하다. 〈표 10-4〉는 메뉴검증방법에 대해 5가지로 제시하였다.

3. 표준레시피보정

출시된 메뉴에 대해 메뉴개발자, 조리책임자는 지속적으로 현장의 메뉴판매현황을 모니터링하여 개발메뉴의 품질을 확인하여 유지관리해야만 한다. 이를 통해 고객이 원하는 바를 파악하고 메뉴에 문제가 생겼을 경우 대책을 마련할 수 있기 때문이다.

메뉴에 대한 이상징후를 파악하는 가장 손쉬운 방법은 판매추이와 고객의 반응이다. 메뉴에 대한 선호도가 낮다는 것은 판매추이가 감소한 결과이며, VOC(voice of customer)를 통해 시장환경을 반영할 수 있을 것이다. 즉, 고객의 기호차이발생으로 인한 메뉴에 대한 문제점이 도출되는 시점에 협의를 통해 레시피보정작업에 들어갈 수 있다. 고객의 기호는 메뉴에 대한 트렌드변화, 식재료변화, 계절성 등의 다양한 요인에 의해 반영될 수 있기 때문에 레시피보정은 필요한 조치사항이다.

[그림 10-3]은 표준레시피 보정프로세스이다.

표준레시피를 변경하기 위해서는 레시피보정 사유가 명확해야 한다. 기존 레시피의 특성을 유지하고 품목과 조리법이 일치해야 한다. 기존에 작성된 표준레시피의 양식을 참고하여 조리후 중량, 품목규격, 조리법 등과 같이 각 항목에 대해 구체적으로 작성해야 한다. 표준레시피 보정은 기존의 레시피를 유지한 상태에서의 조정이다. 만약, 기존 레시피의 특성을 무시하고 작성된다면 이는 신규메뉴개발로 간주하여야 하며, 메뉴개발 프로세스단계를 준수하여야 한다.

표 10-4 메뉴검증방법

<table>
<tr><th rowspan="2">구 분</th><th colspan="2">장, 단점 및 적용범위</th></tr>
<tr><th>장 점</th><th>단 점</th></tr>
<tr><td rowspan="2">관능평가
(센소메트릭스)</td><td>· 식품전공자, 관능평가교육 수료자인 전문패널평가, 객관적인 검증용이
· 유사성 검증 및 상관분석을 통한 통계분석기법 사용</td><td>· 과다한 검증비용발생
· 검증 시 조리기기, 식재료품목의 편차가 발생하여 메뉴재현성 저하</td></tr>
<tr><td colspan="2">적용범위 : 완제품 비중 70% 이상의 개발메뉴 검증 시 적용</td></tr>
<tr><td rowspan="2">전문가 검증</td><td>· 식음전문역량 보유하여 현 식음트렌드 부합 및 메뉴타당성 검증용이
· 개발메뉴의 문제점 발생 시 해결방안 제공</td><td>· 검증비용발생
· 레시피를 통한 검증에 국한되어 '맛' 평가부문 검증이 미흡</td></tr>
<tr><td colspan="2">적용범위 : 1차 레시피 검증 및 개발방향 재설정 시 적용</td></tr>
<tr><td rowspan="2">메뉴품평회</td><td>· 사내식음전문가 집단 및 자문교수, 고객사 Key-man 검증으로 문제점 최소화
· 개발메뉴의 인당제공량, 제공방법, 제공식기 등 광범위검증용이</td><td>· 대량 조리방법검증미흡
· 검증에 필요한 인력, 시간과다소모</td></tr>
<tr><td colspan="2">적용범위 : 사업장 오픈메뉴개발 시 적용</td></tr>
<tr><td rowspan="2">시뮬레이션 테스트
(100~200인분)</td><td>· 현장조리기기, 조리인력을 활용하여 정확한 산출량 측정용이
· 현장 재현성 높음</td><td>· 운영지사와의 Co-work 필요
· 스티커를 이용한 만족도 평가방법으로 객관성 및 신뢰도 떨어짐</td></tr>
<tr><td colspan="2">적용범위 : 선진급식형 사업장 또는 200식 이하 사업장 소규모추가 메뉴검증 시 적용</td></tr>
<tr><td rowspan="2">파일럿 테스트
(500인분 이상)</td><td>· 500식 이상 사업장 조리기기, 조리인력을 활용한 검증으로 대량 조리메뉴검증 용이
· 현장 재현성 높음</td><td>· 운영사와의 Co-work 필요
· 사업장 고객패널설문지 평가방법으로 모수가 부족
· 객관성, 신뢰도 떨어짐</td></tr>
<tr><td colspan="2">적용범위 : 500식 이상 대형사업장 소규모추가 메뉴검증 시 적용</td></tr>
</table>

※ 시뮬레이션 테스트와 파일럿 테스트의 경우, 단체급식에서 활용되는 방안임.

그림 10-3 표준레시피 보정 프로세스

표준레시피 보정신청 메뉴제공 D-7 이전	· 표준레시피 폼에 품목, 소요량, 조리법작성 (보정 대상 품목 및 조리법에 빨간색 표시) · 산출량, 핵심조리공정, 조리법 3단계 공정작성
표준레시피 보정 적합여부 검증 메뉴제공 D-5 이전	· 보정대상 레시피의 정확성, 재현성 등 검증 : 보정 시 기존 표준레시피 특성유지여부
적합 시 시스템등록 메뉴제공 D-4 이전	· 표준레시피 등록 항목점검 : 품목공급여부, 핵심조리공정, 수량, 단위, 조리 후 증량, 단가, 조리법 등
표준레시피 보정신청 메뉴제공 D-3 이전	· 판매가 확인 및 각 골프장피드백 후 공유 : 공급중단된 품목 또는 판매가 변경의 경우 품목 및 수량조정

2 가격결정방법

대부분의 식음료영업장은 다음의 세 가지 방법으로 가격을 결정하는 것이 일반적이다.

- 매출목표를 결정한 뒤 이에 소요되는 평균비용을 도출하고 여기에 이익을 추가하여 가격을 정하는 방법
- 경쟁영업장의 제품가격에 가깝게 조정하는 방법
- 고객들이 우리가 판매하는 메뉴에 대해 얼마나 돈을 쓸지 평가해 가격을 매기는 방법

대략적인 판매가격을 결정하는 방법은 이 범위를 벗어나지 않겠지만, 상세하게 분류하면 다음과 같은 다양한 가격결정방법이 있다.

1) 원가지향적 가격결정법

상품생산에 사용된 기준으로 가격을 책정하는 것이다.

이 관점에서 어떤 원가를 가격결정에 필요한 요소로 간주하느냐에 따라 기업의 내부적인 가격정책에 대한 방향이 제시될 수 있다. 일반적으로 외식산업에서는 식재료원가만을 활용하여 가격을 결정하게 된다.

이 방법은 노무원가와 운영비를 고려하지 않은 식재료원가만을 기준으로 가격을 책정하는 것이 단점이다.

2) The Factor Method

가장 간단한 가격결정방법으로 과거의 영업실적자료를 가지고 있는 레스토랑에서 많이 활용한다. 원하는 식재료원가(%)를 100으로 나눈 factor를 식재료원가에 곱하여 산출한다.

원하는 식재료 원가비율이 34%이고 메뉴원가가 3,000원이라면, 34%를 100%로 나눠 2.94(factor)를 산출한 후 2.94를 원가에 곱하면(2.94×3,000)판매가격은 8,820원이 나온다.

3) The Mark-up Cost Method

메뉴원가를 원하는 식재료원가 %로 나누는 방법으로 원하는 식재료비율이 34%이고 메뉴원가가 3,000원일 때, 판매가격은 다음과 같다.

3,000÷0.34(34%)=8,824원(판매가격)

4) The Gross Mark-up Method

손익계산서상의 매출총이익(Gross profit : 매출 - 식재료원가)을 전체고객수로 나눈숫자(고객 1인당 기여도)를 메뉴원가에 합산하여 산출하는 방법이다.

식재료원가외에 인건비, 경비, 이익율 등의 기타 요소를 모두 고려, 메뉴들의 원가범위가 서로 비슷할 경우에 활용한다.

매출총이익이 4억원이고 방문고객수가 8만명이라고 가정하면, 1인당 기여도는 5,000원(4억원÷8명)이며 이 숫자를 메뉴원가 2,000원에 합하면 판매가격은 7,000원이 된다.

5) The Ratio Method

월간 또는 연간 손익계산서의 모든 비용과 수익을 고려해 판매가 결정되는 방법이다.

손익계산서상의 매출총이익을 총식재료원가로 나누어 비율을 산출하고 이 숫자에 1을 더한 숫자를 메뉴원가에 곱하여 판매가를 결정한다. 총식재료원가가 1억 4천만원이고 매출총이익은 3억원일 때, 3억÷1억 4천만원은 2.14(factor)이고 여기에 1을 더하면 3.14, 이 숫자에 메뉴원가 3,000원을 곱하면 판매가는 9,420원이 된다.

6) The TRA Method(텍사스 레스토랑협회에서 개발)

손익계산서에서 인건비율, 경비율, 이익율을 모두 합한 숫자를 100에서 뺀 후 메뉴원가를 이 숫자로 나누어 판매가를 결정한다

메뉴원가는 3,000원이고 인건비율은 35%, 운영경비는 25%, 이익율은 6%라고 할 때, 식재료원가율을 제외한 총합은 66%이다, 1에서 0.66을 빼면 0.34가 나오는데 메뉴원가 3,000원을 0.34로 나누면 판매가격은 약 8,824원이 된다.

7) 수요지향적 가격결정법

원가보다 소비자의 수요를 근거로 가격을 결정하는 방법으로 각 가격에 따른 수요량을 추정하여 매출에 따른 이익이 최대가 되도록 가격을 결정한다.

인지된 가치를 기준한 가격정책을 수립하는 것이다. 레스토랑의 원가수준이 아니라 고객들이 느끼는 가치를 가격결정요인으로 활용한다. 따라서 고객들이 메뉴에 대해 갖고 있는 가치 및 인지도를 얼마나 정확히 측정하느냐에 따라 가격유용성 여부가 결정된다. 고객이 느끼는 메뉴가치를 실제보다 높게 측정하였다면 가격도 지나치게 높게 책정될 것이며 실제보다 낮게 측정되었다면 반대의 결과를 초래할 것이다.

8) 수요에 따른 차별적 가격정책

고객, 장소, 시간에 따라 시장을 세분화해 차별적으로 가격을 적용한다. 즉, 같은 메뉴라 할지라도 두개 혹은 그 이상의 다른 가격으로 판매되는 것이다

같은 스테이크라 하더라도 피크타임에는 3만원에 판매하나 고객이 적은 운영시간에는할인가를 적용해 2만원에 판매해 고객을 유인할 수 있다.

9) 유인가격정책

고객은 메뉴선택시 다른 메뉴들의 가격을 비교한 후 최종결정하는 것을 감안해 메뉴구성 시 주력메뉴와 유인메뉴(미끼메뉴)를 조합해 주력메뉴의 선택을 증대시키는 방법이다.

2만원짜리 스테이크를 판매하고 있는데 이에 대한 판매가 부진할 경우 3만원짜리 스테이크(유인메뉴)를 메뉴판에 추가하면 기존 2만원짜리 스테이크는 3만원짜리 스테이크 대비 상대적으로 저렴하게 인지되어 판매가 높아질 수 있다.

10) 경쟁지향적 가격결정법

경쟁지향적 가격결정법은 제품의 원가나 고객의 수요보다는 경쟁업체의 가격을 기준으로 결정하는 방법이다.

- 가격선도제 : 동일업계에서 가격변화에 가장 영향력을 미치는 기업의 가격변화에 맞추는 방법
- 적정가격제 : 경쟁업체의 가격과 비교해 적정수준이라고 판단되는 업체의 가격을 따르는 방법
- 최고가격제 : 고객이 지불할 수 있다고 생각하는 가장 높은 가격을 결정하는 방법
- 특매가격제 : 주력품목의 가격을 인하하여 고객을 유인한 후 이익을 남기기 위해 다른 품목에 더 높은 가격을 받는 방법
- 관습적 가격설정법 : 고객이 일반적으로 인식하고 있는 가격으로서 동급의 레스토랑에서 제공되는 음식의 가격과 비슷하게 책정되는 방법

3 메뉴엔지니어링

1. 메뉴엔지니어링의 기본개념

메뉴분석이라는 것은 메뉴개선을 목적으로 기존의 운영중인 메뉴를 조정하거나 신규메뉴를 개발하여 기존의 메뉴를 대체하는 것을 의미한다. 메뉴운영을 통해 고객에게 더 많은 판매를 위한 마케팅전략수립을 위한 자료로 활용하고자 하는 것이 그 목적이다. 식음료영업장 운영자가 메뉴를 운영하는 궁극적인 목적은 수익이 높은 메뉴판매를 통하여 더 많은 이익을 얻고자 하는 것이므로 경영효율성과 고객측면에서 메뉴를 운영하여야 한다. 이러한 의미에서 메뉴분석은 효과적인 의사결정에 필요한 방안이며, 가장 널리 사용되는 것이 메뉴엔지니어링(menu engineering)이다.

메뉴엔지니어링은 원가율만을 반영한 이익분석법이 아니라 메뉴별 수익성과 공헌도를 계사한 공헌이익에 따라 메뉴를 분류함에 따라 그 결과를 근거로 메뉴운영정책을 수립할 수 있다. 이를 통하여 판매부진 상태인 메뉴를 제외시킴으로써 식재료관리의 비효율 요소를 제거하고 고객의 선호도와 수익성을 파악하여 매출 및 이익극대화를 제고할 수 있게 된다.

이러한 메뉴엔지니어링의 방식은 다음의 세 가지로 구분된다.

1) Miller방식

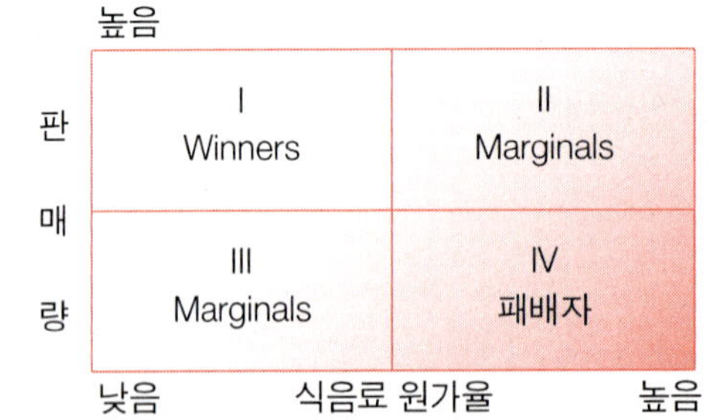

Miller 원가/판매량 분석법

- 일정기간 판매한 메뉴의 원가율과 판매량과의 상관관계를 나타내는 방법
- 원가율과 판매량을 이용하여 가장 낮은 원가의 메뉴와 가장 높은 판매량의 메뉴가 가장 좋은 영업성과를 창출한다는 것임
- 판매수량과 원가율만으로 평가하기 때문에 매출액이나 공헌이익을 나타낼 수 없다는 한계가 있음

2) Kasavana & Smith 방식

- 높은 공헌이익과 판매량이 많은 메뉴품목을 최고의 품목으로 분석하는 방법
- 마케팅적 접근에 의해 고객과 기업의 경영측면을 종합적으로 분석하는 기법
- 높은 공헌이익과 높은 판매량이 많은 품목이 최고의 메뉴임
  ※공헌이익 = 매출액 − 변동원가
- **장점** : 사용자가 이해하기 쉽고 사용이 편리하며, 식음료영업장의 판매가격, 판매수량, 식재료원가를 바탕으로 정보를 분석하게 됨
- **단점** : 원가요소 중 노무원가와 기타 원가와 같은 재료원가 이외를 반영하지 못한다는 문제가 있음

3) Pavesic 방식

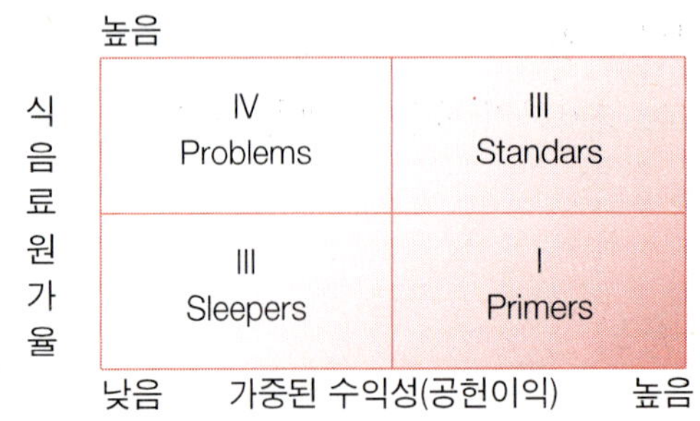

Pavesic 메뉴분석 모형

- Kasavana & Smith방식을 보완한 것으로서 식재료원가율, 공헌이익, 판매량의 세 가지 변수를 혼합한 기법
- 판매량에 따라 낮은 식재료원가율과 높은 공헌이익의 메뉴가 최상의 메뉴(Primes)로 판정함
- 장점 : 메뉴상의 모든 품목에 대해 원가, 선호도, 공헌이익의 관계를 2차원 좌표상에 표시함
- 단점 : 가중평균공헌이익에 의해 아이템을 구분함으로써 식재료원가 이외의 원가에 대해 반영이 이루어지지 않고 있음

2. Kasavana & Smith방식

앞서 메뉴엔지니어링에 대해 제시된 세 가지 중에서 가장 많이 활용되는 것이 Kasavana & Smith 방식이다.

이 방식은 기존의 Miller방식을 보완하여 1982년 Kasavana & Smith에 제안된 것으로써, 메뉴의 판매비율인 메뉴믹스(menu mix : MM)와 판매가격에서 식재료원가를 차감하여 계산한 공헌이익(contribution margin : CM)을 고려하였다. 즉, 메뉴의 판매수량인 MM과 수익성지표인 CM에 따라서 Stars, Puzzles, Plowhorses, Dogs으로 구분되는 것이다. 이러한 분석 결과를 바탕으로 경영자는 메뉴의 판매가격을 높임으로써, CM을 증대시킬 수 있다는 것이다. 하지만, 메뉴판매가격의 인상은 결과적으로는 고객의 수요를 감소시키는 효과로 작용하게 되며, 이로 인해 수익성도 악화된다는 것이 현실적인 사항이다. 이러한 평가에 있어서 문제가 있음에도 불구하고 판매가, 판매수량, 재료원가만으로 쉽게 메뉴를 평가할 수 있다는 점에서 널리 활용되고 있다.

이러한 점에서 메뉴엔지니어링결과로 분류된 Stars, Plowhorses, Puzzles, Dogs에 대한 정확한 의사결정을 내리기는 쉽지 않다. 다음의 각 항목에 대한 사항은 이론적으로 제시되는 것으로써, 각 영업장의 특성을 반영하여 최종적으로 결론을 내릴 필요가 있다. 예를 들어, Dogs에 해당되는 메뉴가 있어서 메뉴리스트에 제외를 하려고 하지만, 이 메뉴를 주로 이용하는 고객이 식음료영업장의 단골고객이며 매출에 크게 기여를 한다면 메뉴리스트에서 제외하는 것이 쉽지는 않을 것이라는 것이다.

1) Stars 아이템

- Stars로 분류된 아이템들은 대개 영업장 외의 대표적인 메뉴임
- 잘 관리하여 계속적으로 고수익아이템으로 유지시킬 필요가 있음
- 품질이나 제공량에 대해 엄격하게 표준화, 규격화하여 그 품질을 유지함
- 판매증대를 위해 메뉴판에서 눈에 가장 잘 띄는 곳에 배치
- Strars 아이템 중에서도 가격탄력성이 적은 superstar 같은 아이템에 대해서 한정적으로 가격인상으로 상대적으루 가격탄력성이 크지만 인기가 있는 다른 아이템의 비용의 일부를 보존함으로써, 가격탄력성이 큰 아이템의 고정가격이 유지될 수 있음

2) Plowhorses 아이템

- 인기는 높지만 공헌이익이 낮은 메뉴로써 가격민감성이 높은 시장에서 수요창출에 필요한 주된 메뉴임
- 가격탄력성이 큰 아이템인 경우에는 최소한의 비용만을 인상시키거나 superstar 아이템이 대신 부담하도록 함
- 가격인상이 고객수요에 미치는 부작용을 면밀히 검토하며, 조금씩 단계적으로 올리도록 진행함
- 고객의 심리적인 요인을 활용하여 메뉴가격의 끝자리가 홀수가 되도록 하며, 최저가와 최고가의 메뉴가 메뉴판에서의 거리가 최소한 2.5배 이상이 되게함
- 인지된 가격을 높여 고품질이 제공되고 있다는 확신을 받을 수 있도록 가격정책을 적용함
- 메뉴판에서 Plowhorses 아이템의 위치를 눈에 안 띄는 곳으로 이동시키고 대신에 마진이 높은 아이템을 눈에 잘 띄는 곳으로 배치함

표 10-5 Dogs 메뉴관리방향

1) Dogs 메뉴가 발생되는 원인을 파악해야 함	· 고객의 취향을 반영하고자 동일한 메뉴를 맛보기(1/2), 곱빼기(1.5)와 같이 분류할 경우에는 POS의 코드가 다르므로 다른 메뉴로 인식하게 되고, 메뉴엔지니어링 결과를 왜곡함 · 메뉴엔지니어링 결과에서 Dogs로 나오더라도 현장에서 실상에 대한 판단이 필요함(식재료의 변동없이 조리법만의 변경으로 메뉴가능한지 등등)
2) Dogs 메뉴에 대한 조정이 가능한지를 파악할 필요가 있음	· 시즌메뉴인지 · 매출이 높은 단골고객의 특정메뉴인지 · 메뉴유지를 위한 특별한 이유가 있는지 등등

※고급 레스토랑에서 메뉴를 제외시키기 위해서는 다양한 고려가 필요함.

- 가격인상 대신에 패키지 상품으로 판매하거나 고객의 반감을 주지않는 범위에서 제공되는 양을 줄이는 것도 고려할 필요가 있음

3) Puzzles 아이템

- 노동력이 많이 필요하거나 저장성이 낮다면 제외시키도록 함
- 그렇지 않으면 메뉴상의 위치를 눈에 잘 띄는 곳에 두거나, 이름을 바꾸거나, 가격을 낮추거나 또는 판촉전략을 사용하여 수요를 증대시킬 있는 방안을 마련
- 전체메뉴에 있어서 Puzzles 아이템의 수가 너무 많지 않도록 제한할 필요가 있음

4) Dogs 아이템

- 인기도 없고 팔아서 마진도 별로 없는 경우에는 메뉴에서 제외시킴
- 인기가 조금이라도 있다면 가격을 올리거나 저장이 가능하다면 특별주문시에 이용하도록함

3. 식음료영업장의 사례

골프장 레스토랑의 실제판매된 메뉴를 바탕으로 메뉴엔지니어링을 실시한 사례이다. 〈표 10-6〉에서는 각 메뉴명, 단가, 수량, 재료원가, 재료원가율(%), CM(contribution margin), MM(menu mix), 총매출액, 총원가, WCM을 계산하여 제시가 되어 있다.

표 10-6 메뉴분석을 위한 기초 자료

(단위: 천원)

메뉴명	판매가	수 량	원 가	원가율 (%)	CM	MM (%)	총매출	총원가	WCM
주꾸미삼겹볶음	80.0	224	19.0	26.1	53.7	23.50	16,291	4,258	12,033
훈제연어샐러드	40.0	194	6.4	17.5	30.0	20.40	7,055	1,237	5,818
닭날개튀김	40.0	112	8.4	23.0	28.0	11.80	4,073	937	3,136
치킨샐러드	40.0	79	6.3	17.4	30.0	8.30	2,873	499	2,374
레몬탕수육	40.0	48	8.2	22.6	28.2	5.00	1,745	394	1,351
버섯안심볶음	80.0	42	29.3	40.3	43.4	4.40	3,055	1,231	1,824
두릅문어숙회	60.0	39	18.9	34.6	35.7	4.10	2,127	736	1,391
송이전복볶음	80.0	32	25.9	35.6	46.8	3.40	2,327	828	1,499
버섯샐러드	40.0	31	5.3	14.7	31.0	3.30	1,127	166	961
송이해삼볶음	80.0	26	20.6	28.3	52.1	2.70	1,891	535	1,356
등심샐러드	80.0	26	25.8	35.5	46.9	2.70	1,891	671	1,220
두루치기	60.0	22	16.8	30.9	37.7	2.30	1,200	370	830
숯불바비큐	80.0	17	18.8	25.9	53.9	1.80	1,236	320	916
전복샐러드	100.0	16	37.9	41.7	53.0	1.70	1,455	606	849
불고기샐러드	40.0	12	8.3	22.7	28.1	1.30	436	99	337
두부김치	40.0	10	8.6	23.7	27.7	1.00	364	86	278
해산물샐러드	80.0	8	14.3	19.6	58.5	0.80	582	114	468
등심구이와 야채	100.0	7	39.8	43.8	51.1	0.70	636	279	357
레몬탕수우육	60.0	5	6.5	12.0	48.0	0.50	273	33	240
굴튀김	40.0	3	14.3	39.4	22.1	0.30	109	43	66
합계 / 평균	63.0	953	17.0	29.6	40.3	100.0	50,746	13,442	37,304

※ 출처 : 구원일 (2015). 메뉴엔지니어링(Menu Engineering)을 활용한 골프장 레스토랑 메뉴분석에 관한 연구.

판매가에는 부가가치세 10%가 반영되었으므로 메뉴엔지니어링계산을 위해 10%를 제외한 수치에 원가를 반영하여 원가율을 계산하였다. 또한, 부가가치세를 제외한 판매가에서 변동원가(재료원가)를 차감하여 CM을 산출하게 된다. MM은 전체판매수량에서 해당메뉴의 판매수량을 반영하여 계산하게 된다. 그리고 총매출은 판매가에 판매수량을 곱하여 반영하게 되며, 마찬가지로 총원가도 원가에 판매수량을 곱하여 계산을 하면 된다. WCM은 CM에 판매수량을 반영하여 계산한다.

Kasavana & Smith 방식은 개별메뉴별 CM과 MM의 두 가지 항목을 축으로 적용하여 메뉴를 분석하게 된다. CM은 메뉴별단가에서 원가를 차감하여 계산이 되며 MM은 70% 법칙을 적용하였다[100 / 메뉴품목수 × 0.7]. CM과 MM을 반영하여 기준보다 CM과 MM이 높으면, Stars, CM은 높지만 MM이 낮으면, Puzzles이고, 그 반대로 낮은 CM과 높은 MM에서는 Plowhorses, 모두 낮을 경우에는 Dogs라고 평가된다.

Pavesc방식은 메뉴의 개별CM에 판매량이 반영된 WCM과 원가 두 가지를 기준으로 분석이 이루어진다. WCM은 높지만 원가가 낮을 경우에 Primes, WCM과 원가모두 높으면 Standards, WCM과 원가모두 낮으면, Sleepers로 평가하고 마지막으로 WCM이 낮고 원가가 높은 경우에는 Problems이다.

Kasavana & Smith 방식으로 메뉴분석결과, 평균CM과 MM는 각각 40.3천원과 3.5%이다. 이를 근거로 분석결과는 Stars 2종류, Puzzles 8종류, Plowhorses와 Dogs은 각각 5종류이다.

Pavesic에서 평균 WCM은 1,865천원이고 평균원가는 26.5%로 계산되었고, 이를 반영한 결과로 Primes가 4종, Sleepers는 7종류이고, Problems에는 9종류로 나타났다. 특징적인 것은 WCM이 높고 원가도 높은 Standards에 속하는 메뉴는 없다는 것이다.

이를 근거로 Kasavana & Smith와 Pavesic 분석을 비교하였다. Stars 메뉴 2종류중 Pavesic에서 Primes로 평가된 것은 1종류에 불과하다. Primes로 판정된 나머지 3종류의 메뉴는 Kasavana & Smith 분석에서 Plowhorse로 판정되었다. 즉, 개별메뉴의 CM은 낮지만, 판매량이 증가됨으로써 WCM이 높게 반영되어 Primes로 평가되었다는 것이다. 이러한 근거로 볼 때, 개별CM이 높지만 판매량이 적을 경우에는 Pavesic분석에서 좋은 평가를 받지 못한다고 볼 수 있다.

표 10-7 메뉴엔지니어링 결과

(단위: 천원)

메뉴명	Kasavana & Smith			Pavesic		
	CM	MM	평 가	WCM	총원가	평 가
주꾸미삼겹볶음	High	High	Stars	High	Low	Primes
훈제연어샐러드	Low	High	Plowhorses	High	Low	Primes
닭날개튀김	Low	High	Plowhorses	High	Low	Primes
치킨샐러드	Low	High	Plowhorses	High	Low	Primes
레몬탕수육	Low	High	Plowhorses	Low	Low	Sleepers
버섯안심볶음	High	High	Stars	Low	High	Problems
두릅문어숙회	Low	High	Plowhorses	Low	High	Problems
송이전복볶음	High	Low	Puzzles	Low	High	Problems
버섯샐러드	Low	Low	Dogs	Low	Low	Sleepers
송이해삼볶음	High	Low	Puzzles	Low	High	Problems
봄나물샐러드	High	Low	Puzzles	Low	High	Problems
두루치기	Low	Low	Dogs	Low	High	Problems
숯불바비큐	High	Low	Puzzles	Low	Low	Sleepers
전복샐러드	High	Low	Puzzles	Low	High	Problems
불고기샐러드	Low	Low	Dogs	Low	Low	Sleepers
두부김치	Low	Low	Dogs	Low	Low	Sleepers
해산물샐러드	High	Low	Puzzles	Low	Low	Sleepers
등심구이와야채	High	Low	Puzzles	Low	High	Problems
레몬탕수우육	High	Low	Puzzles	Low	Low	Sleepers
굴튀김	Low	Low	Dogs	Low	High	Problems

※ 출처 : 구원일 (2015). 메뉴엔지니어링(Menu Engineering)을 활용한 골프장 레스토랑 메뉴분석에 관한 연구.

case 2018년 02월 01일. 뉴시스

"中 요식업, 단맛 매운맛 메뉴인기…韓기업 공략포인트 삼아야"

최근 중국요식업 시장에서 식사는 매운맛, 간식과 후식은 단맛이 주목받고 있어 이를 우리기업들이 활용해야 한다는 의견이 제기됐다.

한국무역협회 성도지부는 알리바바 산하 O2O 생활서비스 기업인 커우베이에서 실시한 '2017년 중국인 식습관 빅데이터' 분석결과를 바탕으로 '중국 요식업계 주요 동향 및 2018년 전망' 보고서를 작성해 1일 발표했다.

보고서에 따르면 중국인들이 선호하는 맛으로 중국식 샤브샤브인 '훠궈' 등 전통적인 매운 맛과 베이커리, 디저트, 카페에서 맛볼 수 있는 단맛메뉴를 꼽았다.

보고서는 2018년 중국 요식업의 5대 트렌드로 ▲가볍고 빠르게 즐길 수 있는 메뉴 ▲외식소비의 주력군인 1980~90년대생 고객 ▲웰빙 트렌드에 맞는 조리법과 마케팅 ▲디저트와 음료를 즐기는 젊은층이 주목하는 단맛 ▲맛 · 가성비 · 신선도 등을 제시했다.

한국무역협회 성도지부 이원석 과장은 "중국소비의 주력인 1980~90년대생들의 취향에 맞춰 우리 기업들은 가성비형 신메뉴개발, 배달서비스 강화, 다양한 세트메뉴 출시 등 마케팅수단을 다변화해야 한다"고 강조했다.

10 논의 과제

1. 메뉴개발과 변경절차를 프로세스로 설명하시오.

2. 메뉴가격결정방법으로 요약되는 세 가지를 설명하시오.

3. 메뉴엔지니어링의 세 가지를 각각 설명하시오. (Miller, Kasavana & Smith, Pavesic)

4. Kasavana & Smith 방식의 Stars, Plowhorses, Puzzles, Dogs를 각각 설명하고, Dogs 메뉴처리방안을 설명하시오.

제11장

인력관리

1. 인건비관리
2. 생산성 향상을 위한 직원관리
3. 생산성 측정
4. 급여관리 및 통세

학습방향

호스피탈리티 산업에 있어서 인력관리의 중요성이 커지고 있다. 식음료영업장에서 인건비는 판매관리비의 급료, 수당, 퇴직금 등과 제조원가명세서의 노무원가, 복리후생비 등을 합계한 것을 의미한다. 앞서 제1부 원가에 대한 이해에서 노무원가로 설명하였지만, 본 장에서는 좀 더 넓은 의미로 설명하기 위해 노무원가 대신에 인건비로 하였다. 인건비는 상황에 따라 재료원가보다 높은 비율을 차지하기도 한다. 또한, 최근에는 고정원가의 성격으로 영업의 여부와는 상관없이 지속적으로 발생하는 부분으로 중요성이 높아지고 있다. 그러므로 본 장에서는 환대산업에서 중요한 요소인 인력관리에 대한 개념을 확립하고 이를 바탕으로 생산성 유지를 위한 측정방안에 대해 제시하였다. 이를 통해 외식업에서의 인력관리의 중요성을 확인하고자 한다.

학습목표

1. 인건비관리방안에 대해 설명한다.
2. 생산성 향상을 위한 직원관리방법에 대해 설명한다.
3. 인력관리방안으로 생산성측정방법을 설명한다.
4. 수익경영에 대해 이해하고 식음료영업장에 적용방안을 설명한다.
5. 급여관리 및 통제를 통해 인건비감소방안을 설명한다.

1 인건비관리

오늘날의 외식산업현장에서 많은 인력이 필요하며, 이에 따른 비용이 발생하고 있다. 이러한 상황에서 기업에서 예산으로 배정된 한정된 인건비(노무원가) 범위내에서 활용해야 하기때문에 칠저한 관리가 필요하다. 특히, 일부 식음료영업장의 경우 인건비가 재료원가를 초과하는 경우가 있기 때문에 정확한 인식이 요구되는 바이다.

- 인건비는 일반적으로 급료와 임금을 포함하지만 상황에 따라서는 4대보험, 복리후생비, 교육훈련비, 인센티브와 같은 다른 비용이 추가적으로 반영된다.
- 급여는 근로자가 자신의 업무를 수행하고 받는 총임금

일반적으로 근로자는 고정된 시간동안 근무를 하고 주당 또는 월별로 동일한 급여를 받게 되는데, 이를 고정급여라고 한다. 그리고 시간제 직원에게 지급되는 급여는 변동급여로 간주된다. 기업을 운영하는 경영진 입장에서 고정급여는 근무자에게 약정된 금액을 매주 또는 매월지급해야하기 때문에 통제할 수 있는 범위가 거의 없다. 하지만, 변동급여의 대부분은 파트타이머와 같은 일용직에게 지급되기 때문에 통제가 가능하다. 즉, 근무상황에 따라 단기적으로 고용형태를 유지할 수 있기 때문이다.

인건비는 단순히 급여만을 포함되지 않는다. 근로자에게 지급되는 모든 금액이 포함된다. 앞서 언급한 바와 같이 급여는 통제가 거의 불가능한 부분이지만, 변동급여를 포함해서 직원에게 제공되는 보험료 등과 같이 통제가능한 급여를 통해 전체인건비에 영향을 미치게 된다는 것이다.

또한, 기업은 영리목적으로 운영되기 때문에 근로자에게 지급된 급여보다 더 많은 업무실적을 요구하게 된다. 이것이 바로 노동생산성이라고 한다. 노동생산성은 일정기간 동안 직원이 수행한 업무에 대한 양을 측정한 것으로써, 노동생산성을 평가하는 다양한 방법이 있지만 일반적으로 다음과 같이 측정한다.

투입량 / 산출량 = 생산성 비율

2 생산성 향상을 위한 직원관리

기업은 영리추구를 목적으로 하고 있다. 즉, 기업은 매출을 발생시키고 다양한 비용을 차감한 후에 이익을 발생시켜야 한다. 이를 통해 기업은 재투자를 하고 계속기업(going concern)으로 발전할 수 있기 때문이다. 이를 위해 기업은 생산성 향상을 추구하고 있다. 특히, 급여를 제공하고 채용한 직원의 생산성을 높이고자 한다. 다음은 직원생산성에 영향을 미치는 10가지의 핵심요소이다. 이를 관리하고 통제함으로써 생산성을 높을 수 있다는 것이다.

- 직원선발
- 교육훈련
- 감독
- 스케쥴관리
- 휴식
- 동기부여
- 판매되는 메뉴항목
- 직접제조 또는 외부구입
- 근무환경
- 제공되는 서비스수준

1. 직원선발

직원선발은 식음료영업장의 생산성이 높은 노동력을 개발하는데 필수적인 요소로 작용한다. 이를 위해서 직무기술서와 직무명세서를 상세히 작성할 필요가 있다. 직무기술서는 특정 직무에 고용된 직원이 수행하여야 하는 업무목록을 말하며, 직무명세서는 특정 직무기술에 포함된 업무를 수행하기 위해 필요로 하는 개인의 특성을 목록화한 것이라는 점에서 둘 사이에는 차이가 있다.

이와 같이 작성된 직무기술서와 직무명세서를 검토하여 필요로 하는 직무에 직원을 채용하는 선발과정을 진행하여야 한다. 선발과정을 거치기 위해 채용공고를 내고 지원자는 취업지원서를 작성하여 제출하면 이를 검토하여 면접을 진행하게 된다. 면접은 적절하게 진행되어야 하며 그렇지 않을 경우 도덕적, 법적책임을 물을 수 있기 때문이다.

최근에 많은 기업들이 인턴이라고 하는 사전고용테스트를 많이 진행하고 있다. 이를 통해 채용될 직원의 업무능력을 사전에 확인하고 정식채용되었을 때에 기업의 생산성 향상에도 도움이 되기 때문이다. 또한, 직무에 대한 적합도를 확인하기 위하여 다양한 심리테스트 및 성격테스트를 진행하고 있다. 국내에서는 일반적이지는 않지만 해외의 경우는 약물테스트를 진행하기도 한다. 이와 비슷한 것으로 국내에서는 건강검진을 진행하고, 특히 외식분야에서는 보건증을 통해 건강상태를 확인하고 있다.

환대산입을 운영하는 기업의 입상에서는 채용하고자 하는 직위의 직원을 고용하기전에 경력조회를 진행하는 경우가 많다. 특히 채용하는 직위가 높을수록 경력조회가 중요한 요소로 작용된다. 정확한 조사가 진행되지 않을 경우 실제업무를 담당하였을 때, 그 이상의 성과를 낼 수 없을 것이고 최종적으로는 고용에서 실패할 수가 있다는 것이다. 특히, 한 번 채용이 이루어지면 해고가 쉽지 않은 상황에서 직무에 적합한 직원을 채용하기 위해서는 점차적으로 경력조회가 중요한 부분으로 작용하고 있다.

2. 교육훈련

효과적인 교육은 직무만족도를 향상시키고 직원이 담당하고 있는 업무에 대핸 성취감을 높일 수 있다는 것이다. 또한 서비스에 대한 혼동이나 제품낭비와 고객에 대한 서비스실수로 인한 손실을 감소시키는데 기여한다는 것이다. 특히 직무교육은 직원이 생산성 목표를 달성할 수 있도록 관련기술을 보유할 수 있도록 수행되는 교육이라는 것이다.

이러한 교육훈련은 ① 교육프로그램의 개발, ② 교육세션계획수립, ③ 교육세션을 발표, ④ 세션의 효율성을 평가, ⑤ 지속적인 재교육진행의 순서로 진행하게 된다.

3. 관리감독

적절한 직원에 대한 감독을 통해 직원의 생산성 향상을 만들 수 있다는 것이다. 특히 식음료 영업장의 경우 지속적으로 고객서비스가 제공되어야 하는 특성상 관리가 필요할 수밖에 없다. 즉, 관리감독을 통해 직원의 생산성을 향상시키고 고객서비스를 증대시킬 수 있을 것이다.

4. 스케쥴관리

생산성이 높은 직원일지라도 경영진에 의해 적절한 스케쥴관리가 이루어지지 않으면 생산성 효율은 낮아질 수밖에 없는 상황이다. 그러므로 적절한 스케쥴관리를 통해 정확한 수의 직원이 필요한 만큼의 업무를 수행할 수 있어야 한다.

〈표 11-1〉의 스케쥴관리방안을 살펴보면, 스케쥴 1에서는 총 4명의 직원이 필요하지만, 스케쥴관리를 통해 스케쥴 2에서는 3명의 직원으로 운영이 가능할 수도 있다는 것을 보여주고 있다. 스케쥴관리를 통하여 식음료영업장에서 가장 많은 고객이 몰리는 점심시간과 저녁시간의 근무자수는 스케쥴 1과 스케쥴 2에서 차이를 보이고 있지 않다. 이러한 점에서 스케쥴관리의 가장 중요한 부분은 고객수요의 최고점과 최저점을 확인하고 이를 직원의 스케쥴과 일치시키는 것이다.

1주일 동안 판매되는 메뉴수가 600개라고 할 때, 앞서 〈표 11-1〉의 스케쥴관리를 반영하여 근무자 수가 4명과 3명일때에 메뉴를 만드는 수는 150개와 200개이다. 스케쥴을 고객서비스에 문제가 없도록 조정할 경우에 1인당 생산성은 기존의 150개에서 200개로 늘어난다고 볼 수 있다.

표 11-1 스케쥴관리방안

스케쥴 1	~9:00	~11:00	~1:00	~3:00	~5:00	~7:00	~9:00	~11:00
직원 A								
직원 B								
직원 C								
직원 D								

※ 근무시간 = 32시간

스케쥴2	~9:00	~11:00	~1:00	~3:00	~5:00	~7:00	~9:00	~11:00
직원 A								
직원 B								
직원 C								

※ 근무시간 = 24시간

표 11-2 생산성 비율에서의 스케쥴관리효과

(단위: 개,명)

판매 메뉴 수	근무자 수	생산성 비율
600	4	150개
600	3	200개

※ 근무시간 = 32시간

5. 휴 식

직원들은 근무중 휴식을 통해 육체적으로나 정신적으로 회복할 필요가 있다. 휴식을 통하여 향후 근무에 충실할 수 있도록 휴식일정을 수립하고 이를 관리자가 신경을 쓴다는 사실을 인지시킬 필요가 있다는 것이다. 이러한 휴식은 불필요하거나 낭비하는 시간이 아니라 지속적인 고객서비스를 위해 생산성을 향상시키는데 필요한 부분이라는 것을 인식하여야 한다.

최근의 많은 식음료영업장이 점심과 저녁시간 중간에 휴식시간을 유지하고 있다. 이를 통해 직원들의 휴식시간을 보장하고 저녁영업을 위한 시간을 확보하고자 한다. 이러한 추세가 확대되고 있지만, 여전히 직원들의 휴식에 대한 낮은 인식과 휴식보다는 저녁영업순비로 활용되고 있는 것이 현실이다.

6. 동기부여

관리자는 직원들이 재미있고 동기부여가 되는 근무환경을 조성하여야 한다. 동기가 부여된다는 것은 근무를 하는 직원들에게 비전을 제공하고 이를 공유할 수 있어야 한다. 이와 같은 비전창출을 통해 직원은 이곳에서 근무하는 목적을 찾을 수 있게 된다. 즉, 경영진과 직원간의 주된 목적은 기업의 비전창출을 통해 높은 사기진작과 이를 유지관리하는 것이다.

이러한 비전창출을 통한 동기부여가 직원들의 근무지속성에도 영향을 미칠 것으로 판단된다. 식음료영업장을 운영하는 기업의 직원이직율은 아주 높으며 경우에 따라서는 연간 200%를 초과하기도 한다. 이직률은 다음과 같은 공식을 통해 계산할 수 있다.

이직율 = 이직한 직원수 / 전체직원수

예를 들어, 전체 40명의 직원중에서 15명이 이직을 하였다면 다음과 같다.

15명 / 40명 = 37.5% (이직률)

이직은 퇴직 또는 다른 방식으로 현재의 직장을 그만둔 것으로써 이직도 자발적 이직과 비자발적 이직으로 구분된다. 자발적 이직은 직원스스로 회사를 떠나기로 결정한 것이며, 비자발적 이직은 회사의 경영상의 문제로 직원을 회사라는 조직에서 강제로 떠나도록 하는 것이다. 특히 외식업계는 규모의 영세성과 치열한 경쟁으로 인해 비자발적 이직이 높은 편이다.

앞서 제시한 이직률 공식은 자발적 이직과 비자발적 이직을 반영하여 계산할 수도 있다. 이러한 점에서 이직률 공식 두 가지를 다음과 같다.

자발적 이직율 = 자발적 이직한 직원수 / 전체직원수
비자발적 이직율 = 비자발적 이직한 직원수 / 전체직원수

7. 메 뉴

식음료영업장에서 운영하는 메뉴의 수 또는 운영방법에 따라 직원생산성에 차이가 발생한다. 직원을 채용하여 운영하기 위해서는 많은 비용이 발생하게 된다. 그러므로 경영자입장에서는 가능한 한 많은 메뉴를 운영하고자 하는 경향이 있다. 하지만, 주방에서 생산할 품목이 많으면 많을수록 주방의 효율성은 떨어지게 마련이다. 또한, 운영방법에 있어서 직접조리를 하느냐 아니면 반제품을 구매하여 활용하느냐에 따라 주방의 생산성도 영향을 받게 된다. 그러므로 메뉴는 직원의 기술수준과 주방설비를 바탕으로 설정하는 것이 중요하다. 그리고 한번 결정된 메뉴는 쉽게 바꿀 수 없기 때문에 최초로 설정할 때 신중할 필요가 있다.

8. 직접제조 또는 외부구입

경영진은 식음료영업장의 영업이 확대됨에 따라 기존의 직원들을 활용하여 직접제조할 것인지 아니면 외부에서 반제품 등을 구입할 것인지를 고민하게 된다. 이러한 고민은 제품의 품질유지와 비용이라는 측면이다. 직접제조를 하게 되면 제품품질은 유지되지만 인건비라는 비용이 증가되고, 외부구입을 하게 되면 비용은 감소하겠지만, 품질이라는 부분은 어느 정도 희생될 수 밖에 없다. 최근에는 품질유지를 위해 레시피를 외부업체에 제공하여 납품하도록 하고 있다.

표 11-3 직접제조와 외부구입의 비교

(단위: 원)

재 료		직접제조	외부사입
재 료	배추	80,000	36,000
	양념	0	4,000
인건비		16,000 (1시간)	64,000 (4시간)
기타 경비		2,800	8,800
총원가		98,800	112,800

〈표 11-3〉은 직접제조와 외부구입의 단가를 비교한 것이다. 총원가를 비교하면 외부구입이 직접제조보다 14,000원의 비용이 더 발생하는 것으로 나타남으로써, 직접제조하는 것이 유리한 것으로 판단할 수 있다. 하지만, 여기서 고려되지 않은것은 인건비를 지급하는 직원이다. 직접제조를 하기 위해서는 직원을 채용하고 급여를 지급해야 하는 것이다. 추가적으로 직원에 대한 복리후생비 등이 지속적으로 발생된다. 이러한 점에서 최근의 외식산업의 형태는 직접제조보다는 외부구입을 확대하고 있다.

9. 근무환경

식음료영업장에서 근무하는 직원입장에서 근무환경은 중요한 요소이다. 특히 주방의 시설이나 환경이 근무에 적합하여야 생산성 기준이나 이익에 대한 책임을 가지게 된다. 그러므로 경영자는 시설과 장비에 대해 관리하고 정기적으로 점검할 의무가 있다.

10. 서비스수준

경영진이 추구하는 식음료영업장이 있을 것이다. 이에 따라 직원의 서비스수준도 달라진다. 즉, 패스트푸드와 파인다이닝 레스토랑의 서비스수준은 다르기 때문에 직원의 생산성도 다를 수 있다. 패스트푸드는 가능한 빠른 시간내에 다수의 고객에게 메뉴를 제공하는 것이고 파인다이닝 레스토랑은 메뉴를 즐길 수 있도록 소수의 고객에게 서비스가 이루어진다는 점에서 생산성에서도 차이가 있다.

3 생산성 측정

생산성을 측정할 수 있는 방법은 다양하지만, 일반적으로 다음과 같은 방법으로 측정하게 된다.

- 인건비 비율
- 근무시간당 매출액
- 고객서비스 당 인건비
- 인건비 당 서비스된 고객
- 근로시간당 서비스 된 고객

1. 인건비비율

인건비 비율은 다음과 같이 계산된다. 인건비는 급여를 포함한 다양한 부분이 지급되고 있다는 것을 인식시키는 것이 중요하다.

인건비 / 총매출 = 인건비율(%)

표 11-4 인건비율(%)

(단위: 원,%)

구 분	인건비	매출액	인건비율(%)
1주차	5,100,000	16,400,000	31.1
2주차	6,320,000	17,200,000	36.7
3주차	7,415,000	19,100,000	38.8
4주차	5,910,000	17,800,000	33.2
합 계	24,745,000	70,500,000	35.1

표 11-5 인건비 증가에 따른 인건비율(%) 증가

(단위: 원,%)

구 분	인건비	5% 증가	인건비 계	총매출	인건비율(%)
1주차	5,100,000	255,000	5,355,000	16,400,000	32.7
2주차	6,320,000	316,000	6,636,000	17,200,000	38.6
3주차	7,415,000	370,750	7,785,750	19,100,000	40.8
4주차	5,910,000	295,500	6,205,500	17,800,000	34.9
합 계	24,745,000	1,237,250	25,982,250	70,500,000	36.9

〈표 11-4〉는 ㈜서울레스토랑의 한 달간 인건비율(%)을 계산한 내역이다. 인건비는 주차에 따라 변화되고 있으며 매출도 함께 증가됨에 따라 인건비의 변화율을 확인할 수 있다.

〈표 11-5〉에서 제시한 표는 기존의 인건비에서 5%가 증가할 것으로 추정하였을 때의 인건비율의 변화이다. 인건비의 증가요인은 급여인상, 추가근로시간의 증대 등으로 볼 수 있다. 인건비는 증가할 수 있다. 하지만, 이와 더불어 매출도 확대되어야 한다. 그렇지 않을 경우 기업의 생산성과 수익성만 악화되는 결과가 초래된다.

2. 근무시간당 매출액

식음료영업장에서 가장 관리가 어려운 것인 노동시간이다. 즉, 식음료영업장의 경우 고객의 주문을 통하여 생산이 이루어지는 특성상 해당시간에 생산적으로 사용되지 않으면 영원히 사라지며 회복될 수 없기 때문이다. 그러므로 근로시간 당 매출을 계산함으로써 근로자의 생산성을 측정하고 있으며 다음의 수식으로 표현이 된다.

총매출 / 근로시간 = 근무시간당 매출액

〈표 11-6〉은 인건비는 고정인 상태에서 매출액이 증가하였을 때의 인건비율(%)의 변화상태를 나타내고 있다. 앞서 고정된 매출에서 인건비가 증가하였을 때에 인건비율(%)이 증가하는 것을 확인하였으며, 반대로 이 경우에는 매출액의 증가로 인해 인건비율(%)이 감소하게 된다.

〈표 11-7〉에서는 근무시간당 매출액을 계산하였다. 주차별 총매출에 근무시간을 나눠서 시간당 매출액을 계산하였다. 이러한 지표를 통하여 실제발생된 매출이 아니라 생산성을 측정

표 11-6 매출액 증가에 따른 인건비율(%) 감소

(단위: 원,%)

구 분	인건비	5% 증가	인건비 계	총매출	인건비율(%)
1주차	5,100,000	16,400,000	820,000	17,220,000	29.6
2주차	6,320,000	17,200,000	860,000	18,060,000	35.0
3주차	7,415,000	19,100,000	955,000	20,055,000	37.0
4주차	5,910,000	17,800,000	890,000	18,690,000	31.6
합 계	24,745,000	70,500,000	3,525,000	74,025,000	33.4

표 11-7 근무시간당 매출액

(단위: 원,시간,원)

구 분	매출액	근무시간	근무시간당 매출액
1주차	16,400,000	637.5	25,725.5
2주차	17,200,000	790.0	21,772.2
3주차	19,100,000	926.9	20,606.9
4주차	17,800,000	738.8	24,094.8
합 계	70,500,000	3093.1	22,792.5

할 수 있다. 참고로 3주차의 매출액이 19,100천원으로 가장 높았지만, 근무시간당 매출액은 20,607원으로 가장 낮는 것으로 나타나났다. 근무인원이 많다고 볼 수 있으며 효율적으로 운영되었다고 보기에는 어려운 점이 있다.

3. 고객서비스 당 인건비

근무시간당 매출액은 판매확대를 통해 매출을 창출하기 위해 근로자에게 지급되는 금액에 대해서는 고려되지 않고 있다. 고객에게 서비스를 제공하기 위해서 근로자가 지급받는 급여를 계산함으로써 근로자의 생산성을 확인할 수가 있다. 이러한 고객서비스 당 인건비는 다음의 수식을 통해 계산한다.

표 11-8 고객서비스 당 인건비

(단위: 원,명,원)

구 분	인건비	서비스 된 고객수	고객서비스 당 인건비
1주차	5,100,000	720	7,083.3
2주차	6,320,000	830	7,614.5
3주차	7,415,000	940	7,888.3
4주차	5,910,000	780	7,576.9
합 계	24,745,000	3,270	7,567.3

인건비 / 서비스 된 고객수 = 고객서비스 당 인건비

〈표 11-8〉은 고객서비스 당 인건비를 계산하기 위해 발생된 인건비를 서비스된 고객수로 나눠 계산하였다. 1주차부터 4주차까지 비교하면 고객수가 늘어날수록 노무원가도 증가된 것으로 나타났다. 고객수 증가는 매출로 연결이 되겠지만, 어느 정도가 적정수준인지에 대한 경영자의 인식이 필요하며 이를 실제 레스토랑운영에서 반영할 수 있어야 한다.

4. 인건비당 서비스고객수

이 수식은 Guests Served per Labor Dollar를 적용한 것으로써, 생산성측정의 기준에 따라 인건비 당 고객수를 측정할 수 있다는 장점이 있지만 널리 사용되는 측정법은 아니다.

서비스고객수 / 인건비(천원) = 인건비 당 서비스고객수

〈표 11-9〉는 서비스고객수를 인건비로 나눠 계산하였다. 이 경우에 인건비 당 서비스고객수는 가장 많은 고객이 방문한 3주차가 0.127명이 가장 낮으며 가장 적은 1주차가 0.141명으로 가장 높은 것으로 나타나 1주차의 생산성이 가장 높은 것으로 확인되었다.

표 11-9 인건비 당 서비스고객수

(단위: 명,원,명)

구 분	서비스고객수	인건비	서비스고객수
1주차	720	5,100,000	0.141
2주차	830	6,320,000	0.131
3주차	940	7,415,000	0.127
4주차	780	5,910,000	0.132
합 계	3,270	24,745,000	0.132

5. 근무시간당 서비스고객수

근무시간당 서비스고객은 고객수를 근무시간으로 나누어 생산성만을 측정하는 지표이다. 다른 급여체계와 판매가격을 가지고 영업을 진행하는 동종업체와 비교하는데 널리 활용될 수 있으며, 다음의 수식으로 계산된다.

서비스고객수 / 근무시간 = 근무시간 당 서비스고객수

〈표 11-10〉은 근무시간 당 서비스고객수를 측정한 내용이다. 앞서 생산성을 측정한 지표와 마찬가지로 전체적인 서비스고객수가 많은 것이 생산성이 높은 것은 아니다. 그러므로 생산성을 측정함에 있어서 분석결과에 대한 정확한 확인이 필요하다.

표 11-10 근무시간 당 서비스고객수

(단위: 명,시간,명)

구 분	서비스고객수	근무시간	서비스고객수
1주차	720	637.5	1.129
2주차	830	790.0	1.051
3주차	940	926.9	1.014
4주차	780	738.8	1.056
합 계	3,270	3093.1	1.057

6. 수익경영

수익경영(Revenue Management : RM)은 수용량을 기준으로 공급과 수요에 의해 결정되는 것으로써 여기서 수용량이란, 항공사의 좌석, 호텔의 객실, 레스토랑의 좌석과 같은 물리적 시설을 포함한다. 공급은 주어진 가격과 시간대에 판매할 수 있는 상품과 서비스이며, 수요는 고객이 구매하고자 하는 상품과 서비스의 양이다. 이러한 의미에서 RM은 수요와 공급을 통하여 한정된 자원을 관리하고 통제하는 것이라고 볼 수 있다. 가격에 민감한 고객은 피크타임이 아닌 시기에 구매를 할 것이고, 그렇지 않은 고객은 가격에 상관없이 구매를 할 것이기에 기업은 이에 따른 수요를 파악하여 전략을 수립하여야 한다는 것이다.

RM은 1970년대 말 항공업계에서 등장하게 되었고, 그 이후에 호텔, 레스토랑, 골프산업, 의료산업 등에 확산되었다. 지속시간(duration)과 수요를 바탕으로 한 가격의 조합에 근거하여 〈표 11-11〉과 같은 형태로 제시된다.

RM이 효과적으로 정착되는 부분은 2사분면으로써 지속시간이 고정되어 있지만 다양한 가격을 형성화는 곳이다. 그러므로 가격이 다양한 호텔객실과 항공사, 렌트카회사로써, 비록 다른 가격이 적용되지만 지속되는 시간에 대한 관리가 용이하다는 특징이 있다. 1사분면은 영화관과 같이 고정된 가격과 예측가능한 시간을 사용하게 된다. 3사분면은 레스토랑과 골프코스와 같이 고객의 결정에 따라 결정되는 곳이다. 마지막으로 4사분면은 병원과 같이 환자의 상태에 따라 결정된다는 측면에서 가격과 기간이 가장 불확실하다고 볼 수 있다.

이러한 측면에서 RM은 시간이 지남에 따라 소멸되는 상품과 서비스를 원하는 시기에 합리적인 가격에 판매하기 위해 수립하는 경영전략이다. 이를 위해 과거자료를 근거로 미래에 발

표 11-11 수익경영의 형태

		Price	
		Fixed	Variable
Duration	Predictable	Quadrant 1 Movies / Stadium / Arenas / Function Space	Quadrant 2 Hotel Rooms /Airline Seats Rental Cars / Cruise Lines
	Unpredictable	Quadrant 3 Restaurants / Golf Courses	Quadrant 4 Continuing Care / Hospitals

생할 수요를 예측하고 판매함으로써, 고객이 느끼는 효용이 최대화되도록 하는 것이 기본적인 개념이다.

이러한 RM에 대한 공식은 다음과 같다.

Revenue Per Available Room (RevPAR)
= Average Daily Rate (ADR) × Occypacy
= (Room Revenue / Room Sold)
× (Room Occupied / Room Available)

Room Per Available Seat Hour (RevPASH)
= Revenue / Available Seat Hour
= Customer Transaction
× [(Available Seat / All Seat) × Operating Hour]

RevPASH를 통해 식음료영업장의 경영진은 얼마나 많은 고객이 구매하고 얼마나 빨리 제공될 수 있는 지를 평가할 수 있으며, 이를 통해 고객이 선호하는 시간과 그렇지 않은 시간에 따라 경영전략을 수립할 수 있을 것이다.

〈표 11-12〉는 각 시간대별 좌석수와 매출 및 RevPASH를 계산하여 제시한 것이다. 19:00부터 22:00까지는 매시간 좌석 100개를 다채우고 있지만, 매출과 이를 반영한

표 11-12 식음료영업장에서의 RevPASH

(단위: 석,명,원)

구 분	가능한 좌석 수	서비스 고객	매 출	RevPASH
17:00~18:00	100	25	150,000	1,500
18:00~19:00	100	75	370,000	3,700
19:00~20:00	100	100	520,000	5,200
20:00~21:00	100	100	515,000	5,150
21:00~22:00	100	100	480,000	4,800
계	500	400	2,035,000	4,070

※ 좌석 판매 = 400 / 500 = 80%

RevPASH도 각기 다르게 나타나고 있다. 특히, 17:00부터 18:00까지의 전체좌석에서 서비스가 제공된 고객은 불과 25%의 점유율을 보이고 있으며 RevPASH는 1,500원에 불과하다. 이를 개선하기 위한 경영전략을 수립하기 위한 자료로써 RevPASH가 활용된다는 것이다.

4 급여관리 및 통제

1. 급여관리방안

급여관리를 위해서는 다음의 4단계를 통하여 진행이 가능하다.

- 생산성 표준결정
- 판매량 예측
- 생산성 표준 및 예상판매량을 적용하여 업무에 필요한 직원수를 조정함
- 결과에 대한 분석

1) 생산성 표준결정

특정 식음료영업장에서 적절하게 운영할 수 있는 직원을 선정하고 구성하는 것으로써 시작된다. 직원을 선정한 후에는 노동투입 단위당 합리적으로 기대할 수 있는 생산량표준을 예측하게 된다. 생산량표준은 일반적으로 단위기록, 회사평균, 업계평균, 관리경험 등을 반영하여 결정하게 된다.

2) 판매량 예측

판매량 예측에 앞서 설정한 생산성 표준을 반영하게 되면, 식음료영업장 운영자는 효과적으로 고객을 서비스하는데 필요한 직원수를 결정할 수 있게 된다.

3) 생산성 표준 및 예상판매량을 적용하여 업무에 필요한 직원수를 조정함

생산성 표준과 예상판매량에 인건비 산출공식을 활용하여 인건비예산을 설정하는 것이 가능하다는 것이다.

① 우선 인건비(%) 산출공식은 다음과 같다.

인건비 / 총매출 = 인건비(%)

위와 같은 공식에 '예상'이라는 단어를 포함하여 다음과 같은 예상인건비를 산출하는 공식으로 다시 표시할 수 있다.

예상총매출 × 표준인건비율(%) = 예상인건비

② 고객을 서비스하는데 필요한 총 예정근로시간을 다음과 같은 수식으로 설정할 수 있다.

서비스고객수 / 근무시간 = 근무시간 당 서비스고객수

위의 인건비계산에서와 마찬가지로 '예상'이라는 단어를 포함하여 예상근무시간 당 서비스고객수에 대한 공식으로 다음과 같이 표시할 수 있다.

예상서비스고객수 / 표준근무시간 = 예상근무시간 당 서비스고객수

직원의 일정은 근무시간에 기반을 두고 있기 때문에 직원일정사항은 근무내역을 효과적으로 분석할 수 있는 방안이 될 수 있다. 이를 통하여 매일 매일 변경되는 근무시간이 반영된 인건비를 모니터링 해야 한다. 물론, 대부분의 식음료영업장에서 고정급으로 운영되므로 경영진이 실제로 파악해야 하는 것은 O/T라고 불리는 연장근무에 대한 부분이다.

즉, 연장근무에 대한 검토를 통하여 각 직원의 근로시간을 조정을 해야하고 실제사용량에 앞서 예상한 시간과 일치시키는 것이 중요하다.

4) 결과에 대한 분석

근로와 관련된 인건비의 예상과 실제를 비교하여 결과를 분석해야 하며, 다음의 공식을 적용한다.

실제원가 / 예상원가 = 예상원가율(%)

위의 공식을 통하여 실제원가와 예상원가의 차이를 파악할 수 있으며, 이를 근거로 향후 예산수립에도 기여할 것으로 본다. 과거의 자료를 바탕으로 향후에 발생될 인건비의 예상치를 계산할 수 있다는 것이다.

〈표 11-13〉은 ㈜서울레스토랑의 매출과 인건비에 대해 예상내역과 실제내역을 제시하였고, 이를 근거로 인건비율(%)을 계산하였다. 이와 같이 예상에 대해 기준을 설정하면 실적이 달성되었을 때 비교가능성이 높아진다. 비교가능성이 높아진다는 것은 달성된 실제수치에서 어디에서 문제가 있었는지를 확인하는 것이 용이해지고 대책을 수립하여 개선할 수 있다는 것을 의미한다.

2. 인건비 감소방안

경영진의 입장에서 인건비가 너무 높다고 판단되면, 문제가 발생된 영역을 파악하고 조치를 취해야 한다는 것이다. 이러한 조치에는 정기급여와 같은 고정인건비를 줄이는 방법과 수당과

표 11-13 인건비율(%)의 예상과 실제내역

(단위: 천원,%)

구 분	매출액			인건비			인건비율(%)	
	예 상	실 제	%	예 상	실 제	%	예 상	실 제
1주차	6,550	6,400	98	1,965	1,867	95	30	29
2주차	6,850	7,000	102	2,055	2,158	105	30	31
3주차	6,000	6,000	100	1,800	1,980	110	30	33
4주차	8,100	7,600	94	2,430	2,430	100	30	32
계	27,500	27,000	98	8,250	8,435	102	30	31

같은 변동인건비를 감소시키는 방법으로 나눠진다.

고정인건비를 줄이는 방법은 가장 우선시되어야 할 것은 생산량향상과 판매량증가이다. 그 후에 직무통합을 통한 고정직책해소, 임금삭감 등으로 이루어져야 한다. 변동인건비를 감소시키는 방법은 고정인건비에서와 마찬가지로 생산성을 향상시키고 판매량에 따른 근무스케쥴조정이 이루어져야 할 것이다. 특히, 변동인건비는 수요에 따라 변동성을 반영할 수 있기 때문에 예측을 통해 고객의 수요에 맞춰 근무일정을 잡는것이 가장 중요한 부분이라고 할 수 있다. 그 후에 직무통합이나 입금삭감 등이 대책으로 볼 수 있다.

생산성을 높일 수 있는 또 하나의 방법은 근무환경에 대해 직무만족도를 높이는 것이다. 대부분의 식음료영업장에서 높은 급여를 지급하는데 한계가 있는 만큼 대체방안으로 의사결정과정에서 직원의 참여를 높이거나 복리후생을 강화하는 것이다.

11 논의 과제

1. 인건비개념에 대해 확인하고 생산성에 대해 설명하시오.

2. 생산성 향상을 위한 직원관리방법 10가지를 설명하시오.

3. 생산성 측정의 5가지 방안에 대해 설명하시오.

4. 수익경영을 식음료영업장에 적용한 사례를 찾아 설명하시오.

5. 식음료영업장에서 인건비를 절감할 수 있는 방안을 설명하시오.

제12장

제조원가관리

1. 제조원가관리
2. 제조원가종류와 통제가능성
3. 제조원가절감방안

학습방향

제조원가(경비)[1]는 재료원가와 노무원가를 제외한 비용이다. 제조원가부분에는 다양한 계정과목이 포함되기 때문에 각각의 항목에 대해 관리하는 것은 거의 불가능하기에 주로 운영과정에서 통제가능성 여부에 따라 판단한다. 이러한 제조원가의 특성에 따라 제조원가의 종류와 통제가능성을 중심으로 제시하였다. 또한, 이를 통해 제조원가부분에 대해 확인을 하고 감소시킬 수 있는 방안도 마련하였다.

1) 제조원가(경비)는 비용을 이루는 구성요소로써 지급수수료, 감가상각비, 세금과 공과 등으로 구분된다. 이러한 비용은 재료원가와 노무원가를 제외한 모든 부분으로 정의되며, 식음료영업장에서는 운영을 위해 필수적인 부분이다. 회계에서 사용된 용어는 경비지만, 본 장에서는 제조원가로 정의하여 설명하였다.

학습목표

1. 제조원가관리방안에 대해 설명한다.
2. 제조원가의 종류를 이해하고 통제가능성에 따라 설명한다.
3. 제조원가감소방안을 설명한다.

1 제조원가관리

제조원가는 식재료와 음료 또는 노무원가로 발생된 부분이 아닌 항목으로 식음료영업장을 운영하는데 있어서 상당한 부분을 차지하고 있다. 모든 제조원가부분에 대해 통제할 수 있는 방법을 찾는 것이 가징 이싱직이지만, 효용성 측면에서 효과가 없기 때문에 통제가능성 여부를 우선적으로 확인해야 할 것이다. 통제가능성 여부의 확인을 통하여 식음료영업장에 주로 영향을 주는 항목들에 대한 대책을 마련함으로써, 주변시설에 대해 긍정적으로 작용을 할 수 있을 것으로 봅니다.

과거의 레스토랑에서는 고객이 도착하였을 때 서비스매뉴얼 상으로 물을 제공하는 것이 기본적인 사항이었다. 하지만, 최근에는 식음료영업장의 매출증대와 비용절감을 이유로 고객이 요청할 경우에만 물을 제공하거나 판매를 하는 정책을 시행하고 있다.

제조원가의 항목에는 각각의 고유한 특징이 있으며 이를 바탕으로 식음료영업장에서는 집중적으로 관리할 필요가 있는 항목들을 선별하여 구성하게 된다. 특히 경영진의 입장에서는 구성된 원가그룹에 대해 구체적으로 이해할 수 있어야 한다. 이를 위해서 별도의 비용과 관련된 카테고리를 사용하거나 아니면 회계기준의 판매관리비 양식의 사용을 통해 비용에 대한 이해도를 높여야 한다.

제조원가는 일반적으로 다음의 두 가지 관점으로 구분할 수 있다.

- 고정원가, 변동원가, 혼합원가
- 통제가능원가, 통제불가능원가

2 제조원가의 종류와 통제가능성

1. 고정원가, 변동원가, 혼합원가

이 부분에 대해서는 앞서 제1장 2절의 3) 조업도의 변화에 따른 분류에서 기본적인 개념을 제시하였다. 이러한 개념이 제조원가부문에서 어떻게 작용되는지를 확인하고자 하였다.

고정원가는 판매량의 증가 또는 감소에도 불구하고 일정하게 유지가 되고 있다는 것은 〈표 12-1〉에서 확인할 수 있다.

표 12-1 고정원가의 사례

(단위: 원,%)

구 분	임대료	매출액	임대료(%)
1월	800,000	12,100,000	6.61
2월	800,000	12,000,000	6.67
3월	800,000	12,500,000	6.40
4월	800,000	13,000,000	6.15
5월	800,000	16,400,000	4.88
6월	800,000	15,600,000	5.13
평균	800,000	13,600,000	5.88

고정적으로 임대료를 지급하는 상황에서 매출액이 증가할수록 전체매출액에서 임대료의 비중은 낮아지고 있다. 고정원가의 경우에 매출이 지속적으로 상승하는 상황에서 식음료영업장에 긍정적으로 작용을 할 수가 있지만, 반대의 매출이 정체 또는 하락하는 상황에서는 비용압박으로 작용을 할 수 있다.

변동원가는 일반적으로 매출액이 증가하면 증가하게 되고, 반대로 매출액이 감소하면 이 역시 감소하게 된다는 것이며, 〈표 12-2〉에서 사례를 제시하고 있다.

고정원가와는 달리 임대료가 비율로 고정되어 있으며 매출액의 증가에 따라 임대료도 증가

표 12-2 변동원가의 사례

(단위: 원,%)

구 분	매출액	임대료(%)	임대료
1월	12,100,000	5.00	600,500
2월	12,000,000	5.00	600,000
3월	12,500,000	5.00	625,000
4월	13,000,000	5.00	650,000
5월	16,400,000	5.00	820,000
6월	15,600,000	5.00	780,000
평균	13,600,000	5.00	680,000

하는 추세이다. 식음료영업장을 운영하는 입장에서는 매출이 증가함에도 불구하고 임대료도 함께 증가하는 추세를 보이고 있다. 최근 들어, 이러한 기준은 쇼핑몰, 백화점과 같은 곳에서 매출비율을 반영하여 적용하고 있다. 이러한 변동원가방식은 매출이 하락할 경우에는 임대료도 하락할 것으로 예상이 되지만, 대부분의 경우에 매출하한선을 정하기 때문에 실제로 임대료 하락의 효과는 얻지 못하는 것이 대부분이다.

혼합원가는 고정원가와 변동원가의 특성을 반영한 것으로써, 〈표 12-3〉에서 제시하였다.

표 12-3 변동원가의 사례

(단위: 원)

구 분	매출액	임대료	임대료 1% 반영	총 임대료
1월	12,100,000	500,000	121,000	621,000
2월	12,000,000	500,000	120,000	620,000
3월	12,500,000	500,000	125,000	625,000
4월	13,000,000	500,000	130,000	630,000
5월	16,400,000	500,000	164,000	664,000
6월	15,600,000	500,000	156,000	656,000
평균	13,600,000	500,000	136,000	636,000

표 12-4 매출액(%) 증가에 따른 원가변화

구 분	매출액	매출액(%)
고정원가	변화 없음	감소
변동원가	증가	변화 없음
혼합원가	증가	감소

기본적인 임대료에 매출에 대해 추가적인 임대료를 반영할 경우이다. 이러한 경우에는 변동원가 만큼의 변동폭이 크지는 않지만 매출에 연동해서 임대료도 증가하게 된다. 이런 경우는 고정임대료에 매출의 증가에 따라 추가로 임대료를 받는 경우이다. 앞서 변동원가를 설명하면서 매출하한선의 설정을 언급하였고 이를 반영하는 것이 어려운 상황에 적용이 가능하다.

〈표 12-4〉는 매출액이 증가함에 따라 고정원가, 변동원가, 혼합원가가 어떻게 작용하는지를 제시하고 있다. 매출액증가에 따라 고정원가는 변화가 없지만 변동원가, 혼합원가는 증가하는 것으로 나타났다. 매출액(%)증가에 따라 고정원가와 혼합원가는 감소하였지만 변동원가에서는 변동사항이 반영되지 않고 있다.

제조원가 중에서 각각의 원가율에 대해 다음의 공식을 통하여 계산이 가능하다.

기타 제조원가 / 총매출액 = 기타 제조원가율(%)

이와 같은 공식의 계산을 통해 식음료영업장 운영자는 고정원가가 너무 높다고 판단이 되면 영업의 확대를 통해 매출액을 증가시키거나 임대료와 같은 부분에서 조정을 통하여 원가를 낮출 필요가 있다. 특히, 경영진의 입장에서는 제조원가부분에서 고정원가, 변동원가, 혼합원가에 속하는지 대한 문제보다는 고정원가가 너무나 높거나 이를 관리하는데 어려움이 있을 때에만 조치를 취하는 것이 적절하다.

2. 통제가능성 여부

제조원가에 대한 통제가능성은 중요한 요소이다.

통제가능원가는 경영진의 의사결정에 따라 비용을 증가시키거나 감소시킬 수 있는 부분이며, 통제불가능 원가관리자가 비용의 증가나 감소에 영향력을 발휘할 수 없는 원가에 해당된

표 12-5 소모품의 원가율 계산

(단위: 원,%)

구 분	매출액	소모품 원가	원가율(%)
1월	6,800,000	272,000	4.00
2월	7,000,000	275,800	3.94
3월	7,200,000	277,200	3.85
4월	7,150,000	275,300	3.85
5월	7,400,000	281,200	3.80
계	35,550,000	1,381,500	3.89

다. 그러므로 이 두 가지의 원가중에서 경영진은 통제할 수 없는 원가보다는 통제가능한 원가에 집중을 해야 할 것이다.

제조원가를 계산함에 있어서 앞서 원가율 계산공식을 확인하였다. 원가율공식은 매출액과 제조원가의 내역을 알 수 있어야 계산이 가능하다는 단점이 있다. 다음의 공식은 고객 당 기타 제조원가를 계산하는 공식으로써, 실제매출자료를 확인할 수 없을 경우에 아래의 공식을 적용하여 중요하게 활용할 수 있다.

기타 제조원가 / 서비스 고객 수 = 고객 당 기타 제조원가

〈표 12-5〉는 ㈜서울레스토랑의 1월부터 5월까지의 매출과 소모품비용을 근거로 원가율(%)을 계산한 것이다.

매출액과 소모품원가를 알고 있다면, 쉽게 원가율을 계산할 수 있겠지만 그렇지 않을 경우에는 원가율(%)계산의 대안으로 〈표 12-6〉과 같이 제시될 수 있다.

표 12-6 고객 당 소모품 원가

(단위: 원)

구 분	소모품 원가	소모품 원가	고객 당 소모품 원가
1월	272,000	2,566	106
2월	275,800	2,508	110
3월	277,200	2,410	115
4월	275,300	2,333	118
5월	281,200	2,305	122
계	1,381,500	12,122	114

3 제조원가절감방안

식음료영업장 운영에서 고정원가는 고정적으로 발생하는 것으로써, 그 자체의 수치로는 감소가 불가능하고 다만 총매출에 대한 비율로 측정할 경우에만 감소시킬 수 있다. 즉, 매출을 증대시킴으로써 고정원가의 비율을 감소시킬 수 있다.

기타 제조원가를 감소시키는 방안으로는 기존에 운영되는 시설에 대한 예방유지보수프로그램을 통하여 장비에 대한 고장을 방지함으로써 관련비용을 줄일 수 있으며, 제조원가율을 절

표 12-7 기타 제조원가에 대한 고정원가와 변동원가

(단위: 천원,%)

구 분	고정원가	변동원가 (10%)	총원가	원가율
10,000	1,500	1,000	2,500	25.00
40,000	1,500	4,000	5,500	13.75
80,000	1,500	8,000	9,500	11.88
100,000	1,500	10,000	11,500	11.50

감할 수가 있다. 즉, 냉난방, 배관, 난방 및 냉동장치는 최소한 연 단위로 점검해야 하며 주방장비는 예방유지보수를 위해 최소한 월 단위로 검사해야 한다.

제조원가를 가능한 낮게유지하는 방법은 필요한 서비스에 대해 경쟁입찰 프로세스를 적용하는 것이다. 특히 여러 지점을 운영하는 식음료영업장의 경우에는 다양한 부분에서 경쟁입찰을 통해 비용을 절감시킬 수 있는 방안을 마련할 수 있을 것으로 판단된다.

특히 제조원가중에서 높은 비중을 차지하는 임대료는 영업을 위해서 점유하고 있는 물리적 시설에서 발생한 비용으로써, 대부분의 경우에는 통제할 수 없는 제조원가에 해당된다. 그러므로 경영진은 이러한 통제할 수 없는 비용에 대한 고민보다는 부채에 대한 이자와 같이 통제가 가능한 부분에 대해 검토하고 통제할 수 있어야 한다.

12 논의 과제

1. 제조원가관리방안에 대해 설명하시오.

2. 제조원가의 종류에 대한 통제할 수 있는 방안을 설명하시오.

3. 제조원가감소방안을 설명하시오.

제13장

수익, 비용분석

1. 원가-조업도-이익분석
2. 레버리지 분석

학습방향

기업에서 발생되는 원가는 고정원가와 변동원가로 구성된다. 이러한 원가구조를 통해서 기업은 내/외부의 환경변화에 어떻게 반응하는 지를 이해하는데 유용한 정보를 제공한다. 즉, 원가구조는 기업의 매출액의 변화에 다양한 부분이 반영됨으로써, 이익의 변화에 어떻게 작용하는지를 예측하는데 필요한 정보를 제공하는 것이다. 그러므로 원가분석을 통해 파악할 수 있는 것은 기업의 성과가 좋고 나쁨이 아니라 향후 매출액과 원가의 변화에 따라 기업의 이익의 변화정도를 파악하는 것이다. 기업이 내, 외부의 변화에 따른 영향정도를 제시함으로써 기업위험을 알려주는 지표로 활용될 수 있을 것이다.

기업에서 발생되는 지표를 원가와 비용으로 구분하였다. 즉, 원가에는 재료원가와 노무원가이며, 제조원가라고 볼 수 있는 제조간접원가는 비용으로 포함시켰지만 넓은 범위에서 모두 비용의 범주에 속하게 된다. 그러므로 이번 장에서는 원가를 포함한 포괄적인 개념의 비용에 대한 분석방법을 제시하였다.

학습목표

1. CVP 분석의 정의에 대해 이해할 수 있도록 설명한다.
2. CVP 분석의 기본개념과 가정에 대해 설명한다.
3. 레버리지 분석의 기본개념에 대해 설명한다.
4. 레버리지 분석방법을 이해하고 각각의 레버리지가 나타내는 효과를 설명한다.
5. 레버리지도와 기업위험에 대해 설명한다.

1 원가-조업도-이익분석

1. 원가-조업도-이익분석

원가-조업도-이익분석(cost-volume-profit analysis)은 판매량과 같은 조업도의 변화가 기업의 원가와 수익 및 이익에 미치는 영향을 분석하는 기법으로써, 일반적으로 CVP 분석이라고 한다. 이러한 분석을 통해 파악된 자료는 기업의 이익계획 및 단기의사결정과정에 광범위한 반영하게 되는데, 대부분이 생산량(판매량)이나 원가, 이익에 미치는 영향을 근거로 이루어지기 때문이다.

CVP 분석이 적용되는 분야는 세 가지 분야로 구분할 수 있다. 첫째, 예산편성을 통한 이익계획, 둘째, 단기적 의사결정, 셋째, 변동원가계산이다.

첫째, 예산편성을 통한 이익계획으로써 계속기업(going concern)으로 유지, 발전을 위하여 필요한 투하자본과 목표이익이 사전에 결정되어야 한다는 것이다. CVP 분석관점에서 목표이익은 목표매출액에서 허용되는 고정원가와 변동원가를 차감하여 계산하기 때문에 이를 달성하기 위해 기업은 필요한 자본을 확보하고 적절한 시점에 투자하게 된다.

둘째, 관련원가분석을 통한 단기적 특수의사결정이다. 관련원가분석은 공헌이익접근법에 근거한 특별주문의 수락여부와 자가제조할 것인지 외부구입할 것인지를 결정하는 것이다. 예를 들어, 레스토랑의 평균객단가가 10,000원이라고 할 때, 객단가 8,000원의 고객의 특별예약을 받을 것인지 또한, 메뉴에 활용하는 특별소스를 자가제조할 것인지 아니면 외부에서 구입할 것인지에 대해 고민을 하게 된다(자가제조, 외부구입).

셋째, 변동원가계산이다. 〈표 13-1〉은 공헌이익손익계산서와 현재 사용되고 있는 전통적 손익계산서이다. 이 중에서 변동원가계산을 반영한 공헌이익손익계산서는 내부보고목적용으로 원가, 조업도와 이익의 상호관계에 대한 정보를 체계적으로 제공하고 있다.

원가-조업도-이익의 관계를 살펴보면 다음과 같다.

우선, 원가는 생산량에 비례하는 변동원가와 일정하게 발생되는 고정원가의 합이다. 생산량과 판매량이 같다고 할 경우에 다음과 같은 수식으로 표현된다.

표 13-1 손익계산서 양식

공헌이익손익계산서			전통적(기능적) 손익계산서		
매출액		×××	매출액		×××
변동비	×××	(×××)	매출원가	×××	(×××)
① 변동매출원가			기초재고액	×××	
기초재고액			+ 당기제품제조원가	×××	
+ 당기제품제조원가			= 판매가능액	(×××)	
= 판매가능액	(×××)		− (기말재고액)		
− (기말재고액)	×××		매출총이익		×××
② 변동판매비와 관리비		×××			
공헌이익		(×××)	판매비와 일반관리비		(×××)
고정비	×××				
① 고정제조간접원가	×××		변동판매비와 관리비	×××	
② 고정판매비와 관리비		×××	고정판매비와 관리비	×××	
영업이익(당기순이익)			영업이익(당기순이익)		×××
→ 변동원가계산에 의해 작성			→ 전부원가계산에 의해 작성		

총원가 = 총변동원가 + 총고정원가 = 단위당 변동원가 × 판매량 + 총고정원가

매출은 판매량(생산량)과 판매가격의 곱으로 계산하게 되며 다음과 같다.

총매출 = 판매량(생산량) × 단위당 판매가격

이익의 경우에는 총매출과 총원가의 차이이므로 다음과 같이 표시된다.

이익 = 총매출 − 총원가

위와 같은 3개의 수식에 대한 관계를 그림으로 나타나면 [그림 13-1]과 같으며, 원가-조업도-이익(CVP)도표라고 한다.

[그림 13-1]에서의 원가-조업도-이익에서 총매출과 총원가가 교차하는 지점이 손익분기점(Break-Even Point, BEP)으로써, 이익이 0인 판매수준이다. BEP 이상으로 판매하면 이익이 발생되고 이하로 판매가 이루어지면 손실이 발생되게 된다.

그림 13-1 원가(Cost)-조업도(Volume)-이익(Profit)

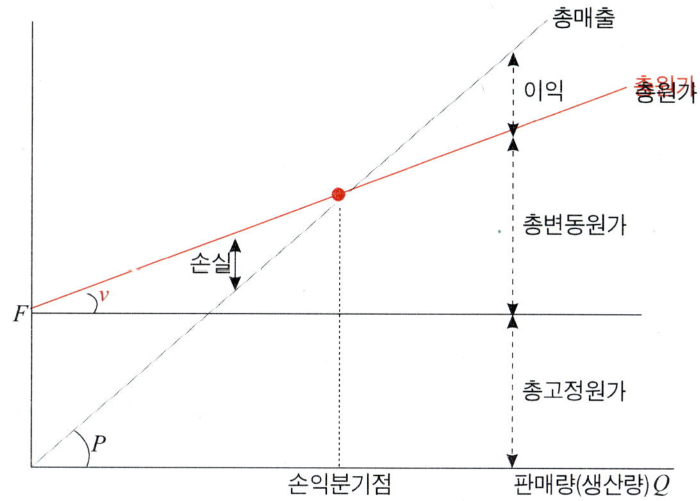

※ 출처 : 백태영 (2015). 원가관리회계.

이익은 공헌이익[매출액-변동원가]에서 고정원가를 차감하여 계산한다. 판매량이 손익분기점보다 크다는 것은 공헌이익이 고정원가보다 커서 이익이 발생되는 것이고 판매량이 작다는 것은 공헌이익이 고정원가보다 작아 손실이 발생하고 있다는 것이다. 이에 대한 관계를 [그림 13-2]에서 제시하고 있다.

손익분기점은 총공헌이익에서 고정원가를 차감한 값이 '0'인 것으로써 총공헌이익과 고정

그림 13-2 이익(Profit)-조업도(volume)

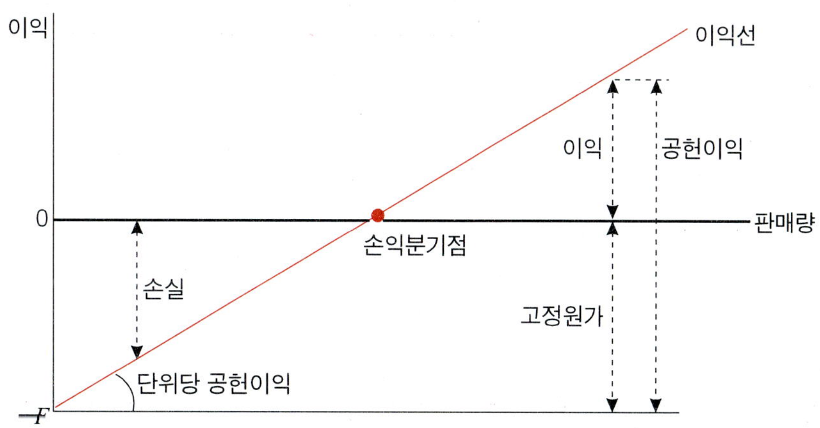

※ 출처 : 백태영 (2015). 원가관리회계.

원가가 동일한 수치이다. 즉, 손익분기점은 수익과 비용이 같은 지점으로써 고정원가를 회수하는 지점이다. 수식으로 표현하면 다음과 같다.

0 = 총공헌이익 – 고정원가
총공헌이익 = 고정원가
손익분기점 = 고정원가 / 단위당 공헌이익

고정원가나 단위당 변동원가가 커지면 손익분기점은 높아지고, 단위당 판매가가 커지면 손익분기점은 낮아지게 된다.

이와 같이 손익분기점이 결정되었을 때 해당기업이 목표이익을 얻기 위해서는 어느 정도를 판매해야 하는가에 대한 의문을 가지게 된다. 기업의 입장에서는 단순히 고정원가를 회수하기 위해 영업활동을 하지는 않는다. 고정원가를 회수한 이후에 경영계획상 목표로 수립한 이익을 달성하기위해 영업활동을 하게 된다. 이러한 목표이익을 위한 판매량은 다음의 수식으로 계산될 수 있다.

이익 = 단위당 공헌이익 × 판매량 – 고정원가
⇒ 단위당 공헌이익 × 판매량 = 이익 + 고정원가
⇒ 판매량 = (이익 + 고정원가) / 단위당 공헌이익

손익분기점에 추가적으로 달성하고자 하는 목표에 대한 이익을 공식에 반영함으로써, 목표이익에 대한 판매량을 계산할 수 있다는 것이다.

예제) ㈜서울레스토랑은 새로운 메뉴를 개발하여 1,000개를 판매하면 손익분기가 된다고 한다. 판매가는 10,000원이며, 단위당 공헌이익은 4,000원이며 고정원가는 4,000천원이다.

1) 손익분기점 매출은 얼마인가?

2) 이익 20,000천원을 달성하기 위한 판매량은 얼마인가?
(단, 단위당 공헌이익은 4,000원이며 고정원가는 3,000천원이다)

풀이) 1) 손익분기점 매출 = (4,000,000원 / 4,000원) × 10,000원 = 10,000,000원
2) 판매량 = (20,000천원 + 4,000천원) / 4,000원 = 6,000개

안전한계(margin of safety)는 손익분기점을 초과하는 판매량과 매출액을 말한다. 판매량과 가격이 높을수록 고정원가와 변동원가는 낮을수록 안전한계는 커지게 된다. 즉, 매출액이 높고 관련원가가 낮을수록 이익이 높게 나타나기 때문에 이를 활용하여 기업이 맞이하게 되는 다양한 위험을 흡수할 수 있다는 것이다. 안전한계공식은 다음과 같다.

> 안전한계 = 예상매출액 − 손익분기점 매출액
> 안전한계비율 = (매출액 − 손익분기점 매출액) / 매출액

기업의 입장에서 현재의 매출과 손익분기점이 동일할 경우의 안전한계는 '0'이 되며, 안전한계율이 높을수록 기업의 매출액은 손익분기점을 초과하고 있기 때문에 기업을 운영하는 입장에서는 안전하다고 볼 수 있다.

예제) ㈜서울레스토랑의 예상매출액은 15,000천원(1,500개 판매)이고 고정원가는 4,000천원이다. 이 경우에 공헌이익률은 40%일 때, 이 레스토랑의 안전한계율을 구하시오.

풀이) 안전한계율 = (매출액 - 손익분기점 매출액) / 매출액이므로, 손익분기점 매출액을 구하도록 한다.

손익분기점 매출액 = 고정원가 / 단위당 공헌이익
= (4,000,000원 / 4,000원) × 10,000원
= 10,000,000원

안전한계율 = (매출액 - 손익분기점 매출액) / 매출액
= (15,000,000원 - 10,000,000원) / 15,000,000원
= 33.3%

---

2. CVP 분석의 기본개념

원가는 원가행태에 따라 변동원가와 고정원가로 구분되기 때문에 변동원가손익계산서(공헌이익손익계산서)를 활용함으로써, 조업도의 변화가 원가와 이익에 미치는 영향을 파악하는 것이 용이하며 이를 CVP 분석에서도 활용이 가능하다는 것이다.

① 매출액은 '단위당 판매가격 × 판매량'의 값으로써 제품 한 단위를 추가로 판매하면 총수익은 단위당 판매가격만큼 증가한다.

표 13-2 공헌이익손익계산서

공헌이익손익계산서		
매출액	: 판매가격 × 판매량	×××
변동원가	: 단위당 변동원가 × 판매량	×××
공헌이익	→ 단위당 변동제조원가 + 단위당 변동판매관리비	×××
고정원가	: 고정제조간접원가 + 고정판매관리비	×××
영업이익(당기순이익)		×××

② 총비용은 '변동원가 + 고정원가 = 단위당 변동원가 × 판매량 + 고정원가'로 계산되며, 한 단위의 제품을 생산하여 판매하게 되면 변동원가는 단위당으로 증가하며 이러한 결과는 총원가에도 반영된다.

③ 영업이익은 매출액에서 변동원가와 고정원가를 포함하는 총원가를 차감한 금액으로 정의되며 다음과 같은 공식으로 표시된다.

영업이익 = 총수익 − 총비용
= 판매가격 x 판매량 − 단위당 변동원가 x 판매량 − 고정원가
= (단위당 판매가격 − 단위당 변동원가) x 판매량 − 고정원가
= 단위당 공헌이익 x 판매량 − 고정원가
= 공헌이익 − 고정원가

④ 공헌이익은 매출액에서 변동원가를 차감한 금액으로 점차적으로 증가하여 고정원가가 회수되어 이익이 확대된다. 이러한 공헌이익은 고정원가보다 클 경우에 이익이 발생하게 되고 반대의 경우에는 손실이 일어나게 된다. 다음과 같은 공식으로 계산된다.

공헌이익 = 매출액 − 변동원가
= 판매가격 x 판매량 − 단위당 변동원가 x 판매량
= (단위당 판매가격 − 단위당 변동원가) x 판매량
= 고정원가 + (영업)이익

⑤ 단위당 공헌이익은 단위당 판매가격에서 단위당 변동원가를 차감한 금액으로써, 제품

한 단위를 생산하여 추가로 판매하게 되면 매출액은 단위당 판매가격만큼 증가하고 총비용은 단위당 변동원가만큼 증가하므로 이익 역시 공헌이익만큼 증가하게 된다.
그러므로 단위당 공헌이익은 제품 한단위를 추가로 판매할 경우의 이익증가분으로써, 판매한 제품 한단위가 고정원가를 회수하고 이익을 창출하는데 얼마나 공헌하는지를 확인시켜 준다. 이러한 단위당 공헌이익은 다음의 공식으로 계산되어진다.

단위당 공헌이익 = 단위당 판매가격 − 단위당 변동원가

⑥ 공헌이익률은 공헌이익을 매출액으로 나눈 값으로써 전체매출액 중 공헌이익이 차지하는 비율을 나타낸다. 매출액이 1,000원 증가하면 공헌이익은 공헌이익률만큼 증가하게 될 것이고, 이때의 공헌이익률은 매출액 1,000원에 대한 이익증가분을 의미한다.

공헌이익률 = 공헌이익 / 매출액
= (단위당 공헌이익 × 판매량) / (단위당 판매가격 × 판매량)
= 단위당 공헌이익 / 단위당 판매가격

⑦ 변동비율은 변동원가를 매출액으로 나누어 계산한 비율로써, 매출액중에서 변동원가가 차지하는 부분을 나타내는 지표이다. 공식은 다음과 같다.

변동비율 = 변동원가 / 매출액
= (단위당 변동원가×판매량) / (단위당 판매가격×판매량)

공헌이익률과 변동비율과의 관계를 수식으로 표현하면 다음과 같다.

공헌이익률 + 변동비율
= (공헌이익 / 매출액) + (변동원가 / 매출액)
= [(매출액−변동원가) / 매출액] + [변동원가/매출액]
= 1

결과적으로 매출액에서 변동원가를 차감한 것이 공헌이익이므로 이에 대한 비율을 반영한 공헌이익률과 변동비율과의 합은 '1'이 된다.

예제) ㈜서울레스토랑은 새로운 메뉴를 개발하여 단위당 10,000원에 1,000단위를 판매하려고 한다. 새로운 메뉴에 대한 원가자료는 다음과 같다.

(단위: 원)

	단위당 변동원가	고정원가
직접 재료원가	2,500	
직접 노무원가	2,000	
제조간접원가	1,000	2,000,000
판매관리비	500	1,000,000
	6,000	3,000,000

1) 변동원가계산에 의한 손익계산서를 작성하시오.

2) 단위당 공헌이익을 구하고 단위당 공헌이익을 이용하여 공헌이익을 계산하시오.

풀이) 1) 변동원가계산에 의한 손익계산서

손익계산서		
매출액	10,000원 × 1,000단위	10,000,000
변동원가	6,000원 × 1,000단위	6,000,000
공헌이익		4,000,000
고정원가	300,000원	3,000,000
영업이익(당기순이익)		1,000,000

2) 단위당 공헌이익과 공헌이익

① 단위당 공헌이익 = 10,000원 − 6,000원 = 4,000원

② 공헌이익 = 단위당 공헌이익 × 판매량 = 4,000원 × 1,000단위 = 4,000,000원

3. CVP분석의 기본가정

CVP분석은 경영상의 확실성을 전제로 하기 때문에 기본적인 가정이 다음과 같이 전제되어야 한다.

① 조업도만이 수익과 원가에 영향을 미치는 유일한 요인이다.

② 모든 원가는 조업도의 변동에 정비례하여 총원가가 변동하는 변동원가와 조업도의 변동에 관계없이 총원가가 일정한 고정원가로 분리될 수 있다.

③ 수익과 원가의 행태는 확실하게 결정되어 있고 관련범위 내에서는 선형이다. 즉, 관련범위 내에서는 ⓐ판매가격이 일정, ⓑ단위당 변동원가가 일정, ⓒ고정원가가 일정하다.
④ 단일제품을 생산, 판매한다. 다만, 복수제품을 생산판매할 경우에는 매출배합은 일정하다.
⑤ 분석대상기간 중 생산된 것은 모두 판매된다(생산량 = 판매량). 즉, 기초재고자산과 기말재고자산은 없거나 동일하다고 가정한다.
⑥ 조업도의 변화가 수익, 원가, 이익에 미치는 영향을 주로 분석한다. 즉, 발생주의에 의한 분석이다.
⑦ 대상기간이 단기이므로 화폐의 시간가치를 고려하지 않아도 된다.

2 레버리지 분석

레버리지(leverage)는 '지렛대자용'이라는 의미로써 일반적으로 레버리지라고 하는 것은 타인자본에 대한 의존도로 인식된다. 이러한 인식에 추가적으로 기업이 고정비용의 부담을 통해 손익이 확대되는 부분까지 포함하고자 한다.

각 기업에서 발생된 매출액에서 고정비가 반영되어 이익의 변동폭에 얼마나 큰 영향을 미치는지에 대해 관심을 가지고 있다. 이러한 고정비부담정도를 레버리지(leverage)라고 하며, 영업레버리지(operating leverage), 재무레버리지(financial leverage), 결합레버리지(combined leverage)로 구분된다. 영업레버리지는 기업의 영업비용에서 고정적으로 발생되는 비용의 부담정도이며 재무레버리지는 기업의 타인자본사용에 따른 고정적인 이자비용을 의미한다. 결합레버리지는 영업레버리지와 재무레버리지를 모두 반영한 결과이다. 레버리지를 통한 측정된 수치는 미래에 발생될 매출액에 근거하여 이익이 얼마나 산출될 것인가를 측정하는 것이 아니라 매출액의 증감에 따른 이익의 변화를 확인하는 것이 기업의 의사결정에 유용하다는 것이다. 그러므로 레버리지 분석의 목적은 고정자산의 사용에 따른 영업비용과 타인자본사용에 따른 이자비용이 기업의 이익에 미치는 영향을 파악하는 것이다.

1. 영업레버리지 효과

영업레버리지는 매출액에서 고정비용을 차감하여 반영된 영업이익 사이의 영향을 파악하는 것으로써, 총수입에 해당되는 매출액에서 고정자산을 활용하여 발생된 고정비용의 부담정도를 측정한 것이다. 영업레버리지가 높게 나타나는 업종은 대체적으로 고정비용이 높은 중화학공업 등이다.

영업레버리지 분석은 매출액변화에 따른 영업이익의 변화정도를 분석하는 것으로써, 매출액 변화율에 대한 영업이익 변화율을 DOL(degree of operating leverage)이라고 한다. 계산된 수치가 양(+)의 값을 가진다는 것은 총매출액이 고정비이상이라는 것이고, 음(−)의 지표는 고정비이하라는 것을 의미한다. 이러한 DOL에 대한 계산식을 제시하면 다음과 같다.

DOL = 영업이익의 변화율 / 매출액의 변화율
= [Q×(P−V)] / [Q×(P−V) − FC]
= (P×Q − V×Q) / (P×Q − V×Q − FC)
= (TR − VC) / (TR − VC − FC)
= 공헌이익 / 영업이익

P: 판매단가, Q: 매출량, V: 단위당 변동비
TR: 매출액, VC: 변동비, FC: 고정비

매출액에서 변동비를 차감한 TR−VC는 공헌이익(contribution margin)이며 매출액에서 변동비와 고정비를 차감한 TR−VC−FC는 영업이익이다. 공헌이익과 영업이익을 반영하여 산출된 DOL은 경영성과 좋다는 것을 나타내는 지표는 아니며, 주로 중화학산업이며 장치산업과 같은 자본집약적 업종에서 볼 수 있다. 매출액증가와 같은 긍정적인 상황에서는 고정비를 증가시키는 자본집약적 산업이 유리하고 반면에 경기침체상황에서는 노동집약적인 생산형태를 취하는 것이 영업이익의 감소폭을 줄일 수 있다는 것이다.

예제 1) 다음은 영업레버리지 분석사례이다.

(단위: 천원)

구 분	기업 A			기업 B		
	20×2	20×3	20×4	20×2	20×3	20×4
DOL(④ ／⑤)	8.28	8.58	10.4	10.34	22.58	25.65
④ TR–VC (①–②)	19,920	16,942	18,935	45,124	60,227	69,097
⑤ TR–VC–FC(①–②–③)	2,407	1,974	1,821	4,362	2,667	2,694
① TR	26,909	31,516	36,666	69,935	93,737	112,535
② VC	6,989	14,574	17,731	24,811	33,510	43,438
③ FC	17,512	14,968	17,114	40,762	57,561	66,403

※ TR: 매출액, VC: 변동비, FC: 고정비

손익계산서 상의 매출액과 변동비, 고정비가 반영되었다. 변동비는 재료원가로 간주하므로 재료원가전체를 변동비로 반영하였고, 고정비는 판매관리비 금액을 반영하였다. 판매관리비에는 인건비와 기타 제조원가 등이 모두 반영되어 있다.

DOL이 2의 값으로 산출되었을 경우, 그 기업은 매출액이 1% 증가(또는 감소)할 때, 영업이익이 2% 증가(또는 감소)하는 구조를 가진 것으로 판단된다. A기업은 8.27, 8.58, 10.40의 값을 보이고 있다. 1%의 매출액 변화에 각각 8.27%, 8.58%, 10.40%의 영업이익변화를 보이는 것이다. B기업은 DOL의 지표가 계속적인 증가를 보이고 있다.

즉, 10.35에서 25.65로 매출액 1%변화에 10.35%의 영업이익변화에서 25.65%의 영업이익이 변화하고 있음을 보이고 있다. 이러한 결과는 매출액에 대해 고정자산에 대한 비용이 적용되어 영업이익이 반영된 것으로써, 외식기업도 대규모 장치산업을 운영하는 업종과 비슷한 처지가 반영되었다는 것이다.

2. 재무레버리지 효과

재무레버리지는 기업의 자산을 취득하기 위해 외부에서 조달된 부채가 차지하는 비율로써, 이자지급에 대한 의무가 있기 때문에 다양한 방향으로 당기순이익에 영향을 주게 될 수밖에 없다. 기업은 타인자본 사용에 따라 이자비용이라는 고정적인 재무적 부담을 가지게 되는 것이며, 재무레버리지분석은 손익계산서의 영업이익으로부터 당기순이익이 결정되는 과정을 측정한 것이다.

타인자본사용으로 발생되는 이자비용이 지렛대(lever)역할을 하여 주주에게 돌아가는 당시 순이익비율이 더 확대되거나 축소될 수 있는데, 이를 재무레버리지 효과(financial leverage effect)라고 한다. 만약에 타인자본을 사용하여 발생되는 비용보다 기업의 이익이 더 높을 것으로 예상된다면 타인자본을 활용하여 기업의 운영에 활용하는 것이 유리할 것이다. 즉, 영업이익변화에 따라 또는 당기순이익 또는 주당순이익(earning per share : EPS)의 확대는 DFL (degree of financial leverage)로 측정된다.

DFL = 당기순이익의 변화율/영업이익의 변화율

= [Q×(P − V) − FC] / [Q×(P − V) − FC − I]

= (P×Q − V×Q − FC) / (P×Q − V×Q − FC − I)

= (TR − VC − FC) / (TR − VC − FC − I)

P: 판매단가, Q: 매출량, V: 단위당 변동비
TR: 매출액, VC: 변동비, FC: 고정비, I: 이자비용(재무고정비용)

기업입장에서 DFL이 크다는 것은 타인자본 의존도가 높으며, 이로 인해 조그마한 영업이익의 변화에도 불구하고 주주에게 제공되는 당기순이익의 변화가 크게 나타난다는 것이다. 이러한 상황에서 주주는 기업에 높은 수익률을 요구하게 될 것이다. 기업이 성장하는 추세라면 별다른 문제가 없다. 타인자본조달을 통해 당기순이익을 크게 확대할 수 있기 때문이다. 하지만, 기업의 이익이 감소되는 상황에서는 타인자본보다는 자기자본을 활용하여 당기순이익 감소폭을 최소화해야 할 것이다.

예제 2) 다음은 재무레버리지에 대한 사례이다.

(단위: 천원)

구 분	기업 A			기업 B		
	20×2	20×3	20×4	20×2	20×3	20×4
DFL(⑤ ／⑥)	1.11	1.21	1.72	0.96	1.96	1.85
⑤ TR–VC–FC(①–②–③)	2,407	1,974	1,821	4,362	2,667	2,694
⑥ TR–VC–FC–I(①–②–③–④)	2,177	1,628	1,057	4,522	1,360	1,454
① TR	26,909	31,516	36,666	69,935	93,737	112,535
② VC	6,989	14,574	17,731	24,811	33,510	43,438
③ FC	17,512	14,968	17,114	40,762	57,561	66,403
④ I	231	346	764	△160	1,307	1,240

※ TR: 매출액, VC: 변동비, FC: 고정비

DFL을 계산하기 위해서는 매출액에서 변동비, 고정비를 반영한 영업이익을 매출액에서 변동비, 고정비, 이자비용을 차감한 것으로 나누어서 계산한다. DFL은 타인자본을 활용함으로써 발생되는 금융비용이 많을수록 높게 나타나는데, 연도별로 낮은 수치로 계산되었다는 것은 각 기업의 금융비용이 크지 않다는 것을 의미한다. A기업은 연구기간 동안 1.11, 1.21, 1.72의 값으로 영업이익이 1%변할 때 당기순이익이 1.11%, 1.21%, 1.72%이고, B기업도 0.96, 1.96, 1.85로 나타남에 따라 경기상황에 상관없는 비용구조인 것으로 볼 수 있다.

3. 결합레버리지 효과

매출액에서 영업이익으로 반영되고 최종적으로 당기순이익으로 연결되는 과정을 모두 고려한 것이 결합레버리지 분석(combined leverage analysis)으로써 영업레버리지와 재무레버리지 효과를 적용한 것이다. 이러한 분석을 통해 매출액의 변화가 당기순이익(주당순이익)에 어떻게 적용되었는지를 확인할 수 있다.

DCL은 DOL과 DFL의 곱으로 얻어지게 되는데, 영업레버리지와 재무레버리지 효과가 모두 반영된 결과로써, 매출액의 변화가 DOL과 DFL만큼 확대되어 당기순이익으로 반영되기 때문이다. 이를 수식으로 표현하면 다음과 같다.

DCL = DOL × DFL

TR: 매출액, VC: 변동비, FC: 고정비, I: 이자비용(재무고정비)

예제 3) 다음은 결합레버리지에 대한 사례이다.

(단위: 천원)

구 분	기업 A			기업 B		
	20×2	20×3	20×4	20×2	20×3	20×4
DCL(DOL × DFL)	9.19	10.38	17.89	9.93	44.26	47.45
DOL	8.28	8.58	10.4	10.34	22.58	25.65
DFL	1.11	1.21	1.72	0.96	1.96	1.85

DCL을 통해 확인할 수 있는 것은 매출액의 변화가 DOL과 DFL에 의해 확대되었다는 것이다. 매출액이 1%변화하는데 있어서 기업 A는 9.19~17.89%, 기업 B는 9.93~47.45%까지로 당기순이익 변동성이 더 크게 나타나고 있다. 이러한 기업의 비용구조는 경기가 좋은 상황에서는 이익의 증가폭이 커지겠지만, 반대의 상황에서는 기업의 실적에 악영향으로 작용할 수 있다.

4. 레버리지도와 위험

기업에서 위험은 미래이익의 변동가능성을 얘기한다. 레버리지효과는 매출액변화에 따른 손익의 확대를 분석하는 것으로써 기업의 위험과 밀접한 관계를 가지게 된다. 즉, 레버리지가 크다는 것은 매출액변화에 대한 영업이익 또는 당기순이익의 변동성이 크다는 것으로써 미래환경변화에 따른 기업의 이익불확실성 또는 위험이 확대된다는 것이다. 즉, 기업위험은 매출액의 불확실성이 레버리지를 통해 확대되어 당기순이익에 반영되기 때문에 기업의 고정자산과 타인자본비용의 불확실성을 제거하는 것이 합리적인 기업운영에 도움이 된다는 것이다.

13 논의 과제

1. CVP 분석이 적용되는 분야에 대해 설명하시오.

2. CVP 분석의 관계에 대해 설명하시오.

3. CVP 분석을 진행에 있어 기본적으로 가정되는 개념에 대해 설명하시오.

4. 영업레버리지 효과에 대해 설명하시오.

5. 재무레버리지 효과에 대해 설명하시오.

6. 결합레버리지 효과에 대해 설명하시오.

7. 기업위험에 대해 설명하시오.

제14장

재무제표분석

1. 재무제표를 활용한 분석이란?
2. 재무상태표분석
3. 손익계산서분석

학습방향

경영자는 기업의 목표달성을 위해 자본조달, 투자결정, 수익의 분배와 같은 의사결정을 하게 된다. 최적의 의사결정을 위해서 기업의 재무상태와 경영성과를 정확히 파악하여 평가할 수 있어야 한다. 하지만, 기업의 재무상태와 경영성과는 비교하게 어려움이 있기 때문에 비율분석을 활용하고 있다. 비율분석은 기업의 재무제표에서 제시된 계정과목의 수치를 계산하는 것으로써, 기업의 수익성이나 재무건전성과 기업신용에 관한 정보를 획득할 수 있기 때문에 널리 사용되고 있다. 본 장에서는 재무제표분석에 대해 재무상태표 분석과 손익계산서 분석에 대해 이론을 제시하고 재무비율평가방법을 설명하고자 한다.

학습목표

1. 재무제표를 활용한 분석의 목적 및 한계점에 대해 설명한다.
2. 재무상태표를 이해하고 이를 활용한 분석방법을 설명한다.
   (유동성 분석, 레버리지 분석, 안정성 분석)
3. 손익계산서를 이해하고 이를 활용한 분석방법을 설명한다.
   (수익성 분석, 활동성 분석, 성장성 분석)

1 재무제표분석

기업의 경영실적을 확인할 수 있는 방법은 공시된 재무제표의 자료를 통해서이다. 재무제표에는 재무상태표, 손익계산서, 현금흐름표와 기타 부속명세서로 구성되어 있으며, 일정시점의 재무상태와 회계기간 동안의 영업실적을 제공하고 있다. 이를 분석함으로써 기업의 다양한 재무적 정보를 확인할 수 있다.

재무분석은 기업의 재무제표와 회계자료 및 기타 관련자료들을 활용하여 과거와 현재의 경영성과와 재무상태를 판단하고 그 원인을 규명함으로써, 미래의 경영상황을 예측하여 의사결정에 필요한 정보를 제공하는 것이다. 이러한 재무분석은 재무제표분석과 경영분석 용어와 구별없이 사용되었는데 엄격히 구분하면 분석하는 범위에서 차이가 있다.

재무제표분석은 재무상태표나 손익계산서와 같은 재무제표를 활용하여 기업의 재무상태와 경영성과를 파악하게 된다. 재무분석은 기업의 재무제표와 다양한 회계자료를 분석하여 의사결정에 필요한 정보를 제공하는 것이다. 여기서 다양한 회계자료랑 주가관련자료, 시장점유율자료 등이 포함된다. 마지막으로 경영분석은 경영활동의 효율성을 측정하는 것으로써, 재무제표자료와 더불어 기업의 회계자료와 같은 계량적 자료와 품질, 고객만족도와 같은 비계량적 자료도 포함된다. 그러므로 재무제표분석, 재무분석, 경영분석에서 차이를 보여주고 있다. 본 장에서는 재무제표를 활용한 재무제표분석에 대해서만 설명하도록 한다.

재무제표분석의 목적은 효율적이고 합리적인 의사결정과정이 이루어질 수 있도록 필요한

표 14-1 이해관계자에 따른 활용목적

구 분	목 적	분석내용
경영자	경영계획수립 및 의사결정을 위한 자료	기업의 강점, 약점분석
금융기관	대출금에 대한 상환능력평가	신용분석
주 주	투자정보를 획득하여 투자여부 판단	수익성과 위험분석
신용평가기관	투자정보제공	채권에 대한 등급수립
정부당국	과세적 정성과 세금탈루여부	세금 납부능력, 수익성 분석

정보를 제공하는 것으로써, 각각의 이해관계자에 따라 활용하는 목적에 차이가 있으며, 〈표 14-1〉에서 제시하였다.

재무제표분석을 통하여 기업규모, 위험도, 성장성, 사업의 지속여부, 자본조달 등을 확인할 수 있으며, 이러한 재무제표분석은 다른 분석을 위한 기초자료로써 활용될 수 있고, 타 기업과의 비교분석을 통해 합리적인 경영전략에 필요한 정보로 제공될 수 있다. 즉, 재무제표분석은 기업의 재무제표자료를 비교, 관찰하여 기업의 재무구조와 수익성을 파악하는 것으로써, 실수분석법, 구성비율법, 추세분석법으로 나눠진다. 실수분석법은 기업이 제시하는 재무적인 지표 그 자체를 분석하는 방법이며, 구성비율법은 각 계정과목의 비율을 검토하여 다수의 기업간에 비교분석이 가능하도록 하는 것이다. 마지막으로 추세분석법은 일정기간 동안의 경영성과를 파악하여 미래의 수익과 비용을 예측하는 방법이다.

이러한 재무제표분석은 분석에 필요한 자료수집에 별다른 노력과 비용없이 가능하고, 전문적 지식이 없어도 기업을 평가하는데 용이하다는 장점을 가지고 있음에도 불구하고 다음과 같은 한계점으로 인하여 분석결과에 대한 해석에서 충분한 검토가 필요하다.

① 기업의 이해관계자는 기업의 향후 방향성에 관심이 있지만 재무제표분석은 과거의 실적을 근거로 진행된다는 점이다.
② 각 기업마다 회계처리 방법의 다양성으로 수치만을 가지고 우열을 판단하기에는 어려운 점이 있다는 것이다.
③ 재무제표분석의 기초자료인 재무제표는 특정 시점을 반영한다는 점에서 기업의 계절적 변동, 물가변동 등으로 기업의 변화가 적절하게 반영되지 못한다는 것이다.

이러한 한계에도 불구하고 재무제표분석은 활용의 용이성으로 인해 다양하게 적용되는 상황이다. 그러므로 기업의 경영자 입장에서는 회계, 재무적 지식을 바탕으로 합리적으로 결과를 해석할 수 있어야 한다.

2 재무상태표분석

재무상태표는 [그림 14-1]과 같이 자산과 부채, 자본으로 구성되어 있다.

13장 2절의 레버리지 분석을 통해 기업의 위험을 측정하였다. 본 장에서는 재무상태표 상

그림 14-1 재무상태표 양식

재무상태표	
자 산 유동자산 당좌자산 재고자산 비유동자산 투자자산 유형자산 무형자산 기타비 유동자산	부 채 유동부채 비유동부채 자 본 자본금 자본잉여금 이익잉여금 자본조정 기타 포괄손익누계액

의 자산과 부채에 따라 기업이 부담하는 위험의 크기를 확인해 보고 한다.

자산종류별로 기업의 위험부담 정도를 확인하면, 우선 유동자산보다는 비유동자산을 많이 보유할수록 위험의 크기가 커지게 된다. 유동자산이란 현금화할 수 있기 때문에 위험자체가 없지만, 비유동자산을 현금화하기 위해서는 생산-판매-회수라는 과정을 거치기 때문이다. 부채와 자본의 관계에서는 부채를 많이 사용할수록 기업의 위험이 높아진다. 자본은 기업의 이익이 발생되지 않는다면 배당을 실시하지 않을 수 있지만, 부채는 원금과 이자상환의 의무가 있기 때문이다. 부채에서는 유동부채가 비유동부채보다 위험도가 더 크다. 유동부채의 경우에는 1년이내에 원금상환의무가 있지만 비유동부채는 1년이후이기 때문이다.

표 14-2 재무상태표분석

구 분	내 용
유동성 분석	유동비율 = (유동자산 / 유동부채) × 100 당좌비율 = (당좌자산 / 유동부채) × 100 현금비율 = (현금,예금 / 유동부채) × 100 순운전자본비율 = (순운전자본 / 총자산) × 100
레버리지 분석	부채비율 = (부채 / 자기자본) × 100 자기자본비율 = (자기자본 / 총자본) × 100 이자보상비율 = (영업이익 / 이자비용) × 100
안정성 분석	고정비율 = (비유동자산 / 자기자본) × 100 고정장기적합률 = [비유동자산 / (자기자본+비유동부채)] × 100

※ 자본 = 타인자본(부채) + 자기자본(자본)

이러한 재무상태표를 바탕으로 한 비율분석에서 알 수 있는 정보는 유동성 정보, 레버리지 정보, 안정성 정보 등이다. 유동성 정보는 기업의 단기채무상환능력을 파악하며, 레버리지 정보에서는 기업의 자본구조에 대한 확인이다. 마지막으로 안정성 정보는 자원배분의 안정성을 측정한 지표이다. 〈표 14-2〉는 재무상태표를 통해 알 수 있는 비율분석과 공식이다.

1. 유동성 분석

유동성이란, 현금화될 수 있는 성질로써 현금화시킬 수 있는 자산이 유동성이 높은 자산이다. 기업의 유동성이 높다는 것은 만기 1년내에 돌아오는 채무를 상환할 수 있다는 것을 의미한다. 그러므로 유동성 분석에 대한 지표는 금융기관이나 신용으로 식재료나 상품을 공급하는 기업체 등이 관심을 가지게 된다. 유동성 분석지표는 유동비율, 당좌비율, 현금비율, 순운전자본비율이 있다.

1) 유동비율

유동비율은 유동자산을 유동부채로 나눈 비율로써 단기채무를 상환할 수 있는 유동자산을 측정한 지표이며, 다음의 공식과 같다.

$$\text{유동비율} = (\text{유동자산} \ / \ \text{유동부채}) \times 100$$

유동자산을 유동부채와 비교하는 이유는 단기차입금인 유동부채를 상환하는 것이 유동자산이기 때문이다. 만약에 유동비율이 100%라고하면 이 기업의 유동성은 충분히 확보되었다 할 수 있을까? 결론부터 말하자면 그렇지 않다는 것이다. 유동자산중에는 회수가 불가능한 매출채권이 있으며 재고자산중에서 제조에 사용할 수 없을 정도로 시장성을 잃어버린 것도 있기 때문이다.

2) 당좌비율

당좌비율은 유동자산에서 재고자산을 차감한 자산인 당좌자산을 유동부채로 나눠서 계산한 것이며, 다음의 공식과 같다.

당좌비율 = (당좌자산 / 유동부채) x 100

유동자산에는 당좌자산과 재고자산이 포함된다. 재고자산의 경우 관리소홀로 인해 제조에 활용되지 못할 수 있으며 재고자산평가방법에 따라 그 가치가 다르게 나타날 수 있다. 그러므로 정확하고 안정된 유동성을 확보하기가 쉽지 않다. 이와 같은 이유로 유동자산에서 재고자산을 제외한 당좌자산만을 유동부채로 나눠 실제상환능력을 평가하는 것이다.

3) 현금비율

현금비율은 현금, 예금을 유동부채로 나눠서 계산한 값으로써 다음의 공식을 적용한다.

현금비율 = (현금,예금 / 유동부채) x 100

이 비율은 실제로 유동부채를 상환할 수 있는 유동자산의 범위를 현금과 예금으로 한정한 것이다. 즉, 현금과 예금을 제외하고는 현금화하는 것이 현실적으로 어렵다는 것을 간주하고 현금비율로써 유동성을 측정하게 된다. 현금비율에 대한 정해진 기준은 없지만, 약 20% 이상을 보유하는 것이 바람직하다고 보고 있다.

4) 순운전자본비율

순운전자본을 총자산으로 나눈 값이며, 여기서 순운전자본은 기업의 유동자산에서 유동부채를 차감한 금액이다. 다음과 같은 공식으로 계산되어 진다.

순운전자본비율 = (순운전자본 / 총자산) x 100
※ 순운전자본 = 유동자산 – 유동부채

순운전자본지표는 기업의 부실에 대한 예측할 수 있는 지표로써 순운전자본비율은 양(+), 0, 음(–)의 값 중 하나로 산출되어지기 때문이다.

2. 레버리지 분석

레버리지 분석은 기업이 타인자본에 의존하고 있는지를 측정하는 지표로써 부채비율이라고 한다. 앞서 13장 2절의 레버리지 분석에서 영업레버리지와 재무레버리지를 공부하였다. 여기서 레버리지 분석은 재무레버리지를 의미한다.

레버리지 분석을 통하여 다음과 같은 세 가지 효과를 확인할 수 있다. 첫째, 기업경영에 따르는 위험을 누가 부담하는지를 나타내며, 둘째, 레버리지비율이 높다는 것은 적은 자본으로 기업을 지배한다고 볼 수 있다. 셋째는 자본을 운영하여 얻는 수익률이 이자율을 초과하는 경우에는 레버리지 비율이 높을수록 자기자본 수익률이 확대된다는 것이다. 레버리지 분석에는 부채비율, 자기자본비율, 이자보상비율이 해당된다.

1) 부채비율

부채비율은 타인자본(부채)을 자기자본으로 나눈 비율로써 일반적으로 100% 이하를 표준으로 보고 있다. 기업의 소유자입장에서는 채무적 압박이 높지않다면 타인자본을 사용하는 것을 선호할 수밖에 없다. 타인자본을 사용함에 따라 자기자본이익율을 확대가 가능하고, 주식공개의 경우 경영권 일부를 상실할 우려도 있기 때문이다. 다음의 공식은 부채비율계산식이다.

부채비율 = (부채 / 자기자본) x 100

어느 정도의 부채비율이 적정한지에 대해서는 정해진 것은 없지만, 기업의 입장에서는 목표부채비율을 결정하고 이를 유지하도록 해야 한다. 이를 통해 재무건정성을 확보할 수 있다는 것이다.

2) 자기자본비율

자기자본비율은 총자본 중에서 자기자본이 차지하고 있는 부분을 나타낸 것으로써 다음의 공식으로 계산된다.

자기자본비율 = (자기자본 / 총자본) x 100

※ 총자본 = 타인자본+자기자본 = 총자산

과거 우리나라 기업들은 부채를 활용하여 이득을 얻을 수 있었고, 타인자본을 활용하여 투자를 진행하여 왔다. 이러한 경영방식을 운영해오다가 1997년 IMF로 이후에 많은 기업들이 도산되었으며 현재는 자기자본비율의 중요성이 인식되고 있다.

3) 이자보상비율

이자보상비율은 이자가 지급되기 전의 영업이익이 부채인 타인자본을 사용함에 따라 발생되는 이자비용에 몇 배나 되는지를 측정하는 지표로써 다음의 공식으로 계산한다.

이자보상비율 = 영업이익 / 이자비용

이자보상비율을 통하여 기업이 부채사용에 따른 이자비용의 상환능력을 파악하는 것으로써 기업의 최소한의 지불능력을 확인하는 것이다. 이자보상비율은 최소 1배 이상이 되어야 이자비용을 정상적으로 지급할 수 있다.

3. 안정성 분석

기업의 경영자들은 기업의 자본과 자산이 균형을 유지하고 있는지에 대해 많은 관심을 가지고 있다. 특히, 기업의 비유동자산이 자기자본과 비유동부채로 해결되지 못할 경우에 기업이 불안정한 상태가 된다고 분석하게 된다. 즉, 안정성 분석은 기업에 조달된 자본이 기업의 자산에 얼마나 적절히 배분되고 있는지를 측정하는 비율이다. 그러므로 기업이 장기적으로 경기변동, 시장변화 등의 경제변화에 잘 적응할 수 있는지를 검토하는 것이며, 고정비율과 고정장기적합률이 해당된다.

1) 고정비율

고정비율은 비유동자산을 자기자본으로 나눈 것으로써 자기자본이 비유동자산에 투입되는 정도를 측정한 것이다. 일반적으로 100% 이하이나 산업과 업종에 따라 차이를 보이고 있다. 예를 들어, 비유동자산이 많이 필요로 하는 중화학공업이나 장치산업의 경우 높게 나타날 것이며, 서비업의 경우에는 낮은 수치로 기록될 것이다. 고정비율을 계산하는 공식은 다음과 같다.

고정비율 = (비유동자산 / 자기자본) x 100

고정비율이 100% 이상이라는 것은 자기자본에 추가적으로 부채가 활용된다는 것을 의미한다. 비유동자산은 기업의 위험요소로 작용되지만, 산업경기가 좋은 시점에서 타인자본을 비유동자산에 활용하여 기업성장 및 발전에 기여할 수 있다. 너무 낮은 고정비율은 안정성 부분에서는 좋지만, 성장에 필요한 수익성에는 긍정적으로 작용하지 않을 것이다.

2) 고정장기적합률

고정장기적합률은 고정비율을 확대한 것으로써, 자기자본에 추가적으로 비유동부채까지 반영하여 자본배분의 안정성을 측정한 것이다. 기업의 입장에서는 자기자본이 가장 위험이 작은 부분이며, 추가적으로 부채를 활용할 경우에는 단기차입금보다는 장기차입금에 의존하는 것이 기업의 안정성측면에서 유리하다는 것이다. 즉, 기업이 설비투자로 인한 수익은 장기간에 걸쳐 발생되므로 장기차입금으로 활용하여야 한다는 것이다. 고정장기적합률에 대한 공식은 다음과 같다.

고정장기적합률 = [비유동자산 / (자기자본+비유동부채)] x 100

예제 1) 다음은 ㈜서울레스토랑의 20X1년 요약 재무상태표이다. 이 기업의 유동성 비율을 계산하고 업계 평균과 비교하시오.

(단위: 천원)

재무상태표			
현 금	1,300	매입채무	1,450
매출채권	2,420	단기차입금	2,680
재고자산	3,500	장기차입금	4,400
비유동자산	5,100	자기자본	3,790
자산 계	12,320	부채와 자본 계	12,320

업체 평균		
	유동비율 : 200%	당좌비율 : 80%
	현금비율 : 20%	순운전자본비율 : 15%

풀이) ① 유동비율 = (유동자산 / 유동부채) × 100
= (7,220천원 / 4,130천원) × 100 = 174.8%

② 당좌비율 = (당좌자산 / 유동부채) × 100
= (3,720천원 / 4,130천원) × 100 = 90.1%

③ 현금비율 = (현금,예금 / 유동부채) × 100
= (1,300천원 / 4,130천원) × 100 = 31.5%

④ 순운전자본비율 = 순운전자본 / 총자산) × 100
= (3,090천원 / 12,320천원) × 100 = 25.1%

⑤ 업체 평균과의 비교

	업체 평균	서울레스토랑	평 가
유동비율	200%	174.8%	불량
당좌비율	80%	90.1%	양호
현금비율	20%	31.5%	양호
순운전자본비율	15%	25.1%	양호

예제 2) 다음은 ㈜서울레스토랑의 20X1년 요약 재무제표이다. 이 기업의 레버리지를 계산하고 업계평균과 비교하시오.

(단위: 천원)

재무상태표			
현　금	1,300	매입채무	1,450
매출채권	2,420	단기차입금	2,680
재고자산	3,500	장기차입금	4,400
비유동자산	5,100	자기자본	3,790
자산 계	12,320	부채와 자본 계	12,320

손익계산서	
매출액	25,320
− 매출원가	15,180
매출총이익	10,140
− 판매관리비	3,260
영업이익	6,880
− 이자비용	1,790
법인세차감전 순이익	5,090
− 법인세	1,027
당기순이익	4,063

업체 평균	부채비율 : 100% 이자보상비율 : 2.5배	자기자본비율 : 50%

풀이) ① 부채비율 = (부채 / 자기자본) × 100

= (32,651천원 / 3,790천원) × 100 = 861.5%

② 자기자본비율 = (자기자본 / 총자본) × 100

= (3,790천원 / 12,320천원) × 100 = 30.7%

③ 이자보상비율 = 영업이익 / 이자비용

= (6,880천원 / 1,790천원) × 100 = 3.84배

④ 업체 평균과의 비교

	업계 평균	서울레스토랑	평 가
부채비율	100%	861.5%	불 량
자기자본비율	50%	30.7%	불 량
이자보상비율	2.5배	3.84배	양 호

예제 3) 다음은 ㈜서울레스토랑의 20X1년 요약 재무제표이다. 이 기업의 안정성비율 측정하고 업계 평균과 비교하시오.

(단위: 천원)

재무상태표			
현 금	1,300	매입채무	1,450
매출채권	2,420	단기차입금	2,680
재고자산	3,500	장기차입금	4,400
비유동자산	5,100	자기자본	3,790
자산 계	12,320	부채와 자본 계	12,320

손익계산서	
매출액	25,320
− 매출원가	15,180
매출총이익	10,140
− 판매관리비	3,260
영업이익	6,880
− 이자비용	1,790
법인세차감전순이익	5,090
− 법인세	1,027
당기순이익	4,063

업체 평균	고정비율 : 150%	고정장기적합률 : 90%

풀이) ① 고정비율 = (비유동자산 / 자기자본) × 100

= (5,100천원 / 3,790천원) × 100 = 134.6%

② 고정장기적합률 = [비유동자산 / (자기자본+비유동부채)] × 100

= [5,100천원 / (3,790천원+4,400천원) × 100 = 62.3%

③ 업체 평균과의 비교

	업계 평균	서울레스토랑	평 가
고정비율	130%	134.6%	양 호
자기자본비율	90%	62.3%	불 량

3 손익계산서 분석

손익계산서는 [그림 14-2]와 같이 매출액에서 당기순이익으로 연결되어진다.

기업의 경영활동은 크게 영업활동과 재무활동으로 구분이 된다. 영업활동은 매출액에서 영업이익이 계산되는 항목까지이며, 재무활동은 영업이익부터 당기순이익까지의 기록으로 나타난다. 이와 같은 손익계산서 구조에 대한 이해를 통해 정확한 분석이 가능하다. 즉, 영업활동과 관련된 항목은 영업이익을 기준으로 파악하고 기업의 최종 경영성과 관련된 것은 당기순이익기준으로 측정하여야 한다.

손익계산서분석을 통해 알 수 있는 정보는 수익성, 활동성, 성장성 부분이다. 수익성 정보를 통해 기업의 경영성과를 파악할 수 있으며, 활동성 정보는 기업의 매출과 관련된 사항을 제공한다. 마지막으로 성장성 정보는 기업의 규모 또는 수익성이 얼마나 성장했는지를 알려준다.

손익계산서를 통해 알 수 있는 비율분석과 공식을 〈표 14-3〉에서 제시하였다.

그림 14-2 손익계산서 양식

손익계산서

매출액
  매출원가

매출총이익
  판매비 및 일반관리비

영업이익
  영업외수익
  영업외비용

법인세비용차감전 순이익
  법인세비용

당기순이익

표 14-3 손익계산서분석

구 분	내 용
수익성 분석	매출액 순이익률 = (당기순이익 / 매출액) × 100 ※ 매출액 총이익률, 매출액 영업이익률 총자본순이익률 = (당기순이익 / 평균총자본) × 100 자기자본순이익률 = (당기순이익 / 평균자기자본) × 100
활동성 분석	총자본회전율 = 매출액 / 평균총자산 자기자본회전율 = 매출액 / 평균자기자본 재고자산회전율 = 매출액 / 평균재고자산 매출채권회전율 = 매출액 / 평균매출채권 비유동자산회전율 = 매출액 / 평균비유동자산
성장성 분석	매출액 증가율 = [(당기매출액−전기매출액)/전기매출액] × 100 총자본증가율 = [(당기말총자본−전기말총자본)/전기말총자본] × 100 자기자본증가율 = [(당기말기자본−전기말자기자본)/전기말자기자본] × 100 순이익증가율 = [(당기순이익−전기순이익)/전기순이익] × 100 주당순이익증가율 = [(당기주당순이익−전기주당순이익)/전기주당순이익] × 100

※ 자본 = 타인자본(부채) + 자기자본(자본)

1. 수익성 분석

수익성이란, 기업의 경영활동으로 나타난 일정기간의 성과로써 수익성 분석을 통해 경영활동에 대한 성과를 종합적으로 측정하는 것이다. 이러한 수익성 분석에는 매출액 이익률, 자본수익성분석이 해당된다.

1) 매출액 순이익률

매출액 순이익률은 당기순이익을 매출액으로 나눈 비율로써, 이를 통해 기업의 전체적인 경영효율성을 판단하게 된다. 즉, 매출액 순이익률은 기업의 영업활동과 경영활동을 모두 반영하여 평가하는 지표로써 다음의 공식 등으로 계산되다.

매출액 총이익률 = (매출총이익 / 매출액) x 100
매출액 영업이익률 = (영업이익 / 매출액) x 100
매출액 순이익률 = (당기순이익 / 매출액) x 100

이러한 분석을 통해 매출액 영업이익률을 통해 기업의 영업활동에 대한 수익성을 분석할 수 있으며, 매출액 순이익률을 통해 기업의 영업활동과 재무활동이 반영된 수익성을 확인할 수 있다. 즉, 매출액 이익률 분석을 통해 기업의 어느 부분에 문제점을 인식할 수 있고 이를 개선할 수 있는 방안을 모색할 수 있다.

2) 자본수익성

자본수익성이란, 기업의 경영활동을 위해 투하된 자본에 대한 수익률로써 총자본순이익률, 자기자본순이익률이 해당되며 다음의 공식과 같다. 단, 재무상태표의 항목은 기말시점을 반영하기 때문에 일반적으로 기초와 기말지표를 산술평균하는 것이 일반적이다.

총자본순이익률 = (당기순이익 / 평균총자본) x 100
자기자본순이익률 = (당기순이익 / 평균자기자본) x 100

총자본순이익률은 기업에 투자된 총자본이 얼마나 많은 이익을 창출하는지를 측정한 것이고, 자기자본순이익률은 순이익을 자기자본으로 나눈 비율로써 주주가 기업에 투자한 자본에 대한 수익성을 측정한 지표이다.

2. 활동성 분석

기업이 보유하고 있는 자원을 얼마나 효율적으로 활용하고 있는지를 나타내는 비율로써, 매출액을 각각의 자원으로 나눠 회전율을 측정하게 된다. 이러한 활동성 분석에는 총자본회전율, 자기자본회전율, 재고자산회전율, 매출채권회전율, 비유동자산회전율의 5가지가 포함된다. 각각의 비율을 계산함에 있어서 손익계산서의 지표는 회계기간의 흐름을 제시지만, 재무상태표에 표기된 기업의 자원은 기말시점을 반영하고 있다. 이러한 차이를 극복하기 위하여 일반적으로 기초와 기말수치를 산술평균하는 것이 일반적이다.

1) 총자본회전율, 자기자본회전율

총자본회전율은 매출액을 총자본(부채, 자본) 또는 자기자본으로 나눈 비율이다. 총자본과 자기자본이 1년 동안 몇 번이나 회전했는지를 분석함으로써, 기업의 총자본에 대한 활용도를 측정하게 된다. 다음과 같은 공식을 사용한다.

총자본회전율 = 매출액 / 평균총자본
자기자본회전율 = 매출액 / 평균자기자본

2) 재고자산회전율

재고자산회전율은 연간매출액을 재고자산으로 나눈 값으로써 재고자산의 소진속도를 의미한다. 재고자산회전율이 높다는 것은 판매활동이 효율적으로 수행되며 기업이 보유한 재고가 많지 않다는 것을 의미한다. 다음의 공식을 통해 계산된다.

재고자산회전율 = 매출액 / 평균재고자산

3) 매출채권회전율

매출채권회전율은 매출액을 매출채권으로 나눈 비율로써 매출채권의 현금화속도를 측정한 것이다. 이 비율이 높다는 것은 매출채권이 잘 관리되고 있다는 것을 의미하며 다음과 같이 계산된다.

매출채권회전율 = 매출액 / 평균매출채권

4) 비유동자산회전율

비유동자산회전율은 매출액을 비유동자산으로 나눈 것으로써, 1년 동안 비유동자산이 몇 번이나 회전하는지는 나타내는 비율이다. 즉, 비유동자산의 활용도를 측정하게 되며 다음의 공식을 활용한다.

비유동자산회전율 = 매출액 / 평균비유동자산

3. 성장성 분석

성장성은 기업의 당해연도 규모와 경영성과가 전년도에 비해 얼마나 성장했는지를 측정하는 지표로써, 기업의 경쟁력이나 미래 수익창출능력을 나타내고 있다. 이러한 성장성 분석은 매출액증가율, 총자본증가율, 자기자본증가율, 순이익증가율, 주당순이익증가율이 해당되며 다음과 같은 공식으로 계산된다.

매출액 증가율 = [(당기매출액–전기매출액)/전기매출액] x 100

총자본증가율 = [(당기말총자본–전기말총자본)/전기말총자본] x 100

자기자본증가율
= [(당기말기자본–전기말자기자본)/전기말자기자본] x 100

순이익증가율 = [(당기순이익–전기순이익)/전기순이익] x 100

주당순이익증가율
= [(당기주당순이익–전기주당순이익)/전기주당순이익] x 100

예제 1) 다음은 ㈜서울레스토랑의 20X1년 요약 재무제표이다. 이 기업의 수익성 비율을 측정하고 업계 평균과 비교하시오.

(단위: 천원)

재무상태표			
현 금	1,300	매입채무	1,450
매출채권	2,420	단기차입금	2,680
재고자산	3,500	장기차입금	4,400
비유동자산	5,100	자기자본	3,790
자산 계	12,320	부채와 자본 계	12,320

손익계산서	
매출액	25,320
– 매출원가	15,180
매출총이익	10,140
– 판매관리비	3,260
영업이익	6,880
– 이자비용	1,790
법인세차감전 순이익	5,090
– 법인세	1,027
당기순이익	4,063

업체 평균	매출액 영업이익률 : 15%,	매출액 순이익률 : 8%
	총자본순이익률 : 9%	자기자본순이익률 : 13%

※기업의 자본은 기말시점의 지표로써, 기초와 기말수치를 산술 평균한 자료를 사용해야 하지만 본 예제는 계산의 편의성을 위해 기말자료만을 제공함

풀이) ① 매출액 영업이익률 = (영업이익 / 매출액) × 100
= (6,880천원 / 25,320천원) × 100 = 27.2%

② 매출액 순이익률 = (당기순이익 / 매출액) × 100
= (4,063천원 / 25,320천원) = 16.0%

③ 총자본순이익률 = (당기순이익 / 평균총자본) × 100
= (4,063천원 / 12,320천원) = 33.0%

④ 자기자본순이익률 = (당기순이익 / 평균자기자본) × 100
= (4,063천원 / 3,790천원) = 107.2%

⑤ 업체 평균과의 비교

	업계 평균	서울레스토랑	평 가
매출액 영업이익률	15%	27.2%	양 호
매출액 순이익률	8%	16.0%	양 호
총자본순이익률	9%	33.0%	양 호
자기자본순이익률	13%	107.2%	양 호

예제 2) 다음은 ㈜서울레스토랑의 20X1년 요약 재무제표이다. 이 기업의 활동성비율을 측정하고 업계 평균과 비교하시오.

단위:천원)

재무상태표			
현 금	1,300	매입채무	1,450
매출채권	2,420	단기차입금	2,680
재고자산	3,500	장기차입금	4,400
비유동자산	5,100	자기자본	3,790
자산 계	12,320	부채와 자본 계	12,320

손익계산서	
매출액	25,320
− 매출원가	15,180
매출총이익	10,140
− 판매관리비	3,260
영업이익	6,880
− 이자비용	1,790
법인세차감전 순이익	5,090
− 법인세	1,027
당기순이익	4,063

업체 평균	총자본회전율 : 2회, 재고자산회전율 : 8회, 비유동자산회전율 : 5회	자기자본회전율 : 4회 매출채권회전율 : 8회

※기업의 재무자료는 기말 시점의 지표로써, 기초와 기말수치를 산술평균한 자료를 사용해야 하지만 본 예제는 계산의 편의성을 위해 기말자료만을 제공함

풀이) ① 총자본회전율 = 매출액 / 평균총자본

= 25,320천원 / 12,320천원 = 2.06회

② 자기자본회전율 = 매출액 / 평균자기자본

= 25,320천원 / 3,790천원 = 6.68회

③ 재고자산회전율 = 매출액 / 평균재고자산

= 25,320천원 / 3,5000천원 = 7.23회

④ 매출채권회전율 = 매출액 / 평균매출채권
= 25,320천원 / 2,420천원 = 10.46회

⑤ 비유동자산회전율 = 매출액 / 평균비유동자산
= 25,320천원 / 5,100천원 = 4.96회

⑥ 업체 평균과의 비교

	업계 평균	서울레스토랑	평 가
총자본회전율	2회	2.06회	보 통
자기자본회전율	4회	6.68회	양 호
재고자산회전율	8회	7.23회	불 량
매출채권회전율	8회	10.46회	양 호
비유동자산회전율	5회	4.96회	보 통

14 논의 과제

1. 재무제표분석의 목적과 이를 통해 파악할 수 있는 정보를 설명하시오.

2. 외식기업의 재무제표를 확보한 후에 재무상태표와 손익계산서분석을 진행하시오.

   1) 재무상태표분석 : 유동성 분석, 레버리지분석, 안정성 분석

   2) 손익계산서분석 : 수익성 분석, 활동성 분석, 성장성 분석

참고문헌

- 구본열(1997). 체계적 위험과 레버리지 효과와의 관련성에 관한 연구. 『충북대학교 산업과 경영』, 10(1):69~93.
- 구원일(2015). 메뉴 엔지니어링(Menu Engineering)을 활용한 골프장 레스토랑 메뉴 분석에 관한 연구. 『관광레저연구』, 27(2). 21~38.
- 구원일(2016). 레버리지 효과(leverage effect)에 따른 외식기업의 재무비율과의 관련성에 관한 연구. 『관광레저연구』, 28(4), 59~72.
- 구원일 · 정유경 · 안윤영(2012). 호텔 레스토랑의 수익경영(Revenue Management)에 관한 연구. 『관광학연구』, 36(8). 117~137.
- 고성삼(2006). 회계 · 세무 용어사전. 법문출판사.
- 김권중 · 김문철(2008). 재무제표 분석과 가치평가. 창민사.
- 김동수 · 송기옥(2015). 식음료원가관리론. 백산출판사.
- 김순기 · 이남주 · 황국재(2006). 관리회계. 홍문사
- 김순기 · 황국재 · 임태종(2015). 원가관리회계. 홍문사.
- 김태식(2016). 국제회계기준 해설. 삼일인포마인.
- 김태원(2004). 회계관리 1급 원가회계. 경영과 회계.
- 김철중(2016). 재부문석. 한국금융연수원.
- 김희정 · 천성용(2011). 국내특급호텔의 재무비율과 경영성과 관계에 관한 연구. 『호텔관광연구』, 42, 137~150.
- 문성식 · 강병남(2010). 외식업체의 활동기준원가 산출을 위한 사례연구.. 『외식경영연구』, 13(5), 95~113.
- 박명호 · 문예영(2007). 우리나라와 주요국의 주세 및 주류행정에 대한 고찰. 『세법연구』, 07(03), 한국조세연구원.
- 박무현 · 도상호 · 이연희 · 임상종(2013). 관리회계원리. 청람.
- 박성배 · 김정우 · 전상인 · 김창욱 · 최은정 · 이치호 · 허용석(2012). 효과적 수요예측방법과 사례. 『SERI

이슈 페이퍼』, 2012(3), 삼성경제연구소.

- 박정식 · 박종원 · 조재호(2015). 현대재무관리. 다산출판사.
- 배기수 · 전혜영 · 백련(2010). 재무비율이 EVA에 미치는 영향 –코스닥상장기업을 중심으로–. 『세무회계연구』, 26, 71~85.
- 백태영(2015). 원가관리회계. 신영사.
- 백태영(2015). 관리회계. 신영사.
- 삼일회계법인(2017). 삼일 IFRS 해설. 삼일회계법인.
- 송자 · 염성수 · 이경태 · 박준환 · 박찬정 · 권선국(2003). 원가회계. 피어슨에듀케이션코리아. Horngren, C. T., Foster, G., & Datar, S. M.(2000). Cost accounting : a managerial emphasis 역.
- 신용경(2000). 호텔기업의 현금관리와 레버리지 효과에 관한 연구. 『관광 · 레저연구』, 12(1):101~110.
- 신호성 · 안은숙(2014). 치과건강보험 진료행위별 원가계산. 『관리회계연구』, 14(1), 85~107.
- 안태식 · 정형록 · 송승아(2009). 은행업의 시간동인 ABC 모형 개발과 서비스별 원가산정. 『회계저널』, 18(2), 185~219..
- 유애경 · 정혜은(2005). 조리이론 특강. 비앤씨월드
- 유희경 · 김완희(1994). 활동기준원가계산제도의 호텔기업적용에 관한 연구. 『호텔경영학연구』, 2, 65~80.
- 이남호(2017). 해커스 전산회계 1급 이론+실기+기출문제. 해커스패스.
- 이동원 · 허희영 · 윤문길(1999). 항공운송산업의 수익경영체계 연구에 대한 조사 연구. 『산업과 경영』, 6(1), 49~82.
- 이삼섭 · 안상돈 · 정준호(2011). 국내 식자재 시장 동향과 시사점. CEO Focus 269호. 농협경제연구소. 2011.7.25.
- 이석영 · 유상열(2008). 원가회계 이해. 청람.
- 이수정(2004), 활동기준원가계산(ABC)을 적용한 가정 간호 원가 분석. 연세대학교 대학원 박사학위논문.
- 이은정 · 이영숙(2006). 메뉴엔지니어링기법과 CMA 기법을 이용한 메뉴 분석에 관한 연구 -서울지역 특1급 호텔의 프렌치레스토랑을 중심으로-. 『한국식생활문화학회지』, 21(3), 270~279.
- 이정실(2005). Kasavana & Smith의 메뉴분석방식과 Pavesic의 메뉴분석방식의 비교연구. 『관광연구』, 20(1), 21~32.
- 이중완(2007). 현금흐름가치평가법(DCF)을 중심으로 한 기업가치평가. 새로운 제안.
- 이혜숙 · 이경연 · 오석윤(2007). 메뉴분석기법을 이용한 단체급식업체 메뉴분석: D홈푸드 H산업체 급식소를 중심으로. 『관광학연구』, 31(6), 409~431.

- 임세진(2014). 원가관리회계 제4판. 파란.
- 장영재(2010). 경영학콘서트. 비즈니스북스.
- 장영재(2010). 항공사는 봉이 김선달? 미국식 초과예약의 경제학. Strategy+ Management Science 2.0. 2010.12.01.
- 장일환(2012). [회계학개론] 원가회계 핵심 요약정리 및 기출문제 분석을 통한 객관식 문제연습 - 원가의 일반사항, 개별원가계산, 활동기준원가계산(7회 중 1회). 『월간회계』, 230(8월호), 124~141.
- 전민영(2014). [원가회계] 주요 주제별 핵심정리 및 문제연습. 『월간회계』, 22(11), 134~155.
- 전민영(2016). [원가회계] 진도별 핵심정리 및 문제풀이. 『월간회계』, 25(1), 201~218.
- 전재표(2004). ERP회계관리연습. 세학사.
- 주순제(2007). 활동기준원가시스템의 활용 방안. 경기:한국학술정보(주).
- 천승호(2015). 수필같은 원가관리회계. 리북스.
- 코플랜드, T., 콜러, T., & 머린, J.(2008). 기업가치평가, Valuation : measuring and managing the value of companies(박동원, 김광준, 박순풍 역). 경문사.
- 한경수 · 양일선(2000). 대학교 급식소의 메뉴엔지니어링기법을 적용한 메뉴 분석. 『외식경영연구』, 3(1), 217~228.
- 한문성(2014). ABC, MFCA 및 ABC와 MFCA를 통합한 원가회계모형의 인식에 관한 연구. 『회계정보연구』, 32(1), 27~49.
- 한윤 · 이재준(2010). 수익경영 기반 종합건강검진센터 수익증대전략. 『한국병원경영학회지』, 15(1), 13~26.
- 황태호 · 이강수(2010). 주류산업과 경쟁정책. 주요산업 경쟁정책보고서 시리즈 2010 · 1. 공정거래위원회.
- 효림회계법인, 2012년도 우편서비스 원가산정 연구, 2013. 8월.
- Bartlett, C. A. & Ghoshal, S.(1993). Beyond the M-form: Toward a managerial theory of the firm. *Strategic Management Journal*. 14(2), 23~46.
- Bayou, M. E. & Bennett, L. B.(1992). Profitability Analysis for Tableservice Restaurants. *The Cornell Hotel and Restaurant Administration Quarterly*, 33(2), 49~55.
- Block, S. B., & Hirt, G. A.(2003). *Foundations of financial management(11th ed.)*. Irwin: McGraw-Hill/
- Buccino, G. P., & McKinley, K. S.(1997). The importance of operating leverage in a turnaround. *The Secured Lender, Sep/Oct*, 64~68.
- Brigham, E. F., & Houston J. F.(2011). *Fundamentals of financial management(7th ed.)*.

Brigham Houston.

- Chatfield, R. E. & Dalbor, M. C.(2004). *Hospitality Financial Management, Upper Saddle River*. N.J.:Prentice Hall.
- Cooper, R., & Kaplan., R. S.(1988). Measure costs right: Make the right decisions. *Harvard Business Review*, 66(5), 96~103.
- Cross, R. G.(1997). Launching the Revenue Rocket: How Revenue Management can Work for Your Business. *Cornell Hotel and Restaurant Administration Quarterly, 38*(April), 32~43.
- Dopson, L. R., & Hayes, D. K.(2011). *Food and Beverage Cost Costing 5th Edition*. NJ:John Wiley & Sons.
- Goebel, D. J., G. W. Marshall, and W. B. Locander. 1998. Activity-based costing: Accounting for a market orientation. *Industrial Marketing Management, 27*(6), 497~510.
- Helmi, M. A., & Hindi, N.(1996). Activity based costing(ABC) in banking: A big challenge. *The Journal of Bank Cost & Management Accounting, 9*(2), 1~9.
- Horngren, C. T., Foster , G., & Datar, S. M.(1997). *Cost Accounting, 9th ed*. NJ:Prentice Hall.
- Kaplan, R., & Atkinson, A. A.(1998). *Advanced Management Accounting(3rd Edition)*. NJ:Prentice Hall.
- Kasavana, M. L. & Smith, D. I.(1982). *Menu engineering: A practical guide to menu analysis.* (1st edd.), MI: Hospitality Publications.
- Kimes, S. E.(2000). Revenue Management on the Links: Applying Yield Management to the Golf-Course Industry. *Cornell Hotel and Restaurant Administration Quarterly, 41*(February), 120~127.
- Kimes, S. E. & Chase, R. B.(1998). The Strategic Levers of Yield Management. *Journal of Service Research, 1*(November), 156~166.
- Pavesic, D. V.(1999). *Labor Cost : 25 keys to profitable success(Restaurant Manager's Pocket Handbook Series)*. NY: Lebhar-Friedman Books.
- Pavesic, D. V., & Magnant, P.(2005). *Fundamental Principle of Restaurant Cost Control 2nd Edition*. NJ:Prentice Hall.
- Sanders, E. E., Hill, T. H.(2000). *Foodservice Profitability : A Control Approach 2nd Edition*. NJ:Prentice Hall.
- Sanders, E. E., Hill, T. H., & Foria, D. J.(2007). *Understanding Foodservice Cost Control: An Operational Text for Food, Beverage, and Labor Costs(3rd Edition)*. NJ:Prentice Hall.

- Siguaw, J. A., Kimes, S. E., & Gassenheimer, J. B.(2003). B2B sales force productivity: applications of revenue management strategies to sales management. *Industrial Marketing Management, 32*, 539~551.
- Smith, B. C., Leimkuler J. F., & Darrow R. M.(1992). Yield Management at American Airlines. *Interfaces, 22*(1), 8~31.
- Stewart, G. B.(1991). The Quest for Value : *A Guide for Senior Managers.* Harper Business.
- Walker, J. R.(2013). *The Restaurant: From Concept to Operation, 7th Edition*. Wiley.
- 두산백과. http://www.doopedia.co.kr/
- 인컴멀티스쿨 전산회계운영사 필기. http://w3.incom79.com/
- SERI CEO http://www.seri.org/
- 뉴시스. 2018년 02월 01일.
- 동아일보. 2018년 01월 29일.
- 식품음료신문. 2017년 11월 27일.
- 연합뉴스. 2017년 11월 29일.
- 우먼컨슈머. 2018년 02월 05일.

색 인

ㄷ

ㄹ

ㅁ

ㅂ

ㅈ

ㅊ

ㅋ·ㅌ

ㅍ

ㅎ

[저자약력]

■구 원 일

· 동국대학교 회계학전공 경영학사

· 세종대학교 대학원 조리외식산업학과 경영학석사

· 세종대학교 대학원 조리외식경영학과 외식경영학박사

· 삼성물산(구, 삼성에버랜드) 골프사업팀 식음기획 선임

· 호텔롯데 롯데월드 식음료팀 팀장

· 현) 세종대학교 호텔관광대학 호텔외식관광프랜차이즈경영학과 교수

■안 윤 영

· 연세대학교 경영학과 학사, 석사, 박사 (전공:회계학)

· 연세대학교 경영학과 최우등상

· 연세대학교 경영연구소 연구원, 선임연구원

· 한국경영학회, 한국공인회계사회 최우수논문상

· 호텔경영사 출제위원 (회계학)

· 한국관광의 별, 한국관광 100선, 경기유망관광 10선 심사위원

· 세종대학교 호텔관광경영학과 학과장, 일반대학원 및 산업대학원 주임교수

· 세종대학교 평의원

· 현) 세종대학교 호텔관광대학 호텔관광경영학과 부교수

호스피탈리티 식음료 원가관리

2018년 8월 15일 1판 1쇄 인쇄
2018년 8월 20일 1판 1쇄 발행

저 자 구 원 일 · 안 윤 영
발행인 류 재 식 · 박 용 범
발행처 도서출판 북 넷

서울시 용산구 효창동 5-3 대신빌딩 2층
등 록 2010년 6월 7일(제2010-000069호)
전 화 (02) 395-2341
팩 스 (02) 395-2303

정가 23,000원

ISBN 979-11-86947-31-9(93320) e-mail : book2341@naver.com